普通高校体育选项课系列教材

ZUQIU

足球

齐效成　高　巍　张陶淘◎主编

清华大学出版社
北京

内 容 简 介

  本教材全面系统地对足球运动的基本知识、多元功能、现代发展、教学训练、技战术与专项素质培养、医疗保健等内容进行了深入细致的介绍，同时还涉及校园足球运动的开展及现代足球竞赛的组织与欣赏。本教材注重理论与实践的结合，内容丰富、结构清晰、语言叙述深入浅出，便于教师教学、学生学练，是一本多元化的足球运动教材。

图书在版编目 (CIP) 数据

足球 / 齐效成，高巍，张陶淘 主编 . —北京：清华大学出版社，2015 (2020.11重印)
（普通高校体育选项课系列教材）
ISBN 978-7-302-40242-8

Ⅰ . ①足… Ⅱ . ①齐… ②高… ③张… Ⅲ . ①足球运动－高等学校－教材 Ⅳ . ① G843

中国版本图书馆 CIP 数据核字（2015）第 109623 号

责任编辑：王燊娉 胡花蕾
封面设计：赵晋锋
版式设计：周玉娇
责任校对：成凤进
责任印制：沈 露

出版发行：清华大学出版社
     网   址：http://www.tup.com.cn，http://www.wqbook.com
     地   址：北京清华大学学研大厦 A 座   邮   编：100084
     社 总 机：010-62770175   邮   购：010-62786544
     投稿与读者服务：010-62776969，c-service@tup.tsinghua.edu.cn
     质 量 反 馈：010-62772015，zhiliang@tup.tsinghua.edu.cn
印 装 者：三河市金元印装有限公司
经 销：全国新华书店
开 本：185mm×260mm   印 张：18   字 数：438 千字
版 次：2015 年 8 月第 1 版   印 次：2020 年 11 月第 4 次印刷
定 价：49.00 元

产品编号：064691-02

丛书编委会

主　　编：赵志明

编　　委（按姓氏笔画排名）：

马　良	王彦旎	王晓旭	王晓军	王耀全
刘坤翔	刘积德	齐效成	孙　成	李　华
李明芝	何维彦	汪聚伟	沈　圳	迟永柏
张陶淘	张　鹏	陈志坚	苟小平	周　鹏
赵　蓉	侯邢晨	秦黎霞	高学锋	高淑艳
高　巍	郭玉洁	黄　荣	黄　艳	梁燕飞
屠建华	彭文军	覃兴耀	谢大伟	

丛 书 序

　　教育是立国之本，强国之基，没有优良的教育，一个国家就难以获得发展。在经济和社会的快速发展下，竞争日益加剧，而这种竞争逐渐演变为人才的竞争。在这一背景下，高等教育面临着培养全面型高素质人才的历史使命。而健康的体质是人才的基础，要培养合格的人才，高校必须重视体育教学。尤其是目前我国面临着国民体质日益下降的严峻形势，如何加强高校体育教育，进行体育教育改革，成为高校体育教育的重要工作。

　　我国对高校体育教育非常重视。《中共中央国务院关于深化教育改革全面推进素质教育的决定》中明确了体育教育工作的重要性，《全国普通高等学校体育课程教学指导纲要》也对体育课程进行了分析与定位，这些都为我国高校体育教育的发展指明了方向。高校体育教育要严格遵循"健康第一""以人为本""终身体育"的指导思想，以《全国普通高等学校体育课程教学指导纲要》为依据，遵循体育教育的客观规律，不断进行体育教育改革，提高体育教育质量，为实现培养全面人才的重任而努力。

　　高校体育教育的重要任务就是让学生获得体育运动的基本知识，掌握一两种体育锻炼的技能，从而促进自身身心健康与社会适应能力，增强体质，形成终身体育意识。基于这一任务，从高校体育教育与学生的实际情况出发，我们编写了《普通高校体育选项课系列教材》，包括《体育运动科学理论》《足球》《篮球》《排球》《乒乓球、羽毛球、网球》《健美操》《形体与体育舞蹈》《武术与养身》《跆拳道、散手及自卫防身术》《游泳救生及水上运动》《定向运动与野外生存》《休闲娱乐运动》等。

　　本套教材具有以下特点：

　　（1）内容丰富。本套教材根据高校体育教育的实际、学生体育学习的需要以及时代的发展要求，从庞大的体育系统中选择了一些对学生发展有利的、易于学生接受的、时代性强的内容进行讲解，既包含体育理论的相关知识，也包含体育运动项目的实践，编排全面、合理，能够满足高校体育教师教学与学生学习的需要。

　　（2）教育性强。本套教材在编写过程中突出教育性，不仅对学生进行体育文化的教育，还对学生进行体育实践的指导，更注重学生体育技能的掌握与体育意识的培养，体现出了体育在素质教育与人才培养方面的重要性。

　　（3）突出个性。本套教材在编写中严格遵守"以人为本"原则，内容选择上从学生的需要出发，讲解中考虑了学生的身心发展特征，并体现出了个体差异，有利于学生在学习过程中的个性培养，为终身体育奠定基础。

　　（4）实用性强。本套教材所选内容切合实际，编排遵循了人类认识的一般规律，语言通俗易懂，图文并茂，方便教师教学与学生学习，具有较强的实用性。

足 球

　　本套教材在编写过程中吸收、借鉴了国内外专家和学者的研究成果和资料，并得到了清华大学出版社的大力帮助和支持，在此表示衷心的感谢。由于编写人员精力和水平有限，书中难免存在不妥之处，敬请广大读者批评指正。

赵志明

湖南科技大学体育学院教授

北京体育大学体育教育训练学博士

2015 年 1 月

前　言

当前，随着体育运动的不断发展和教育事业的不断完善，体育教育已经成为高校的重要工作。足球运动作为"世界第一运动"，在世界范围内有较为广泛的开展，在高校中也同样受到学生的欢迎与喜爱。中国足球现正处于低迷期，受到全国人民的关注，要改变这一现状，单纯靠管理和组织上的改革是远远不够的，最重要的是培养优秀的后备人才，使他们具有良好的足球意识与素养，为足球运动的进一步发展奠定坚实的基础。高校作为足球后备人才的重要培养和输送基地，需要通过科学的指导来达到这一目的。鉴于此，特意编写了《足球》这部教材，希望能够为学生足球运动意识的培养与提高作出一定的贡献。

本教材共有十一章，对足球运动进行了全面的分析和研究。其中，第一章对足球运动基本概况进行了分析，具体包括足球运动的历史演变、现代足球运动的特点以及国内外的重要足球运动赛事；第二章对足球运动在健身、健心以及社会方面的基本功能进行了探索；第三章对足球运动的现代发展进行了剖析，包括足球运动与全民健身、奥林匹克运动及其产业化与职业化发展；第四章是对足球运动教学与训练的基本阐述；第五章与第六章分别对足球运动的基本技术与战术进行了介绍；第七章是对足球运动身心素质训练与意识培养的阐述；第八章对足球运动游戏的教学与训练进行了介绍；第九章是对足球运动营养医务指导的阐述，涉及营养、疲劳以及伤病等方面；第十章是对校园足球运动开展的分析，包括校园足球运动开展的准备、学校足球队与校园足球俱乐部以及校园小型足球运动的开展与规则等；第十一章则是对足球运动竞赛组织与欣赏的阐述。

本教材是一本多元化的足球专业教材，不仅对足球运动的基本概况、功能以及技战术等进行了详细的介绍，也对其各方面的教学与训练、安全保障、竞赛组织与欣赏等进行了全面的阐述，涉及的知识点范围较广，有助于学生对足球运动有一个全面的了解和认识。本教材在遵循科学性、系统性、针对性原则的基础上，从学校和学生的角度出发，以期达到增强学生的足球知识，强化其足球意识的目的。本教材注重理论与实践的结合，不仅为学生提供了充分的知识，同时为学生参与实践提供了科学的指导，从而使学生足球运动的科学性与安全性得到保证。本教材从时代性的角度出发，在分析和介绍足球运动基本知识的同时，也将一些时代性较强的内容增添进来，不仅有效丰富了教材内容，也增强了本教材的时效性、创新性、可读性。

本书由重庆文理学院齐效成，西安体育学院高巍，大连医科大学张陶淘编写完成，并由三人共同统稿。具体分工如下。

第二章、第四章、第五章、第六章、第十章：齐效成；

第一章、第七章、第九章、第十一章：高巍；

第三章、第八章：张陶淘。

足球

本教材在编写过程中，吸收和借鉴了一些专家学者的研究成果与观点，在此表示最诚挚的感谢！另外，由于受水平的限制，书中难免存在不足之处，敬请广大读者批评指正。

编　者
2015 年 1 月

目 录

足 球

第一章　足球运动基本概况

学海导航
XUEHAI DAOHANG

　　足球运动历史悠久，它是世界上开展最广泛、影响最大的体育运动项目，被誉为"世界第一运动"，深受世界各地人们的喜爱。本章对足球运动的基本概况进行了介绍，包括足球运动的历史演变、特点以及重要赛事，其中足球运动的起源与发展是本章的重点。通过本章的学习，学生要掌握足球运动起源与发展的历史，了解其特点，并熟悉国内外重要的足球赛事，体验足球运动文化。

第一节　足球运动的历史演变

一、足球运动的起源

（一）古代足球运动的起源

　　关于足球运动的起源有很多不同的说法，据国外研究足球的学者考证发现，在世界各地，都曾出现过与现代足球运动相似的运动形式，如中国古代的"蹴鞠"、日本的"克马锐"（Kemari）；罗马的"哈巴斯托姆"（Harpastum）、希腊的"埃佩斯卡洛斯"（Episkaros）、意大利的"吉奥库迪·卡利西奥"（Gioco del Calcio，一种踢球的动作，是一种脚踢的娱乐方式，属个体游戏）。有学者推断，在历史发展的某个阶段，中国、日本、希腊、意大利、古罗马、英国、法国等国家，基本上都有人从事一种球类运动，这种球类运动被认为与原始的足球有着某种必然的联系。有学者据此提出了足球运动的多元化起源的假说。

　　就时间的先后顺序来看，中国是世界上开展足球运动最早的国家。在中国历史上，足球运动的起源可以追溯到人类社会的史前时代。关于足球运动的起源有以下几种说法。

1. 游戏说

　　相传，炎黄之初，古老的黄河流域曾盛行一种古老的足球运动——蹴鞠运动。据史料记载，我国在公元前15世纪就有了"足球舞"游戏，这被认为是古代足球游戏的雏形。在3 000多年前的商代甲骨文中，也有蹴鞠舞记载。公元前475—221年的战国时代，民间就有了"蹴鞠"游戏。"蹴"就是踢的意思；"鞠"是指用皮革制成，内充毛发之类弹性物的

球。最早出现蹴鞠这项运动确切记载的是《史记·苏秦列传》和《战国策·齐策》。苏秦的墓现在就在淄博市淄川区城南镇境内。司马迁还在《史记》中描述了战国时期齐国临淄，当时的百姓安居乐业，在闲暇时间乐于开展蹴鞠活动来放松心情的情况。《史记》记载："临淄之中七万户……临淄甚富而实，其民无不吹竽、鼓瑟、击筑、弹琴、斗鸡、走犬、六博、蹋鞠者。""蹋鞠"即"蹴鞠"。

1953 年，考古工作者在西安半坡发现了新石器时代人类的村落遗址，其中曾被使用的石器中有不少作为游戏之用的石球，据考证，其产生时间和地点都与黄帝部落居住的地区和纪年相吻合。踢石球游戏作为蹴鞠活动的雏形，一直在民间发展着，直到明清时代。

作为足球的早期运动雏形 —— 蹴鞠，它以游戏的形式在民间迅速发展，至西汉时期，已进一步发展成竞赛性的游戏。西汉学者刘向在《别录》一书中说：蹴鞠"起战国之时"。刘向还曾提到："蹴鞠者，传言黄帝所作。"约在 2 500 年前。殷墟出土的甲骨文中记载："庚寅卜，贞。呼舞，从雨。"体育史学家认为，""可能是"鞠"字，"舞"即"鞠舞"，即边踢球边挥动长袖而舞。到了唐代，我国的足球游戏又有了两大进展：一是开始使用"气球"，即用动物尿脬为胆，用嘴灌气的球；二是发明了挂网的门。在唐朝，"蹴鞠"活动盛行，并且开始传入日本。

2. 比赛说

关于足球运动起源的比赛说更倾向于足球起源于集体间的相互比赛。人们可以想象足球比赛，能使比赛双方在一定的方式下确定谁优谁劣，最终达到一种使人强烈兴奋、奋发进取的快乐。据记载，蹴鞠运动的创造者为人类的祖先 —— 黄帝，他曾用蹴鞠来训练武士。西汉时期，汉高祖刘邦十分喜欢蹴鞠这一运动，他命人在宫苑内修建了开阔的校场 —— 鞠城，两端有鞠室，比赛双方以进鞠室多者为胜。足球运动起源的比赛说比较贴近现代足球运动发展的现状及其基本特征。

3. 宗教说

有人从人类史的角度提出了足球运动的起源，认为足球起源于宗教活动，指出早期的"足球舞"就是一种求神祈雨时一人边跳舞边踢球的宗教活动。在活动中，古人对足球有着特殊的理解，具有浓厚的宗教色彩，例如，有的人把足球比作太阳，它的产生是生命和维系生命的象征。有的人把足球比作野兽的头，比赛过程中谁抢到这个头，谁就能获得来年的丰收。

4. 战争说

1973 年，长沙马王堆汉墓出土的帛书《十六经·正乱》中记述了黄帝与蚩尤部落战争结束时的一个场景：在胜利之后的欢庆中，剥下敌人的皮制成箭靶，剪下敌人的毛发做成旗头，割下敌人的胃当球踢。这种在胜利之后的报复性做法在世界上许多民族的历史中也都曾有过。久而久之，这种活动逐渐在部落之间广泛流传，人们利用动物毛发制成球状，使之成为日常生活中的一种常见活动形式。

不管是哪一种说法，都有一个共同点，即足球运动起源于中国。

2004 年 2 月 4 日，国际足联在伦敦对外宣布：足球最早起源于中国 —— 中国古代的蹴鞠就是足球的起源。2004 年 7 月 15 日，在北京第 3 届中国国际足球博览会开幕式上，国际足联和亚洲足联一致认同：中国是足球的故乡，中国淄博是足球最早的发源地。国际足联主席布拉特在致辞中说："中国足球有着优秀的发展传统，山东淄博的蹴鞠，对足球运动的发展有着极大的贡献，感谢中国将这项运动带给了世界，世界因为有了足球而变得更精彩！"

（二）现代足球运动的起源

现代足球运动起源于英国。据法国的相关文字记载，足球是在 11 世纪由诺曼底人带到英国的。

文献记载，古时有一种哈巴斯托姆比赛，分为上、下半时，双方的目的是要把球带过对方的底线。在法国，比赛方式同哈巴斯托姆基本一样，只是球场非常大，可以有一条街长，或把临近两个村内的教堂或公共建筑物作为场地的两条底线。公元 1066 年后，哈巴斯托姆传入英国，并在 11、12 世纪时开始盛行。当时既无规则又无场地，成群结队的人常常在街道上，甚至闹市区用脚或手任意踢球、掷球。这种比赛粗暴、混乱，严重影响了社会公共秩序，遭到当时君主们的反对。在 1314—1660 年间，当地政府禁止开展足球及其他相关活动的记录超过了 30 次，由此也可以看出足球运动在民间开展得非常广泛。由于足球运动屡禁不止，政府的禁令并没有阻止这种运动在民间的继续发展。1490 年，这项深受人们喜欢的运动被正式定名为足球（Football）。

足球运动深受人民的喜欢，在民间不断得到发展。1681 年，英王查理二世废除禁令，这种类似足球运动的活动重获自由。到 18、19 世纪，英国不少大学开始盛行足球活动。19世纪中期，这种足球活动不仅在学校中很快发展，社会上也有很多人参加。

随着足球运动的广泛普及，人们迫切要求有统一的规则来规范足球运动。1837—1842 年，统一的足球规则在剑桥大学产生。此后，分别在 1846 年、1848 年以及 1856 年、1863 年，新的足球运动规则相继出现。但是，由于受各种因素的影响，只有 1863 年的足球运动规则（剑桥规则）最有影响，并具有深远意义。

经过了几百年的演变，英国的民间足球在 19 世纪初期发展到了顶峰。1849 年伊顿公学废除了橄榄球规则中用手传球、带球的条款，因此，伊顿公学的场地足球被看成是现代足球的最早原形。与英式橄榄球分化后，英式足球在英国进一步演化和发展。

1863 年 12 月 8 日，英格兰足球协会修改了 1848 年由剑桥大学制定的世界上第一部文字形式的足球规则，制定了全国统一的比赛规则（共 14 条），规定在足球比赛中只能用脚踢球，不得用手触球，并把 "Football" 称为 "Association Football"，学校则称之为Soccer。同年的 12 月 26 日，剑桥大学、牛津大学和凯尔波里特专科学校与伦敦周围地区11 个最主要的俱乐部和学校，在伦敦女王大街共济会酒家举行联席会议，并创办了英格兰足球协会。为此，国际上将这一天定为现代足球运动的诞生日。

二、足球运动的发展

（一）世界足球运动的发展

现代足球在英国兴起后获得了良好的发展，1857 年，英国成立了第一个足球俱乐部 —— 谢菲尔德足球俱乐部。此后，英国各地区相继成立了足球俱乐部。随着足球比赛的

不断增多，人们迫切需要成立一个全国性的足球组织，统一全国的比赛规则规范足球运动和比赛。1872 年，英格兰和苏格兰之间进行了足球运动史上的第一次正式比赛。

随着英国势力在全世界的扩张，足球运动也通过海员、商人、士兵、牧师、工程师等传播到欧洲大陆以至世界各地。自 19 世纪 70 年代以后，足球运动逐渐成为英国和欧美各国广泛开展的运动项目。

1. 足球运动规则的发展

足球规则的发展和足球运动阵型的发展推动了足球运动的进步。

1870 年，鉴于当时的足球比赛经常出现"奔跑带球射门"的场面，越位规则产生，并规定：进攻队员处于球的前方即为越位。1875 年，越位规则进行了修改，规定在进攻队员与对方端线之间防守队员不足 3 人时为越位。

进入 20 世纪，足球运动的规则进一步规范化，1925 年 6 月 13 日，国际足联对越位规则进行了修改，将"不足 3 人"改为"不足 2 人"。

2. 足球运动技战术的发展

足球竞赛规则的改变，推动了足球技战术的发展。1930 年，英国人埃尔贝·契甫曼根据当时新的越位规则创造了"WM"阵型，此阵型在国际足坛盛行了 20 年之久。

20 世纪 50 年代初，匈牙利人创造的 4 前锋式打法取代了"WM"阵型。动摇了"WM"长期统治足坛的地位，这被称为足球运动的第一次变革。

1958 年，巴西人创造了"四二四"阵型，促进了足球技战术进一步发展。这被称为是足球运动的第 2 次变革。

1974 年，足球运动迎来了第 3 次变革，荷兰人创造了全攻全守的整体型打法，从此，足球运动进入"全面型"时代。

3. 足球运动组织的发展

1885 年，英国首创了职业足球俱乐部，随后欧洲各国先后成立了职业足球俱乐部。

19 世纪末，新西兰、意大利、比利时、阿根廷、智利等国相继成立了足球协会。1904 年 5 月 21 日，法国、西班牙、荷兰、丹麦、比利时、瑞典以及瑞士的足协代表在巴黎成立了国际性的足球组织 —— 国际足球协会联合会（简称国际足联，法文缩写为FIFA），目的在于协调各国足球运动的开展，组织世界各国的足球竞赛活动。FIFA 是国际奥林匹克委员会的一个单项体育组织。从此世界各国足球协会不断成立，会员国的数量不断增加。

自英国成立足球俱乐部以来，足球运动逐渐走上了职业化的进程。20 世纪初，英国足协制定了一套较为完整的职业运动员注册和转会规章制度。随后欧洲和南美洲的一些国家相继实行了足球职业化，有关职业化的章程也逐渐完善。

20 世纪 70 年代末至 80 年代初，在全球"足球热"浪潮的冲击下，全世界掀起了足球职业化的热潮。20 世纪 90 年代后，亚洲各国也逐渐实行了足球职业化。至此，足球运动的职业化发展已经非常成熟，也成为其他运动职业化发展的指导模式。

4. 足球运动流派的发展

一般认为，足球运动流派形成的过程主要受足球传统风格、民族气质、地理环境、身体条件以及主观追求等因素的影响。目前，现代足球运动的流派主要有欧洲派、南美派和欧洲拉丁派 3 种类型。具体如下。

（1）欧洲派。欧洲派主要以力量见长，特点是：讲究全队整体配合，长传准确，推进速度快，打法硬朗、简练、实用，防守逼抢凶狠，盯人紧；队员身体素质好，身材高大壮实，力量强。欧洲流派的代表主要有德国、英格兰等国家和地区。

（2）南美派。南美派以技术见长，特点是：队员的个人技术娴熟细腻，队员的过人技巧、突破能力，以及传、接、控球技术都非常出色；队员的随机应变能力强，短传渗透威胁大，即兴发挥令人防不胜防；队员的灵活性、柔韧性、协调性较好。代表国家主要有巴西、阿根廷等国。

（3）欧洲拉丁派。欧洲拉丁派融欧洲派和南美派的力量和技术为一体，特点是：队员灵巧、速度快、个人技术熟练、细腻，具有良好的身体素质；全队讲究整体配合，长短结合，防守坚实，善打快速反击。代表国家主要有法国、意大利等国。

5.足球运动竞赛的发展

1900 年，奥林匹克运动会开设了足球比赛项目。

1928 年，国际足联决定每 4 年举行一届世界足球锦标赛（后更名为"世界杯"），并规定每届比赛与奥运会相间举行，还决定设立专门的流动奖杯 —— 金女神杯，奖给锦标赛的冠军，并规定，如果哪一支国家队能 3 次夺得冠军，将永久保留此杯。

1930 年，第 1 届世界足球锦标赛在乌拉圭举行，随后由于受到第二次世界大战的影响，世界足球锦标赛中断了 12 年。

1970 年第 9 届世界杯上，巴西队第 3 次获得足球世界杯冠军，该奖杯归巴西永久占有。现在的流动奖杯为"大力神杯"，国际足联规定此杯为永久性流动奖杯，任何国家不论夺得多少次冠军，都不得独自占有该杯，其权力只是保留该杯 4 年至下一届世界杯。

2014 年世界杯足球赛在 2014 年 6 月 13 日至 7 月 14 日于巴西举行。这是巴西继 1950 年后再次主办男足世界杯赛，也是最后一次由 5 大洲轮办的一届。在该次世界杯足球赛的决赛中，德国加时 1 比 0 绝杀阿根廷，第 4 次夺冠，这是德国时隔 24 年再次夺冠，也成为首支在南美夺冠的欧洲球队。2018 年世界杯将在俄罗斯举行。

现代足球运动发展迅速，足球规则、足球制度、足球组织和足球赛事正在不断地发展和完善。

（二）中国足球运动的发展

1.中国古代足球运动的发展

在有文字可考的文献资料中，可以查找到早在 2 500 年前的战国时代就有了足球运动的雏形 —— 蹴鞠。从名称上看，汉代以前用"蹋鞠"一词，"蹴鞠"一词是在汉代出现的，汉代初年两词并用，以后才确定为"蹴鞠"，虽然在各个朝代曾使用过不同的名词，但蹴鞠一词一直被沿用下来。当时的球用皮革制成，以毛发填塞。虽然蹴鞠运动方式目前尚无法考证，但可以肯定的是，当时开展的蹴鞠与军队的练武手段和庙堂祭祀的蹴舞在性质上有很大的区别，多是平民式的消闲娱乐活动，具有广泛的群众基础。

在不同的历史时期，我国的足球运动具有不同程度的发展，总体呈现出一种先发展，再盛行，而后逐渐衰微的发展历程。

（1）两汉时期

两汉时期的蹴鞠，其发展主要表现在两个方面：一是娱乐性增强，配合音乐伴奏，由自娱性消闲娱乐发展为观赏性表演娱乐，成为"百戏"中的一个重要的表演节目；二是发展成为军事训练手段，成为军事检阅的重要组成部分，在运动形式上发展为有较强对抗性的竞赛。这两种形式的蹴鞠运动在西汉时期都得到了广泛的开展。

在古人的著作中，对足球运动的开展都给予了一定的描述。例如，李尤《鞠城铭》的十二铭文曾记载，汉代的蹴鞠竞赛已经有了较为正规的球场、较为完备的竞赛规则，以及公正执法的裁判，是一项较为正规的运动项目。但是，十二句短文还不能完全说清楚一项体育运动的方法和规则，因此，关于汉代的球场设备、双球门的竞赛方法等还需要作进一步求证。但汉代蹴鞠的竞赛对抗形式非常激烈是被广泛认可的。另据《汉书·艺文志》所刊目录记载，汉代的《蹴鞠二十五篇》是我国第一部专门论述足球比赛方法和足球技术的书籍。在两汉时期，蹴鞠已西传到天山南北，并逐步影响西亚各国。

（2）唐朝时期

发展至唐代，蹴鞠已经成为节日娱乐活动的一项重要内容，当时的蹴鞠运动不仅流行于民间，在宫廷内也十分流行。汉唐时期皇室和贵族的家中有专业的蹴鞠艺人，被称为"鞠客"和"内园小儿"，专为统治阶级从事表演活动。

与汉代相比，唐代足球的制作工艺有了很大的进步，已能用几何图形组圆，将动物膀胱放在皮壳内，以嘴吹气，使球变得有弹性且可以弹起。自唐朝开始，蹴鞠逐渐开始有了两种踢法：一种是有球门的成队比赛，称为筑球，多在朝廷大宴及外交宴会上表演，是一种单球门的间接竞赛；另一种是没有球门的个人比赛，称为白打。既有1人场也有2人场……直到10人场，这种踢法在当时被广泛应用。

（3）宋朝时期

宋朝的历代皇帝和贵族都很喜欢蹴鞠活动，每逢朝廷大宴，足球必是重要的表演项目之一。受宋朝皇帝和贵族的影响，在北方建国的辽国、金朝也将蹴鞠作为宴会表演节目。

这一时期，为了满足人们的文化娱乐需要，城市中有了综合性的游乐场——瓦舍，瓦舍中有供艺人演出的勾栏，蹴鞠是在勾栏中的演出活动之一。另外，各种艺人还组织了自己的团体——会社。蹴鞠艺人的会社叫齐云社。宋代朝廷有专业的蹴鞠艺人，而城市瓦舍中的蹴鞠艺人则是在民间为市民表演娱乐。宋代蹴鞠开展得比较普及，为了满足民间百姓参与蹴鞠活动的需求，还有人专门撰写介绍蹴鞠技艺的书籍，如《事林广记·戊集》《万宝全书·戏球场科范》《蹴鞠图谱》和《蹴鞠谱》等。

（4）元代时期

蹴鞠活动在元代的发展主要表现在技术的进步上。当时，白打踢法的动作难度有所提高，与此同时，开始出现男女对踢，这对封建礼教进行了一定程度的冲击。在元代出土文物"蹴鞠纹铜镜"背面铸有元代男女对踢足球的装饰。此外，元代的散曲中也有反映男女对踢足球的套曲。

（5）明清时期

明初期，蹴鞠活动曾受到明太祖朱元璋和明熹宗的禁止，但社会上的蹴鞠活动屡禁不止，广大下层社会中仍有较广泛的蹴鞠活动。另外，在明朝时期，凡是有皇帝和贵族喜爱蹴鞠活动的朝代中，蹴鞠都是宫女和士大夫们消遣娱乐的重要手段之一。

清朝时期，统治者对汉族的传统文化加以限制，蹴鞠活动的发展受到了影响。至清代中叶，蹴鞠活动基本绝迹，只在个别地区存在并流传。

2. 中国近代足球运动的发展

（1）1908—1923 年

19 世纪 80 年代至 20 世纪初，现代足球运动在上海圣约翰大学、上海南洋大学、北京协和书院、北京汇文书院、广州格致公学、广州南武公学等一些教会学校开展起来，随后天津、南京、杭州、武昌、青岛、厦门等一些沿海城市的教会学校也先后开展了足球活动。

20 世纪的前 20 年，旧中国的各类足球比赛活动较多，举办过的两届全国运动会都有足球比赛。

1908 年，中国近代史上的第一个足球组织"南华足球会"成立，它对现代足球运动在中国的发展作出了重要贡献。此后，各大城市中的校际比赛频繁，上海与香港等埠际足球比赛相继开展起来。

1910 年，旧中国举行第 1 届全国运动会，足球在该届运动会上被列为正式比赛项目。1913 至 1923 年，旧中国足球队先后参加了 6 届远东运动会足球比赛，其中共获得 5 次冠军。

1923 年 7 月，南华足球队出访澳大利亚获得 8 胜 7 平 9 负的战绩，我国的优秀足球运动员李惠堂球技精湛，被称为当时的亚洲球王。

（2）1923—1937 年

由于足球运动发展态势良好，当时的足球运动水平达到巅峰的时期，足球运动由学校发展到社会，由沿海大城市发展到内陆。该时期的全国性足球比赛有全国运动会足球比赛和全国足球分区赛。

1924 年，中华全国体育协进会在上海成立。1931 年中华全国体育协进会加入国际足联。随后中华足球联合会、天津足球会、延边间岛体育会、大连足球联盟等一些地方性管理组织相继成立。

这一时期，中国的足球由沿海到内地获得了快速的发展，中国足球运动水平较高，1925 年至 1934 年间，中国足球队曾在第 7 至第 10 届远东运动会足球比赛中连续夺冠，并于 1936 年参加了在柏林举行的第 11 届奥运会，对中国足球运动水平的提高和国际影响的扩大起到了重要的作用。

在积极参加比赛的同时，旧中国的足球与国际足球的交往也很频繁。由乐华、南华、中华组成的"三华"精英队，以及上海中华队、上海交通大学队、香港大学队分别出访澳大利亚、新西兰、菲律宾、印度尼西亚、日本等国，并与来访的日本关西大学队、日本早稻田大学队、朝鲜国家队通过比赛交流经验。

（3）1937—1949 年

抗日战争爆发后，旧中国的足球运动处于停滞状态，国内足球比赛迅速减少，与国际上

的足球交往完全停止。

1945年抗日战争胜利后，足球运动在中国的一些地区有所恢复，其中，香港、上海及东北地区恢复较快，足球水平处于国内领先地位。

1948年5月，上海举办了旧中国第7届全国运动会，共有21个代表队参加了本届足球比赛。同年8月，旧中国足球队参加了在英国伦敦举办的第14届奥运会足球比赛，首战负于土耳其，被淘汰出局。

3.中国现代足球运动的发展

（1）1949—1960年

1949年新中国成立以后，在党和政府的关怀和指导下，经过社会各个方面，尤其是广大足球工作者的共同努力，我国足球运动得到了迅速的发展。

1951年，新中国在天津举办了首次全国性足球比赛——全国足球比赛大会。各大行政区、解放军和铁路等8个单位参加了本次比赛。为培养骨干力量，发展足球事业，1952年国家体委成立了中央体训班（国家队）。1953年，全国性青年足球锦标赛大会首次在上海举行。

为了加强同国外足球运动的交流，我国积极组织各种友谊赛，在1954年，匈牙利国家足球混合队来我国友好访问，分别在北京、上海、武汉与我国7支足球队进行了11场比赛。与此同时，我国还组织观摩了匈牙利队3场分队比赛、3次训练示范课，同时举办了3次技战术讲座和5次座谈会，这些足球活动对中国足球界了解世界，把握足球技战术发展趋势和特点，开阔眼界起到了极其重要的作用。同年，国家体委先后共选派25名足球运动员赴匈牙利学习，这批运动员回国后对推动我国足球运动水平的提高发挥了重大作用。

1955年，中国足球协会的成立使得我国足球运动获得了全面的发展，也使得我国足球界有了最高的领导机构。随着社会经济的发展，以及人民生活水平的提高，足球运动在我国的厂矿广泛地开展起来。同年，国家体委邀请苏联足球专家施科夫来华讲学，施科夫与北京体育学院李鹤鼎教授一起主持了全国首届足球研究生班，为中国培养了一批优秀的足球运动理论研究人员和高水平的专业师资。

1956年，《中华人民共和国竞赛制度暂行规定》《青少年业余体育学校章程》《运动员、裁判员等级制度条例（草案）》等制度先后出台。全国足球甲、乙级联赛、全国足球锦标赛也开始实施和举办。北京、天津、上海、广州等地还相继建立了青少年业余体校足球班。

1957年，国家体委召开了全国足球训练工作会议，总结和研究新中国成立以来足球运动的发展情况、训练工作经验，以及存在的问题，提出了"积极、主动、快速、灵活"的指导思想。全国少年足球锦标赛也在1957年开始举办。

1958年，北京队和八一队分别战平第16届奥运会冠军苏联队。1959年和1960年，中国国家队先后赢得中、苏、匈3国对抗赛亚军和中、朝、越、蒙4国赛冠军。

这一时期，虽然中国足球运动起点低，但总体发展势头较好。

（2）1961—1965年

新中国的三年困难时期，体育经费锐减，许多球队中断了训练和竞赛，在这样的历史背景下，我国足球运动的水平也呈现出明显的下降趋势。

1964年2月，在多方的努力下，国家体委、全国总工会、共青团中央、教育部联合召开了全国足球训练工作会议，系统地总结了新中国成立以来的足球运动发展状况，颁发了《关于大力开展足球运动，迅速提高技术水平的决定》（以下简称《决定》）。《决定》针对我国足球竞技水平下降的现状提出了几项改进措施，具体表现如下：首先，广泛开展群众性足球运动，加强青少年的训练工作；其次，加强专业足球队的思想政治工作和训练工作；再次，改进全国足球竞赛制度；最后，加强对足球运动的领导。在此基础上，全国足球训练工作会议确立了北京、天津、上海、南京、广州、武汉、沈阳、旅大、延边、梅县 10 个足球重点城市和地区。

这一时期，针对我国足球"作风软、体力不足、射门差"的问题，足球界提出了"三从一大"（从难、从严、从实战需要出发，进行大运动量训练）的原则，树立"三不怕，五过硬"（不怕苦、不怕累、不怕伤，基本功过硬、身体素质过硬、训练作风过硬、比赛拼抢精神过硬、战术配合过硬）作风。同时确立了"勇、快、巧、准"的技术风格。

（3）1966—1991 年

"十年动乱"期间，我国的足球运动受到严重破坏，新中国成立以来建立的足球运动基础遭受重创。自 1976 年拨乱反正后，国内的政治局面逐渐趋于稳定，经济状况也逐渐好转，包括足球运动在内的体育事业开始重新起步。

1977 年和 1978 年北京成功举办了国际足球邀请赛，与国际间的足球交往日益频繁。

1979 年，国务院批准下发《关于提高我国足球技术水平若干措施的请示》，提出加强科研工作；普及青少年足球运动；抓好足球重点地区；组建国家青年队；加强国际交流等 9 大措施。

1980 年，国际足联执委会恢复了我国的合法席位。

1986 年，国家体委成立足球办公室，将训练、竞赛、科研、外事、国家队等业务工作进行统一管理。

1990 年国家体委颁发了《关于中国足协实体化的通知》，我国足球运动由国家体委行政部门行使的职能逐步过渡到中国足协管理。

积极举办和参加各种赛事成为这一时期的重点，我国成功举办了首届国际足联 16 岁以下柯达杯世界锦标赛和第 11 届亚运会，先后参加了世界杯、奥运会、亚运会和亚洲杯等重大比赛，极大地丰富了我国足球队的参赛经验。

（4）1992 年至今

1992 年，国奥队在第 25 届奥运会足球预选赛亚洲区决赛中失利，引起全国震动，人们要求足球改革的呼声越来越高。

1992 年，被誉为中国足球史上的"新里程碑"的红山口足球工作会议召开。该次会议明确了我国足球运动发展中的改革体制、转换机制、整顿队伍三大主要任务，提出我国足球的职业化道路和俱乐部体制，使中国足球融入世界足球的发展潮流中，实现了足球体制改革的历史性转折。红山口会议后，中国出现了第一批"足球俱乐部"，不过其中很多都依赖于原地方体委，比如北京国安、广州太阳神。

1993 年，针对足球工作，通过会议进一步提出了今后我国足球界的主要任务是继续"深化改革，深入整顿"。同年 12 月，上海申花成立。至此，中国才出现了完全脱离政府机制的职业足球俱乐部。

1994 年，中国足球职业联赛全面启动，经过 10 年的职业化探索，以竞赛市场为龙头的市场体系初步形成；以市场为特征的资源配置、管理体系，法规、制度体系基本建立起来。

中国足球队从 1976 年起开始参加亚洲杯足球赛，并于 1984 年和 2004 年两度跻身决赛。2002 年，世界著名教练员米卢蒂诺维奇带领中国足球队首次打入世界杯决赛阶段，实现了国人 40 多年的梦想，中国的足球运动实现了迈向世界杯赛的第一步。

2012 年中超各俱乐部加大投入、豪购世界顶级外援。上海申花天价签下法国球星阿内尔卡，震动了整个中超乃至世界足坛。随后，广州恒大重金签下德甲冠军队员巴里奥斯和意大利金牌教头"银狐"里皮。德罗巴、加图索等球员也先后与中超联系到一起，中超联赛在国际足坛转会市场引起了巨大的轰动。大牌球员和教练纷纷来投，自然就会引发"名牌效应"。

2014 年 2 月，中国国家男子足球队新任主帅定为阿兰·佩兰。3 月 5 日，中国国家男子足球队晋级 2015 年亚洲杯决赛圈。

从长远来看，中国足协必须制定长期发展的规划，同时进一步规范足球俱乐部在制度、管理、配置等方面的发展。只有这样，中国足球才能切实走上良性发展之路。

第二节　现代足球运动的特点

一、比赛开展的易行性

和其他体育运动相比，足球运动的比赛规则比较简明，对器材、设备要求简单，易于开展，且一般性足球比赛不受时间、人数、场地等的限制，是一项深受人们喜爱的群众性体育项目，可以广泛推广和普及。

二、比赛对抗的激烈性

现代足球比赛，尤其是高水平足球运动队之间的比赛较量，是足球技术、足球战术、身体素质、心理素质等因素的综合对抗和全面较量。

在现代足球比赛中，控球权的争夺是各队争夺的焦点，且比赛过程中始终贯穿着进攻与防守，制约与反制约，限制与反限制。据统计，一场高水平足球比赛双方攻守可转换近 300 次，其中一半以上的足球技术动作都是在比赛双方强对抗条件下运用或完成的。

目前，足球比赛的对抗性主要表现为贴身紧逼、冲撞抢位、高空争顶、倒地铲断等各种形式的对抗越来越多，场上竞争越来越激烈。

三、比赛过程的艰辛性

现代足球运动"高速度，强对抗"的比赛特征，对运动员承受大运动负荷的身体能力提出了更高的要求。实验表明，一场激烈的足球比赛中，运动员活动距离最高可达 14 000 米，最低也在 9 000 米左右。此外，足球运动员在赛场上快速冲刺距离在 2 500 米以上，每场比赛需完成技术动作近百余次，运动员心率 180 次／分以上时间约有 32 分钟，氧消耗超过 300 升，能量消耗达 1 500～2 000 千卡，体重可下降 2～5 千克。

实验研究的每一项数据都表明了足球运动是一项艰辛的运动，足球运动员必须具备良好的身体素质和过硬的心理素质。这也就决定了足球运动比赛过程是一个艰苦卓绝的对抗过程，每一个运动员都需要付出艰辛的努力。

四、队员的整体协作性

足球运动的竞技性质和比赛要求决定其具有整体性的特征。

足球是集体性球类运动项目，比赛时双方各 11 名运动员上场参赛。场上的运动员虽位置、职责、分工不同，但必须按照既定的技术要求和战术策略协同一致，形成一个严密的整体，实现目标、思想、行动三者的统一。做到攻则全动，守则全防，形成整体的攻守，只有这样，球队才有战斗力，才能夺得比赛的胜利。

五、技战术的灵活多变性

足球运动技术多样、战术多变、胜负难测的灵活多变性特点具体表现如下。

首先，足球运动全面型打法的问世，打破了运动员职责范围的局限性，这也使得运动员技战术能力的单一性被全面性所替代，运动员必须是足球赛场上的多面手，既能攻，又能守。

其次，足球技术的全面化导致了足球战术的多变性。当今足球比赛，攻守转换快速而频繁，运动员的位置和职责会随着比赛进程的变化而变化。

总之，足球运动技术能力的全面提高和多变的战术打法，使足球比赛过程充满了活力，比赛结果始终留有悬念。也因此，足球运动受到人们的喜爱。

第三节 国内外重要足球运动赛事

一、世界足球运动赛事简介

（一）世界杯

世界杯，简称 FIFA，是由国际足球联合会统一领导和组织的世界性的足球比赛，是世界上规模最大、影响最大、水平最高的国家队足球比赛。

由于奥运会足球赛在其发展过程中出现了"职业"选手和"业余"选手之分，而奥运会比赛在当时只允许业余选手参加，因而许多国家不能派出自己的最强阵容，不能如实反映出这些国家足球运动的水平。1928 年奥运会结束后，国际足联召开代表会议，在荷兰首都阿姆斯特丹举行会议，每 4 年举行一届，后改称世界杯足球赛，分预选赛和决赛两个阶段。参赛选手不受职业或非职业身份的限制。世界杯比赛设流动奖杯"里梅杯"，也称"金女神杯"。

1. 世界杯男子足球赛

1970 年，第 9 届世界杯赛上，巴西队第 3 次夺得冠军，永久性地占有了该座奖杯。

1974 年，国际足联启用"国际足联世界杯"，也称"大力神杯"，作为永久性流动奖杯。

2002 年 12 月 17 日，国际足联决定，第 18 届世界杯决赛阶段比赛，除东道国外所有参赛队必须通过预选赛获得参赛资格，上届冠军不再直接进入决赛。

目前，每届世界杯男子足球比赛从预赛到决赛前后历时 3 年，与 IOC 奥运会、F1 锦标赛并称为世界三大顶级赛事。夺冠次数最多的为巴西足球国家队，2014 年，巴西世界杯比赛中，德国国家队获得冠军（表 1-1）。

表 1-1　历届世界杯冠军

届次	举办年	举办国	冠军
第 1 届	1930 年	乌拉圭世界杯	乌拉圭
第 2 届	1934 年	意大利世界杯	意大利
第 3 届	1938 年	法国世界杯	意大利
第 4 届	1950 年	巴西世界杯	乌拉圭
第 5 届	1954 年	瑞士世界杯	西德
第 6 届	1958 年	瑞典世界杯	巴西
第 7 届	1962 年	智利世界杯	巴西
第 8 届	1966 年	英格兰世界杯	英格兰
第 9 届	1970 年	墨西哥世界杯	巴西
第 10 届	1974 年	西德世界杯	西德
第 11 届	1978 年	阿根廷世界杯	阿根廷
第 12 届	1982 年	西班牙世界杯	意大利
第 13 届	1986 年	墨西哥世界杯	阿根廷
第 14 届	1990 年	意大利世界杯	西德
第 15 届	1994 年	美国世界杯	巴西
第 16 届	1998 年	法国世界杯	法国
第 17 届	2002 年	韩日世界杯	巴西
第 18 届	2006 年	德国世界杯	意大利
第 19 届	2010 年	南非世界杯	西班牙
第 20 届	2014 年	巴西世界杯	德国

2. 世界杯女子足球赛

20 世纪 80 年代以后，随着世界女子足球运动蓬勃兴起，比赛日益增多，国际足联决定举办世界女子足球锦标赛，即女子世界杯赛。

1988 年，在国际足联的倡导下，中国广东成功举办了有 12 个国家参加的国际女子足球邀请赛，为正式举办世界杯女子足球赛奠定了基础。

1991年，首届世界女子足球锦标赛在中国广东举行，此后每4年举办一届。

从1999年第3届起，参加决赛阶段比赛的球队由12支增至16支，分别由各大洲预选赛产生。决赛阶段名额分配为欧洲5支，南美洲1支，亚洲3支，大洋洲1支，非洲2支，中北美和加勒比海地区2支，东道国球队和上届冠军队。

历届世界杯女子足球赛的比赛情况如表1-2所示。

表1-2　历届世界杯女子足球赛决赛赛况

年份	主办国	决赛		
		冠军	比分	亚军
1991年	中国	美国	2—1	挪威
1995年	瑞典	挪威	2—0	德国
1999年	美国	美国	0—0 加时	中国
			5—4（点球大战）	
2003年	美国	德国	2—1 加时	瑞典
			黄金入球	
2007年	中国	德国	2—0	巴西
2011年	德国	日本	2—2 加时	美国
			3—1（点球大战）	
2015年	加拿大	美国	5—2	日本

（二）欧洲杯

欧洲足球锦标赛，简称欧洲杯或欧锦赛，赛事创办时名称为 European Nations Cup，其后改名为 European Football Championship。欧洲足球锦标赛是一项由欧洲足联成员国间参加的最高级别国家级足球赛事，于1960年举行第1届，其后每4年举行一届。

欧洲杯与世界杯齐名，奖金高于世界杯，仅次于欧洲冠军联赛，是国家队层面上的奖金最高赛事。夺冠次数最多的为德国足球国家队和西班牙国家足球队。

2012年，第14届欧洲足球锦标赛是由波兰和乌克兰联合承办的，在此次比赛中，西班牙队卫冕冠军。

2016年，第15届欧洲足球锦标赛将由法国承办，根据统计，该次比赛的决赛阶段比赛球队总数将首次增加至24支。

（三）美洲杯

美洲杯（Copa América）足球赛，简称美洲杯，始于1916年，是美洲以及全世界历史

最悠久的足球赛事，由南美足协主办，开始时每年举办一次，27 年后不定期举行。1959 年，美洲杯足球赛改为每 4 年举办一次。

美洲杯比赛历史上成绩最好的队是乌拉圭队，至 2011 年，乌拉圭队夺取第 15 次美洲杯冠军成为南美之王、其后是阿根廷 14 次夺冠，巴西 8 次夺冠，秘鲁、巴拉圭各两次夺冠，玻利维亚、哥伦比亚各一次。

（四）亚洲杯

亚洲杯足球赛（AFC Asian Cup），简称亚洲杯，是由亚足球联合会举办的亚洲国家队参加的一项比赛。

1956 年，首届亚洲杯足球赛在中国香港举行，此后每 4 年一届。2015 年，第 16 届亚洲杯将在澳大利亚举行。

（五）奥运会足球赛

足球是较早进入奥运会的比赛项目之一。在 1912 年的第 5 届奥运会上，足球被列为正式比赛项目。

长期以来，奥运会足球赛不允许职业运动员参加，这直接影响了奥运会足球比赛的水平。国际足联和国际奥委会为解决运动员参赛资格问题，保证比赛水平，规定凡参加过世界杯比赛的运动员不得参加奥运会足球赛。后国际奥委会反复研究，几经变化，具体如下。

（1）国际奥委会决定，关于参加过世界杯比赛的运动员不得参加奥运会足球比赛的规定停止执行（1972 年）。

（2）国际足联决定，欧洲、南美洲参加过世界杯足球比赛的运动员不得参加奥运会足球比赛（1978 年）。

（3）1983 年，国际奥委会和国际足联再次重申，禁止所有职业运动员及参加过世界杯足球赛的非职业运动员参加奥运会足球比赛。

（4）为了进一步推动奥运会足球的发展，提高奥运会足球的运动水平，1984 年 4 月，国际足联宣布，除欧洲和南美洲参加过世界杯足球比赛的运动员不准参加奥运会的限制外，今后不再区分职业和业余运动员，对参赛运动员年龄加以限制。

（5）经过反复研究，国际足联于 1993 年决定，参加奥运会足球决赛的队员不得超过 23 岁，但每支球队允许有 3 名 23 岁以上的运动员。标志着奥运会足球比赛成为年轻职业选手的竞技舞台。

20 世纪 90 年代后，女子足球运动全面进入世界竞技舞台，同时表现出巨大的发展潜力。1996 年的第 26 届奥运会上，女子足球被正式列入奥运会比赛项目。

（六）世界俱乐部足球锦标赛

1998 年，由时任国际足联主席的布拉特提议，经国际足联决定，每两年举办一次由各大洲俱乐部联赛冠军和"丰田杯""解放者杯"冠军参加的世界俱乐部足球锦标赛，以增进各国足球俱乐部之间的交流，促进世界足球运动水平的提高。

首届世界俱乐部足球锦标赛于 2000 年 1 月在巴西举办。后来由于赞助商问题，世俱杯在 2005 年重新启动，因此，也有人将 2005 年的比赛看作是第 1 届世俱杯。2013 赛季在非洲国家摩洛哥举行。中国球队（广州恒大）首次出现在世俱杯比赛中。

（七）U20 世界杯

国际足联 20 岁以下男子青年足球锦标赛，称为世界青年足球"锦标赛"，简称"世青赛"或"世青杯"。世界女子青年足球锦标赛年龄限制为 20 岁。众多世界足球巨星都是在世青杯中首先崭露头角的。如马拉多纳、达沃·苏克、路易斯·菲戈、欧文、梅西等。

首届世青赛于 1977 年在突尼斯举行，此后的每个奇数年份举办。目前阿根廷以 6 次冠军次数列冠军总数的首位。

和世界男子青年足球锦标赛相比，世界女子青年足球锦标赛开展稍晚，2002 年，世界女子青年足球锦标赛也拉开了帷幕，年龄限定为 19 岁以下。2006 年开始女子世青赛的年龄限制提高至 20 岁。

（八）U17 世界杯

国际足联 17 岁以下世界少年足球锦标赛，简称"U17 世界杯"。1983 年，阿维兰热先生正式提出请中国承办首届世界少年足球锦标赛。1985 年 16 岁以下"柯达杯"世界少年足球锦标赛首次举办。1991 年，比赛更名为国际足联 17 岁以下"柯达杯"世界少年足球锦标赛。

U17 世界杯逢单数年举行，由洲际少年比赛选出 24 个优秀球队参赛。比赛每 2 年举办一届，分预赛和决赛两个阶段，决赛阶段参赛队为 16 支。

（九）5 人制足球赛

室内足球起源于北欧的斯堪的纳维亚半岛，由室内小场地分队比赛逐渐演变而成。因斯堪的纳维亚半岛冬季寒冷，运动员只能在体育馆内进行练习。1981 年"室内足球国际联合会"成立，总部设在澳大利亚。1989 年，国际足联在荷兰举办了首届世界杯室内 5 人制足球赛，此后每 4 年举办一届。

和 11 人制足球比赛相比，室内 5 人制足球比赛，攻防转换速度快，射门频繁，进球多，深受职业运动员和足球爱好者的喜爱，产生后迅速在世界各地传播开来，并逐渐形成了以巴西、西班牙、美国为代表的 3 个"流派"。

二、中国足球运动赛事简介

（一）中国足球超级联赛

中国足球超级联赛（Chinese Super League，简称为 CSL）由中国足球协会组织，是中国最优秀的职业足球俱乐部参加的、全国最高水平的足球职业联赛，仿照英格兰足球超级联赛，简称中超联赛。奖杯为火神杯。

中国足球超级联赛始于 2004 年，前身为原中国足球甲级 A 组联赛。前两届暂停降级制度，于 2006 年恢复升降级。2008 年赛季起，中超联赛正式恢复到原先计划的"升二降二"制度。

该赛季有 16 支队伍参加中超联赛，但 10 月初，武汉光谷退出中超联赛。

2012 年，中国足球职业化 19 年后步入金元时代，16 支球队单赛季投入超过 30 亿人民币（约 5 亿美元），一些财力雄厚的球队引入如尼古拉·阿内尔卡、德罗巴、雅库布、凯塔等世界球坛巨星。

2013 年，国际足球历史和统计联合会（IFFHS）公布的世界足球联赛排行榜中显示，中超联赛以 430.5 分排在世界第 34 位、亚洲第 4 位，排在乌拉圭、波兰、瑞典、美国等国联赛之前。和 2012 年排名相比，提升了 36 个位次，上升幅度在亚洲联赛中位居第一位。

2014 年 3 月 7 日，2014 赛季中国足球超级联赛正式拉开帷幕。

（二）中国足球甲级联赛

中国足球甲级联赛是由中国足球协会组织、由国内职业足球俱乐部参加的全国次高水平的足球职业联赛，位列中国足球超级联赛之后，中国足球乙级联赛之前，简称为"中甲"。该联赛开始于 2004 年，前身为中国足球甲级 B 组联赛。第一届有 17 支球队参加，实行升降级制度。

1987 年由于是全运会年以及国家队冲击奥运会，中国足协试行将全国足球甲级队联赛分成 A 组和 B 组，1989 年甲 B 联赛正式建立，1994 年甲 B 联赛职业化，2004 年甲 B 联赛改组为中甲联赛。

2012 年，中甲开始实行"升二降二"的升降级制度。

（三）中国足球乙级联赛

中国足球乙级联赛（Chinese Football Association Division Two League, C2L）是中国足球联赛的第 3 级联赛。目前实行的赛制始于中国足协 2003 年底推行的中国联赛赛制改革，位列中超、中甲之后。2004 年，中国足球乙级联赛开始首个赛季，不设降级制度。

中国足球乙级联赛的冠军奖杯正式名称为"中国足球协会乙级联赛冠军杯"，简称"中乙联赛冠军杯"。该奖杯属于流动奖杯，获得年度联赛冠军的俱乐部球队名称会被刻在流动奖杯上。

受到中国足球大环境的影响，2011 年，中乙联赛退出职业联赛，被中国足协定性为业余联赛，除了职业足球俱乐部之外，各省市区的全运会球队均可参加比赛，但参赛队不允许引进外援，同时要求各队 25 岁以上球员不得超过 5 人。

2014 年 10 月，中乙联赛 2014 年赛季的半决赛次回合比赛中，山西太原中优嘉怡队冲甲成功。

第二章　足球运动的基本功能

　　足球运动较为普及，并且受到人们的欢迎与喜爱，这与其显著的基本功能有着不可分割的联系。本章对足球运动的基本功能进行介绍，包括健身功能、健心功能、社会功能。通过本章的学习，学生要了解足球运动对人体生理、心理以及社会适应能力方面的重要作用，并通过足球运动实践，促进自身的全面发展。

第一节　足球运动的健身功能

一、足球运动在心肺功能方面的影响

（一）心肺功能对身体健康的影响

　　在影响人体健康的众多因素中，心肺功能之所以重要，究其原因，主要是由于其对人体的氧供应起着决定性作用。氧气从体外进入体内直至为人体生命运动所利用，必须由心肺功能来完成。人体内的氧气输送系统包括呼吸系统、循环系统，氧气通过这样一个系统被运送到人体的各个器官，供人体运动的需要。呼吸系统负责把氧气从体外吸入体内，氧气进入血液与血液中的血红蛋白结合，然后再由这个血液循环的"动力站"不停地泵出，使血液流遍全身，将氧气送到各组织器官。

　　肺的呼吸运动，使肺与外界环境的气体交换及肺泡与肺毛细血管血液的气体交换得以实现。其中，前者称肺通气，后者称肺换气。在体格检查时，对肺通气功能进行衡量常用的指标就是肺活量。具体来说，所谓的肺活量，就是指尽最大可能深吸气后再尽最大可能深呼气所呼出的气体量。健康成年男性肺活量值大约为 3 500 ～ 4 000 毫升，女性约为 2 500 ～ 3 500 毫升。

　　氧气进入血液后由血液运至全身，由于心脏这个推动血液不断流动的动力站不停收缩的作用，从而使得血液能在血管中流动，运送氧气。心脏在整个氧运输系统中是至关重要的，心脏的健康与人体健康有着非常密切的关系，联合国"世界卫生日"曾经用"你的心脏就是你的健康"的口号来提醒人们要将心脏的健康保护好。心脏通过舒缩运动将血液不停地射入血管，使血管内的血液不停地流动，从而使全身各组织器官代谢的需要得到保证。健康成

年人每分钟心跳为 75 次左右，心脏每搏动一次大约向血管射血 70 毫升（称每搏输出量）。每分钟心脏向血管射血 5 升左右（称每分输出量）。心脏射出的血液在血管内流动时对血管壁有一定的侧压力，即血压。在心脏一舒一缩的一个心动周期中，血压随心室的收缩与舒张而有所升降。心脏收缩时，血液大量射入血管，使动脉压力急剧升高，这时的压力称收缩压；心室舒张时压力降低，称舒张压；收缩压与舒张压之差称脉压。我国健康成年人安静时收缩压约为 13.3～16.0 千帕，舒张压为 8.0～10.7 千帕，脉压为 4.0～5.3 千帕。血压可随年龄、性别和体内生理状况的变化而有相应的变动。

正是上述的心肺功能使人体生命运动对氧气的需要得到了有力的保证，而在运动时人体对氧的需要将大大增加，因此，这就对心肺功能提出了更高的要求，从而保证人体的健康。因此，人体心肺功能的强弱，不仅是人体健康水平的标志，同时也是人体运动能力的重要基础。

（二）足球运动能够有效改善心肺功能

足球运动中的专项耐力素质的特点主要表现在两个方面。一个是一般耐力的特点，即运动员在保持不停地跑动中要不断地改变速度，加速跑或冲刺跑，大量地进行距离不等、休息间隔时间不同的变速跑。一场比赛，一名优秀的足球运动员的跑动距离常常在 10 000 米以上，冲刺次数可达到 100 次以上。另一个是速度耐力的特点，具体来说，即大量地进行距离不等、休息间隔时间不同的短距离的反复冲刺跑。有关资料表明，一场比赛中运动员的跑动次数约有 200 次，其中 10～30 米之间的跑动次数约占 70%，快跑次数占到总跑动次数的 1/3，平均每分钟内运动员就要冲刺 1 次以上。

从当今国内外足球训练理论和生理学的研究成果看，足球运动员的耐力分类趋向于分作一般耐力（有氧耐力）和专项耐力（无氧耐力）两种，具体来说，就是把足球场上所表现的中小强度奔跑及相应的肌肉运动归为有氧耐力，把大强度连续反复快跑及伴随的肌肉运动列为无氧耐力。

心肺功能的强弱对人的生活能力起着重要的作用，通过足球运动可大大提高耐力素质，能够有效增强心肺功能。具体来说，主要体现在以下几个方面。

（1）由于从事足球运动时机体各器官必须获得充足的氧气及营养供应，因此，这就要求人体的“动力源”—— 心脏必须将单位时间内的工作效率进一步提高，进而这也就需要供应心脏的心肌细胞以充足的氧气及营养。充足的氧气及营养供应会使得心肌强壮而肥大，心脏重量增加，心脏的容积增大，搏动有力，每搏输出量增加。从相关的研究中得知：从青少年开始坚持足球运动的人即使到了中老年，其心脏的大小和功能水平仍然接近于青年人的心脏，经常锻炼可使人的心脏推迟衰老 10～15 年。

（2）足球运动能够使肺功能得到较大程度的增强。进行足球运动时，由于肌肉运动需要更多氧气，因而呼吸次数增加，深度加深，肺通气量得到较大程度的增加。例如，安静时一般人每分钟呼吸 12～16 次，每次吸入新鲜空气约 500 毫升。进行足球运动时，每分钟肺通气量可增至 40～50 次，每次吸入空气达 2 500 毫升，为安静时的 5 倍，每分钟肺通气量可高达 70～120 升。因而，足球运动能够起到较好的锻炼并改善呼吸器官功能的作用。

（3）经常进行足球运动锻炼，对于增大呼吸肌力量、增强胸廓运动性、使肺泡具有更好的弹性都具有非常重要的帮助作用。例如，一般人在安静时，由于耗氧量不多，只需要大约 1/20 的肺泡张开就足以满足需要，因此肺泡运动不足。而在足球运动锻炼时，由于需氧量增加，促使大部分肺泡充分张开，对肺泡弹性的保持及改善十分有益，对于预防肺气肿等疾病的发生也是有一定帮助的。

二、足球运动在力量素质方面的功能

人在工作时克服或对抗阻力的能力，就是所谓的力量。力量是人体运动的最基本素质，力量的好坏在一定程度上影响着其他素质的发展。足球是对抗性体育项目，足球运动大部分动作要求快速反应，爆发式完成，还要求高度的机动性和灵活性。

（一）足球运动中力量素质的特点

足球运动中，很多方面都体现出了力量素质的特点，具体来说，主要表现在以下几个方面。

1. 较好的快速力量和爆发力

足球运动员在比赛中完成动作时，不仅要有准确性，更要有突然性，如远射、突停突起、突然变向等。上述动作需要运动员在极短的时间内完成。由此可以看出，爆发力和快速力量训练水平较高是足球运动员的专项力量素质的一个重要特点。

2. 较好的力量耐力

由于足球运动员在比赛中的运动距离长，完成动作次数多，消耗能量大，运动员常常要在较疲劳的情况下不断地完成一定距离的快跑和冲刺跑后，再完成跳起争顶、大力射门、合理冲撞等力量性的动作。由此可以看出，要想在完成动作的基础上取得理想的效果，就必须具备良好的力量耐力，这也是足球运动员专项力量素质的一个重要特点。

3. 有着突出的下肢力量和腰腹力量

足球运动员在比赛中完成动作时主要依靠脚和头，手臂不能触球，因此手臂力量要求相对较低，而对下肢力量和腰腹力量则有着较高的要求。

4. 发挥力量能力时有着较为复杂的肌肉工作方式

足球运动员在发挥肌肉力量时常常是动力性力量和静力性力量相结合的。支撑脚的肌肉工作方式常常是退让性的静力性工作方式，而踢球脚的肌肉工作方式又常常是向心收缩的动力性工作方式。

除此之外，在完成动作时有时以小肌肉群力量为主，如运球、颠球。而在远射，跳起争顶、合理冲撞时，则要依靠大肌肉群工作。

由此可以看出，足球运动的力量特点是以爆发力（以最快速度克服阻力的能力）为主的一种非周期性肌肉运动。这种力量素质的运动，较为具有代表性的有短距离快速起动加速跑、突然变向或转身、强有力的踢球、空中争顶或凌空倒勾射门等。由于足球运动员克服的球和

肢体重力是恒定的，因此在完成各种有球及无球动作中，运动员实际需要的是在特定负荷条件下所表现出的最大动作速度力量和速度力量耐力。

对于一名优秀的足球运动员来说，肌肉的爆发性力量是必须发展的素质，特别是髋、膝、踝关节和腰腹部的屈伸力。通过相关研究得知，这些肌肉的速度力量直接与起动速度、弹跳力和踢球力量有着一定的关系，而且在足球与非足球运动员以及优秀与一般运动员之间，存在着明显的差异。

（二）足球运动有助于力量素质的发展和提高

肌肉的发达健壮，绝不是靠饮食和休息而获得的，足球运动对人的力量的提高有着非常重要的作用。

在足球运动中由于肌纤维的主动收缩与放松，对肌肉中的血液供应和代谢过程起到了积极的促进作用。肌肉中有着丰富的毛细血管，仅在一平方毫米的肌肉中，就有数千根毛细血管，当肌肉处于安静状态时，肌肉中的毛细血管仅开放很少一部分，在进行足球运动或体力运动时，肌肉内毛细血管才大量开放，这就使肌肉获得更多血液供应，带来更多氧气和养料，从而大大加强了肌肉内的代谢过程。这样，就使得肌纤维内的蛋白质增加，肌纤维逐渐粗壮，肌肉内供能物质含量也增加，肌肉的结缔组织弹性改善，使肌腱弹性、韧性加强。因此，足球运动在使体格健壮的同时，也较为有利于健康。

三、足球运动在速度素质方面的功能

人体进行快速运动的能力或在最短时间内完成某种运动的能力，就是所谓的速度素质。按其在运动中的表现可分为反应速度、动作速度和周期性运动的位移速度3种形式。速度素质不但对某些项目的成绩起着决定性作用，而且对其他素质的提高和发挥也有着一定的影响。

通过足球运动锻炼，能够使速度素质得到有效的发展和提高。足球比赛临场情况瞬息万变，以球以及对方队员的位置和意图不断变化为主要依据，有时也以本队特定战术的需要为依据，在场上要不断改变跑动的方向、距离、路线及节奏。距离一般在 5 ～ 15 米之间（占80%～90%），有时也会出现30米甚至30米以上的冲刺跑。跑的路线各异，有直线、曲线、折线、弧线等。跑的节奏不一，根据临场具体情况的需要，有慢跑与快跑、急跑与急停、前进与后退，在跑动中突然变向跑等。跑的开始姿势有站立、走动、慢跑、倒地等。由于比赛中运动员要随时改变方向，控制球和应付突然的情况，以及位移时重心稍低，步频快，步幅稍小（无球和较长距离位移时例外），比赛中要进行大量的冲刺跑和在快速跑动中完成技术动作，对于反应速度，动作速度不仅是一种考验，也是一种锻炼。经常从事足球运动，对于速度素质的提高是较为有利的。

除此之外，足球运动具有明显的速度力量特点，其中有大量的快速起动和急停，变速变向跑要求运动员要有相当的力量，在激烈的对抗中要想争取时间并抢得空间，必须具备快速的反应和快速的起动、位移速度。由此可以看出，要想在足球运动中有效地实施和发挥出技战术水平，就必须具备快速的运动能力。

四、足球运动在柔韧素质方面的功能

一个特定的关节或一系列关节可能运动的范围，就是所谓的柔韧性。柔韧性可能只同一个关节有关，也可能和一连串关节有关，它们必须一起运动，人才能自由地弯曲转动。你也许经常会听到别人说"他的身体柔韧性很好"，其实说整个人柔韧性好是不正确的，柔韧性是相对于一个特定的关节或一种运动而言的，一个人也许踝、膝、髋等关节很灵活，但肩关节的灵活性就可能并不那么好。

（一）足球运动中柔韧素质的特点

跨过关节的肌肉、肌腱、韧带等软组织的伸展能力，就是所谓的柔韧素质，具体来说，就是关节运动能力的大小。对于不同的关节，足球运动员的柔韧特点会有一定的差异性，具体来说，主要表现为：在踝关节主要是以扩大踝关节背伸（向下绷脚尖）和屈曲（向上勾脚尖）以及绕环的幅度为重点；在膝关节主要是加大小腿向后屈曲程度为重点；在髋关节主要是加大髋关节屈伸、内收外展及绕环的运动幅度为重点，辅之以腰腹部肌肉的伸展性。

足球比赛中，由于运动员经常要做一些幅度大、速度快、用力突然的动作，如抬脚到一定高度接空中球、倒地铲抢、运球过人时的身体晃动、凌空倒勾射门等，这就要求运动员具有较高水平的柔韧素质。

足球运动员的柔韧素质，主要在足球运动所特殊需要的髋、腰、膝、踝关节运动幅度及下肢肌肉和韧带的伸展能力上得到体现。可以说，柔韧素质对于足球运动员掌握和提高技术动作（尤其是高难度技术动作）、避免运动创伤和发展其他身体素质都有重要的作用。

（二）足球运动对于人体柔韧素质的提高较为有利

对柔韧素质产生影响的因素有很多，其中通过足球运动可以有效地改善柔韧素质的影响因素，进而使人的柔韧性得到有效提高。具体来说，足球运动在人体柔韧素质方面的功能主要表现在以下几个方面。

1. 足球运动能够有效增强关节周围组织的功能

柔韧性的强弱主要从骨关节上得到体现，而骨关节结构因受先天的影响存在难于改变性，因此，发展骨关节周围组织能够使关节柔韧性得到有效的增强。

关节主要靠韧带和肌腱加固，肌肉则从关节外部补充加固关节力量，对关节运动幅度起到一定的控制作用，它们共同作用，限制关节在一定范围内运动，从而保护关节不致超出解剖允许的限度而受伤。当具体发展某一关节的柔韧性时，主要发展控制关节屈、伸肌的伸展性及协调能力，牵拉限制关节运动幅度的对抗肌，从而使它们的伸展度逐渐增加。为了力求达到关节的最大解剖伸展度，就必须在完全克服对抗肌的限制以后仍然拉伸，从而牵拉到肌腱，最后才拉伸到韧带。所以平时我们所说的"拉韧带"，实际上首先是对肌肉、肌腱的拉伸。

拉韧带可以采用的形式主要有主动或被动的静态伸展法、主动或被动的弹性伸展法等。主动或被动的静态伸展法是缓慢地将肌肉、肌腱、韧带拉伸到有一定酸、胀和痛的感觉位置，并维持此姿势 10～30 秒（视不同情况而定），对某一块肌肉的伸展应连续重复 4～6 次。主动或被动的弹性伸展是指有节奏的、速度较快的、幅度逐渐加大的、多次重复一个动作的拉伸方法。主动的弹性伸展是靠自己的力量拉伸，被动的弹性伸展是靠他人的帮助或借助外力的拉伸，主动或被动拉伸都要注意力量适中，否则往往会导致拉伤的发生。

2.足球运动可产生适当的体温来改善柔韧性功能

肌肉温度升高时，新陈代谢加强，供血增多，肌肉的黏滞性减少，这样就能使肌肉的弹性和伸展性得到改善，柔韧性得以提高。对柔韧性产生影响的温度有外界环境温度和体内温度，体内温度的调节用于调节外界环境对机体产生的不适应。当外界温度较低时，必须做好充分的准备运动，提高肌肉温度，从而增加柔韧性；当外界温度较高时，则应该排除汗液降低温度，从而使肌肉过早出现疲劳而降低关节的柔韧性的情况得到有效避免。

五、足球运动在灵敏素质方面的功能

运动员在各种复杂条件下，迅速、协调、准确、灵活地完成动作的能力，就是所谓的灵敏素质。对于足球运动员来说，不仅要求其经常改变身体的位置和方向，还要求其必须具有高度的灵活性、良好的判断力、较快的反应速度和根据比赛中的实际情况调整身体方向和位置的能力。

（一）在比赛中能够使身体状态得到迅速灵活的改变

运动员在比赛中常常要做急停、突然变向、转身、跳起顶球等不同的动作，身体的状态常常会影响到动作的效果，因此运动员要能够在比赛中根据情况快速灵活地改变自己的身体状态，在达到完成技术动作的目的的同时，能够保护自己不受伤害。

（二）能够对自己的身体平衡进行及时的调整

运动员在比赛中完成技术动作时，常常会在非正常的状态下或者是破坏身体平衡的状态下完成动作，如翻滚、鱼跃冲顶、凌空倒勾、倒地传中等。在完成这些动作时，运动员要调整自己的身体平衡，从正常的身体平衡进入非正常的身体平衡，当完成了这些动作之后又要即刻恢复正常的身体平衡，如运动员倒地后迅速地爬起或站起。

（三）能够使人与球的关系得到有效的维持和调整

运动员在比赛中常常要与防守队员进行直接对抗。为了越过和躲开对手对自己的防守和冲撞，或者是有意无意的犯规，常常要利用控制球的优势诱骗对手，使对手防守时失去身体重心或抢球动作的发力点或时机，从而使自己始终保持人与球紧密相随。

足球运动员的灵敏素质能够将运动技能和各种素质在运动过程中的综合表现充分体现

出来。这不仅要求运动员在极短的时间里有良好的判断能力，而且要求其能够在完成动作过程中准确、协调地处理好自己身体各部位及自己与对手或球之间在时间上、用力上、节奏上、空间变化上的合理关系。

第二节 足球运动的健心功能

一、心理健康基本概况

（一）心理健康的含义

心理健康是一个极其复杂的动态过程，与人的生理遗传、生活环境和社会环境等一系列错综复杂的变化有着密切的关系。心理健康是个体健康的表现之一，具体来说，它是个体能够持续对环境作出良好适应，并能保持旺盛的生命力，充分发挥身体潜能的心理状态和心理适应能力。

（二）心理健康的标准

关于心理健康的标准，当前，主要有 3 个标准可以参考和借鉴，具体如下。

1. 马斯洛的心理健康标准

马斯洛的心理健康标准主要有以下 10 个方面。
（1）有充分的自我安全感。
（2）能充分了解自己，并能对自己的能力作出恰当的评价。
（3）生活的理想和目标切合实际。
（4）不脱离周围现实环境。
（5）能保持人格的完善与和谐。
（6）具有从经验中学习的能力。
（7）能保持良好的人际关系。
（8）具有适度的情绪表达与控制能力。
（9）在不违背集体意志的前提下，能有限度地发挥个性。
（10）在不违背社会规范的情况下，能适当地满足个人基本需要。

2. 世界卫生组织（WHO）提出的心理健康标准

世界卫生组织（WHO）提出的心理健康标准主要有 3 个方面，具体如下。
（1）具有健康心理的人，人格完整，自我感觉良好，情绪稳定，且积极情绪多于消极情绪；有较好的自我控制能力，能保持心理平衡；自尊、自信、自爱，而且有自知之明。
（2）一个人在自己所处的环境中，有充分的安全感，能保持正常的人际关系，能受到别人的欢迎和信任。

（3）心理健康的人，对未来有明确的生活目标，有理想和事业上的追求，并能脚踏实地、不断进取。

3. 我国的心理健康标准

我国在心理健康方面的标准主要有以下6个方面。

（1）对自己有正确的认识和恰当的评价。

（2）正视现实并对现实环境有良好适应。

（3）建立和谐的人际关系。

（4）热爱生活，献身事业。

（5）保持健全的人格。

（6）能协调情绪，保持良好的心境。

由此可以看出，尽管对心理健康的评价标准不尽一致，但是在认知能力正常、情绪稳定、个性健全、人际关系良好、充足的自信心和耐受力等方面，大家的认识是统一的。

（三）对心理健康产生影响的因素

人是有机的自然个体，同时也是参与社会活动的成员；不仅要进行自身的新陈代谢，还必须适应周围的各种环境。人类只有在生理上和心理上不断地调节自身来适应周围环境的变化，才能有健康的生活和积极向上的进取精神。一般来说，周围环境的各种刺激都会诱发人产生生理和心理的变化，个体对刺激的认知、评价和情绪体验以及对它的应答能力则决定着其是积极的还是消极的。因此，对影响健康心理的因素问题，就应从人的主观因素和客观因素来考虑。对心理健康产生影响的因素主要有以下几个方面。

1. 生理和遗传因素

人的心理活动不是遗传的，主要是在后天的社会生活环境影响下和在社会实践活动过程中形成和发展起来的。但是，遗传因素会在一定程度上影响到一个人的气质、能力、性格和神经系统的活动特点的某些成分。

另外，一个人的生理结构的损害会引起人不同程度的心理异常。例如，甲状腺机能紊乱可出现心理异常的表现及智力、性格的发展异常，微生物感染所导致的脑炎、中枢神经系统梅毒等造成神经系统的损害，可导致器质性心理障碍或精神失常，并会对儿童心理与智力的发展产生一定的阻碍作用。

2. 心理和社会因素

随着社会的发展，影响心理健康的心理和社会因素复杂多样，其中家庭环境与早期教育、生活事件和环境变迁、都市化等是影响程度较大的几个因素，具体如下。

（1）家庭环境与早期教育

家庭是对个体早期心理健康产生影响的重要因素。早期母婴关系和稍后期的儿童与父母关系，会在很大程度上影响到儿童长大以后的人际关系和社会适应性。尤其是儿童早期与父母建立和保持良好的关系，会对孩子的心理健康产生积极的促进作用。相反，则会产生消极影响。

（2）生活事件与环境变化

人们日常生活中遇到的各种各样的社会生活的变动即为生活事件，如考试、升学、亲人病故等。这需要个体付出很多的时间和精力去对因这一事件所带来的生活变化进行调整和适应，从而使精神压力得到有效的减轻。生活事件造成的精神压力越强烈持久，对心理和生理平衡就会有越大的影响。环境变迁也是重要的生活事件，人需要一系列的适应过程。

（3）都市化

都市化在促进工业的发展、商业繁华的同时，又必然导致人口密度增加和住房条件恶化等一些社会问题。由于繁杂的人际关系、噪音、交通拥挤等影响，人们常常会产生烦躁的情绪。特别是住房拥挤、居室层次较高，使人与人之间的交往减少，这样就会大大增加焦虑、恐惧、寂寞等于身心不利的异常情绪的发生几率。

（四）健康心理的培养方法

确定健康心理的标准或分析一个人的心理活动是否符合心理健康的标准是容易的，而培养一个人的健康心理却是非常困难的。由此可以看出，采取科学的方法和措施来培养健康的心理是非常重要且必要的。

1. 树立正确的人生观

一个人能否以乐观进取的态度去面对社会和人生，对他的人生目的、人生价值和人生态度起着重要的决定性作用。生活在现实社会，不可能出现世外桃源的情景，一个个接踵而来的残酷现实、一件件不公的社会问题、一次次的希望与失望……都是每个人无法回避的。我们应以乐观进取的人生态度，冷静思考自身所处的环境及周围所发生的事情，理智应对，把眼光从"自我"移向社会，按照社会的现实要求和一般处事方法来学习和生活。通过增强竞争意识，提高竞争能力，扩大社会视野，丰富社会阅历，主动、自如地适应社会，保持正常的心态，从而使心理失衡的现象得到有效的避免。由此可以看出，培养健康心理的基础就是要树立正确的人生观。

2. 形成正确的理想观

理想是人生的动力源泉和精神支柱。崇高的理想可以点燃人的激情，激发人的才智，发挥人的潜能和价值。"一个人追求的目标越高，他的才能就发挥得越快，对社会就越有益，我确信这也是真理。"高尔基的这段名言充分概括了理想的重要作用，闪烁着真理性的光辉。有了崇高的理想，会使人在黑暗中看到光明，在平凡中看到伟大，在困难挫折面前充满信心，在暂时失败中坚信胜利。由此可以看出，形成正确的理想观能够有效保障健康心理的培养。

3. 具备良好的人际交往能力是培养健康心理的有效途径

人际交往是一种以个人为对象，彼此联络感情，协调关系，寻求心理需求满足的活动方式和活动过程。纷繁复杂的人类社会是人际关系耦合的网络系统，而人际交往是将个人与个人、个人与群体联结成社会网络必不可少的纽带。正常的人际交往能够获得他人的支持和帮助，能够使失望的痛苦和悲伤得到有效的减轻，能够将心灵的迷茫和仇恨驱散掉。由此可以看出，不断提高个人的人际交往能力是培养健康心理的有效途径。

4. 积极参加体育活动，使身体素质得到增强

身体是心理的载体，健康的心理寓于健康的身体之中，健康的身体是保持健康心理的物质前提和保证，反之，身体疾病带来的痛苦则会影响人的心理健康，造成人的情绪情感低落、消沉、冷漠。另外，需要强调的是，人的心理和人的生理是相互影响、相互作用的。因此，心理疾病也会导致身体疾病的发生。

5. 掌握一定的心理学知识，使自控能力得到有效提高

通过学习掌握一定的心理学知识，懂得心理健康的理论，努力培养自己健康的心理，培养坚定、顽强、乐观、开朗的性格，对自己的情绪、情感进行调整和控制，同时，还要注意保持心理健康。

6. 正确对待挫折，使耐挫折能力得到有效增强

古人云："人生挫折十之八九。"由此可见，在个人的生活旅途中，挫折的概率较大。如果对自己的优势进行过高的估计，盲目乐观，对遭受挫折的适应能力较差，那么往往就特别容易造成心理障碍。所以，面对挫折，要保持清醒的头脑，将自己的心理防御机制调动起来，缓解和排除因挫折引起的不良情绪的困扰，从而使内心的痛苦得到有效的减轻，使心态的平衡与稳定得到恢复。

二、足球运动对心理健康的积极影响

对于一个健康人来说，长期进行科学、适宜的足球运动，不仅能够使人的心理健康水平得到改善，还能够使人的焦虑水平有所降低，发展积极的情绪。对于患有心理疾病的人来说，通过长期科学、适宜的足球运动，能够使心理状态得到较大程度的改善。具体来说，足球运动队心理健康的作用主要表现在以下几个方面。

（一）足球运动能对人类社会进化起到一定的控制作用

在社会日益都市化的今天，自然和社会、身与心、形与神的相互联系是社会的需要、时代的追求。几百万年来，人类身体的发展基本上是一种自然发展，不被人类所控制，而社会的进步、科学的发展使人类认识到人类进化是可以控制的。体育锻炼就是控制人类社会进化的一种有效手段，体育锻炼中的足球运动不仅是身体和心理的磨炼，更是一种愉悦的享受，它使人身体健康，心情舒畅，将人类和社会发展的差距进一步缩小，使二者同向发展。

（二）足球运动能够促进个性、心理的良性发展

足球运动不仅对缓解压力、消除紧张有很重要的作用，在个性和心理的发展方面也有着重要的影响，具体表现在以下几个方面。

第一，足球运动具有调节人体紧张情绪的作用，能够使生理和心理状态得到改善，恢复体力和精力。

第二，足球运动能增进身体健康，使疲劳的身体得到积极的休息，使人精力充沛地投入学习、工作。

第三，足球运动可以陶冶性情、保持健康的心态，将个体的积极性、创造性和自主性充分发挥出来，从而提高自信心和价值观，使个性在融洽的氛围中获得健康、和谐的发展。

第四，足球运动可以培养人的团结、协作及集体主义精神。

（三）足球运动对性格、气质的形成和发展起着积极的促进作用

足球运动塑造人的心灵，促进个性气质的发展，两千多年前，荀子曰"形具而神生"，具体来说，就是精神要依赖于身体，有了身体才有精神。18世纪法国医生兼科学家拉美特里曾说：有多少种体质，就有多少种不同精神、不同性格和不同风习。心灵随着肉体的进展而进展，就像随着教育程度的进展而进展一样。现代足球的发展进一步证实了前人的观点，它告诉我们：在创造健壮形体的同时，足球运动也是一种欢快的运动，它使人身体健康，心情舒畅，对于塑造一个愉快、开朗、健康的心灵较为有利，能够对个性气质的健康发展起到积极的促进作用。

（四）足球运动有助于自我、家庭、集体、社会责任感的培养

解剖自我，认识自我，迎接挑战，运动过程就是人的新价值的形成过程，而这种价值积累是其他任何社会教育运动无法替代的，它具有一种培养人的特殊含义。足球运动这种形式使人乐于与他人交往，不仅接受自我，也能接受他人，悦纳他人，能认可别人存在的重要性和作用，同时也能为他人所理解，为他人和集体所接受，使人际关系协调和谐。足球运动使人和集体紧紧地融为一体，既能共同享受胜利的快乐，又能共同分担失败的痛苦，这种气氛能使人产生安全感，对自己的力量充满信心，正确对待生活、学习、工作中的各种困难和挑战，待人接物适当、灵活，对外界刺激不偏颇，能够与社会的步调合拍，也能和社会、集体融为一体。

第三节　足球运动的社会功能

一、足球运动在价值观方面的功能

作为文化观念的核心，价值观充分体现了文化精神，具体来说，所谓的价值观，是指人们对社会经济活动的价值判断或价值取向。在现实生活中，同样的事物对有的人有价值，对有的人则没有价值，对有的人价值大，对有的人价值小，人们在认识了事物及其属性的基础上，从自身需要的角度出发，确定各种事物是否有价值及其价值大小，从而将人们活动的价值取向确定下来。

不同的历史时期、不同的社会制度，对人们价值观的差异性起着决定性作用。但是，人们的价值观又必须与自身所处的时代实现高度的统一，才能成为真正的社会人。社会的价值观尽管因时代、制度不同而对价值观所包含的内容的价值取向不统一，但都与对和平、自由、平等、自尊、幸福、才智、成就、友谊等具体价值内容所持的态度和行为有着不可分割的联系。

足球运动因其宗旨、方式、结果都对价值观所涵盖的内容具有积极的影响作用，因此，它对于塑造人们适应当今社会的正确价值观有着积极的促进作用，具体表现在以下几个方面。

（一）足球运动对人们和平相处起着积极的促进作用

人们渴望和平，追求安定，只有国际的和平、社会的安定，才能有经济的发展、社会的进步、人民群众的安居乐业。虽然足球运动是竞争，但它是建立在统一规则基础上的和平竞争，足球运动能够使人的和平行为得到规范，足球运动在潜移默化中使人们养成了和平的价值取向。

（二）足球运动是自由与平等的重要表现形式

从足球运动所包含的内容和要求来说，它对肤色、贵贱、种族、信仰和性别都没有任何要求，人人都可以参与，人人都可以拥有。由此可见，足球运动构建了一个平等的使每个人都乐于接受、通俗得使每个人都可以接受的模式，在这种平等的意识里，人的尊严、人的权利真正得以展现。鉴于足球运动在人们的参与中处处让人领悟到机会的均等，所以，它处处体现着人与人的平等，使人从参与中深深感触到足球运动的自由。足球运动的平等参与、平等拥有，必将对人们以平等的观念去处理自己要处理的一切，形成人与人平等的观念和行为产生着重要的影响。

（三）足球运动能够将付出与收获的关系充分体现出来

大到体育健儿奥运赛场上为国争光，以吃苦耐劳、持之以恒的精神承受着超人的付出而换取领奖台上辉煌；小到每一个体育锻炼者的踢球或打拳，以自己亲身的实践锻炼，达到自身体质的增强。足球运动在付出与收获上的因果关系，最能直接地使人们领悟成功的喜悦要靠平时的奋斗获取，辉煌的成就是由汗水铸成的。所以，通过足球运动，能够使人们拼搏进取的人生观得到有效的培养与建立。

（四）足球运动可以使人们崇尚知识、崇尚人才

由于人们从公平的竞争里，逐渐认识到足球比赛不仅是速度的角逐、力量的抗衡，更是技术的较量、战术的拼杀，知识与力量的交融，所以从足球运动的优胜中人们可以进一步领悟到要想在激烈的竞争中立于不败之地，必须崇尚知识、崇尚人才。

正是因为人们从足球运动中可以形成以上优秀的价值取向，所以，积极主动地参加足球运动将会使人们适应社会的价值观得到有效的培养与建立。

二、足球运动对社会角色产生的影响

足球运动的重要功能之一，就是能对人的有机体施加影响，它不仅对人体的生理属性产生影响，同时还能对心理属性产生影响，对身心的健康发展起到积极的促进作用。在以上两种功能的基础上，足球运动同时还能作为社会教化的手段来促进个性的形成与发展。

人要在社会中生活，就必须在满足社会各方面需要中寻找每个人的位置，扮演某一角色。

而真正达到适应社会的条件，是需具备承担某一角色的知识和能力。不同的社会角色区分了社会行业和每个社会成员的职业，不同社会角色成员的组合，构成了五彩缤纷的社会。足球运动以其场上位置的分工与协作要求，锻炼着每位参与者的适应性。

在社会结构中，需要各司其职的人员组成。每一个社会角色，都代表着有关的行为期望与规范。足球运动场合，恰好能为人们体验社会角色提供优越的环境与适宜的条件，可为人们提供尝试各种社会角色的机会。

个人在由足球运动而结成的社会关系中所处的地位，就是所谓的足球运动中的角色。这种地位有其权利、义务和相应的行为。比如，足球课上的教学比赛，两队各自的前锋、前卫和后卫等各个角色，都是在自己所处的位置上，通过与该位置相适应的角色行为而产生相互的社会关系。再比如，足球守门员和场上队员，由于承担的角色不同，守门员可以在规定的区域内用手触球，而场上其他队员就只能用手和手臂以外的其他部位触球。场上队员只要不与守门员交换身份，就没有在该规定区域内用手触球的权利和义务。另外，权利与义务又伴随着行为过程而发生。所以这个权利、义务与行为的总体构成了指定的角色。在由足球运动而结成的社会关系中，每个角色都有获胜的权利、获得嘉奖的权利和按照规则进行技术动作行为的权利。同时也有遵守足球运动规范、道德规范和技术规范的义务。运动场景在许多时候都是通过角色学习出现的。同时，群体内的每个角色或位置，又是相互关联的。群体的目标实现，可使每个成员在群体的关联中获得信赖，并对每个角色的地位起着决定性作用。

通过足球运动中角色的学习，可以使练习者懂得社会角色是与人们的某种社会地位、身份相一致的一整套权利、义务的规范与行为模式，也可使练习者体会到经过个人努力是可以成功扮演各种角色的，从而将人的主观努力是改变社会地位的重要途径这一点体会出来。

三、足球运动对现代生活方式的影响

社会生活条件会在一定程度上制约着生活方式，其中，生产方式、社会政治制度、文化观念等是影响较大的几个方面，能够使生活方式留下时代的印记。经济快速发展、科学技术高度发展、生产劳动自动化和效率化、文明程度不断提高和物质生活空前丰富是现代社会的发展趋势的重要表现。民主与法治逐步健全，使人们拥有了更多的民主和自由权利，对社会生活、政治生活的参与热情上升。科学技术在为人类提供了现代化的工作与生活条件的同时，也给人们带来了过度的心理刺激。"注意力稀缺"、不断面临新的选择、不断适应新的情况等，使人压力重重。如果不能适应现代社会生活的快节奏，就会在生理上或心理上出现障碍，最后导致所谓"现代文明病"的发生和人体健康水平的下降。

从传统人向现代人转变的过程，就是人的现代化过程。在这一转化中，足球运动发挥着重要的影响和作用，具体表现为：第一，足球运动传播着现代人的社会知识；第二，足球运动灌输着现代人需要的行为规范；第三，足球运动培养着现代人正确的价值观念；第四，足球运动支撑着现代人树立生活目标；第五，足球运动锻炼着现代人具备承担社会角色的能力。总的来说，足球运动对现代生活方式的影响和作用主要表现在以下几个方面。

（一）足球运动能够使现代化生产方式所造成的疲劳得到缓解和转移

随着生产力水平的不断提高，脑力劳动负担日趋增长，而体力劳动则逐渐下降。因劳动

而产生的疲劳，也从全身性转向大脑局部、转向高级神经系统。劳动性质的变化，又势必导致人们生活方式的变化，并对人们的身心健康产生不良影响。

足球运动具有实践锻炼特性，它不仅可以通过肢体的运动，使高度疲劳的神经系统得以休息，疲劳发生转移，而且能够使精神紧张得到缓解，全身的平衡得到调整。所以，足球运动在现代化生产劳动的生活方式中，发挥着的弥补和协调作用也越来越大。它能够使现代化生产劳动给人们所带来的精神和肉体的不适应得到有效的避免和消除。

（二）足球运动能够使人们对现代生活节奏的适应能力进一步提高

由于生活节奏的加快，人们不得不调整顺应新的生活节奏，而足球运动就成了重要的适应性锻炼手段。从相关的一些实验和社会调查中得知，经常参加足球运动的年轻人，对生活节奏的改变的适应能力较强。究其原因，主要是由于在足球运动中人们所掌握的多种运动技能和快速运动的方式及节奏感，对于他们在完成各种生产、生活动作时，做到准确、协调、敏捷，减少多余动作出现，是较为有利的。参加足球运动对人体的神经系统、心血管系统的锻炼，能够使人体对快节奏生活的应变能力和耐受能力得到有效的提高，同时对于人们克服对快节奏生活的抵触、恐惧、烦恼和焦虑等心理障碍，抑制身心紧张，也是较为有利的。除此之外，足球运动还能够使人们的生活空间得到扩展，它号召人们到户外去，到大自然的怀抱中去。在人类社会中再没有一项其他运动能给人们提供那么大的空间，让人们最能回归天真烂漫的本原。

（三）足球运动能使人们余暇运动的内容得到进一步丰富

由于余暇时间的增多，余暇运动自然而然地成为人们现代生活的一部分，融入了现代生活方式之中。余暇运动的内容包括很多方面，但随着人们健康意识的增强，已经有越来越多的人将足球运动作为余暇运动内容。在余暇时间里进行足球运动，不仅能够使疲劳的身体得到积极的休息，使人们精力充沛地再投入工作学习，而且还能够有效增强体质，使体格更加健壮，从而有效提高身体各方面的适应能力。所以，为适应现代生活方式，增强人的社会适应性，就应该提高对足球运动的认识，更好地掌握这种自我锻炼的方法。

四、足球运动在人际关系方面的功能

个体社会化过程中，首先要面对的是建立好人际关系。人际关系将人与人之间互动连带中所获得的心理满足充分体现了出来。没有相互交往，个体的社会化过程就实现不了。在社会活动中，人们相识、交往的过程必定会产生心理效应。人们在日常生活、工作和社会活动中会谋求与他人建立一定的感情联系，满足心理需求。友好和亲近的关系会带来正面心理满足，对身心健康起到积极的促进作用。相反，厌恶和仇视的关系带来压力和焦虑，对于身心健康是有害的。所以，人际关系的本质是人的情感的社会交换，而良好的人际关系则是良好社会关系的具体表现。具体来说，足球运动在人际关系方面的功能主要体现在以下几个方面。

（一）足球运动能够使人的沟通能力得到有效提高

一个人与他人沟通及关系的状况，是其生活品质最为主要的方面。生活的丰富、事业的成功，与别人稳定情感关系的建立和维持，都与沟通有着不可分割的联系。试想一个不具有沟通能力的人，怎么能与他人交流思想感情？一个不具备完全、准确表达个人意志和意图的人，又怎能让对方给予充分的理解和支持？然而，足球运动使人真正具备沟通能力，拥有沟通能力，掌握沟通方式。由此可见，足球运动发挥着非常重要的作用。另外，经常参与足球运动，也能够使人的沟通能力得到有效提高，并且形成良好的人际关系。

（二）足球运动能够使对身体语言的理解和使用能力得到有效增强

作为沟通的有效方式之一，身体是社会交往过程中必须具备的能力。从不同的身体姿势所代表的含义中，可以对对方的寓意进行理解，也可以通过身体语言将自己内心的真实感情向对方表达出来。缺少了身体语言的沟通能力，不仅可能将对方的身体语言表达置若罔闻，不能进行准确的诠释，使信息发出者得不到应有的反馈信息，失去一次又一次的联系，而且，也有可能让别人感觉到你是一个情感淡漠、不易接近的人。

作为社会文化的组成部分，足球运动在劳动人民的创造和实践中，不断地丰富着它的艺术表现内涵。所以，世人曾用优美的词句把足球运动的动作赞美成"巴西桑巴""欧洲拉丁舞"。的确，足球运动在人的身体语言表达能力的提高方面的作用是无与伦比的。即使是普通的足球动作，也能够使参与者的协调和柔韧性得到一定程度的提高，使参与者在练习中寻找美的身姿，体会动作外观与内涵的统一。所以，足球运动可以发展自己的身体语言，使之在社会交往中将其作用充分发挥出来。

（三）足球运动能够使自我意识水平、移情能力和社交技能得到有效改善

足球运动是一种集体项目，每个队员在其担当的角色中都应很好地尽其角色的权利和义务，达到与同伴的协作和默契配合。老师或教练的评价是阶段性的，观众的评说又带有滞后性。因此，自己改进技术动作、调整比赛战术的重要手段就是随时随地进行自我意识的体会。通过足球运动所形成的自我意识行为，在不断的运动实践中将变为一个人的自觉行动。将这种能力运用到社会交往中，就可以对自己的真实面目和别人对自己言行的真实反应有一定的了解，使自身的社交能力得到一定的提高。

足球比赛经常出现因某一队员故意犯规而激怒对方，裁判员的反判、错判而造成队员的情绪激动，因比分落后而出现急躁，或因胜利在望而放松警惕等情绪状况，在此状态下队员也会表现出一系列特殊行为，如能准确判断和迅速采取相应措施，比赛就有可能发生转机。如果把足球比赛中所养成的对别人所表现出来的真实情绪状态和行为作准确理解的习惯运用于社会交往中，就能够掌握如何对别人作恰当而又为社会所接受的反应，从而使社交能力得到有效提高。

第三章　足球运动的现代发展

学海导航
XUEHAI DAOHANG

在竞技体育快速发展的今天，足球运动走上了产业化发展和职业化发展的道路。本章对足球运动的现代发展进行介绍，包括足球运动与全民健身、足球运动的产业化与职业化、足球运动与奥林匹克运动。通过本章的学习，学生要了解足球运动在全民健身中的重要性，并掌握足球运动的产业化与职业化发展趋势，并知道足球运动在奥林匹克运动中的发展情况，了解足球运动的文化内涵。

第一节　足球运动与全民健身

一、全民健身概述

（一）全民健身体系

全民健身体系是一个事关我国民众提高身体素质、增强综合国力的重要手段和措施，对我国的社会主义现代化建设具有重要的意义和作用。1993 年 5 月，原国家体委下发的《关于深化体育改革的意见》中，在"坚持社会化方向，加快群众体育的发展"中首次正式提出要"制订全民健身计划"，并且在"关于群众体育改革"的"附件"中进一步明确要"在国务院的领导下，国家体委会同有关部门共同推行一个社会支持、全民参与的健身计划。全民健身计划是一项综合性的系统工程，……"这是国家政策法规中首次提出"全民健身"这一概念。1995 年 6 月 20 日，国务院发布了《全民健身计划纲要》，它是为了更广泛地开展群众性体育活动，增强人民体质，推动我国社会主义现代化建设事业的发展，特制定的纲要。全民健身计划以全国人民为实施对象，以青少年和儿童为重点。

对于全民健身体系的含义，不同学者有不同的理解和看法。

董新光在《全民健身大视野》中认为："全民健身体系，就是一个能够使广大人民群众广泛参与体育健身活动，国民体质得到普遍增强的保障系统；就是一个能够为广大人民群众提供良好的体育健身环境和条件，满足广大人民群众基本体育健身需求的服务系统。"

董新光、裴立新和于善旭在《2010 年中国体育发展战略研究》中提出："所谓有中国特色的全民健身体系实质是一个能够为包括广大低收入人群在内的广大人民群众参与体育健身活动提供基本体育健身服务的服务体系，是一个能够满足广大人民群众基本健身需求、

有效保障国民体质和健康水平得到普遍提高的保障体系，是一个适应经济建设、社会发展和社会主义市场经济体制内在要求的具有主动调节能力的系统，同时也是一个整体结构完善、上下层次分明、内外功能有效的复杂而开放的巨大系统"。

总之，全民健身体系的构建对我国大众健身具有深远的影响和意义，它是一个能够为全体国民提供体育健身环境和条件，满足全体国民的体育需求，使全体国民的健康素质都能得到提高的服务和保障系统。随着现代社会的不断发展，全民健身体系必将越来越完善。

（二）全民健身体系的特点

1. 全民性特点

在全民健身体系中，服务对象是"全民"，这一体系要能保障每个人都享有基本的体育权利，满足其基本的健身需求，这就是全民性的体现。全民健身尤其要更加注重基层、弱势群体、农村和欠发达地区，保证公民健身参与的均等性，促进社会公正，使人民群众在享有健身需求方面的相对差距不断缩小。

2. 公益性特点

公益性是指全民健身是以非营利性为目的，为全社会提供体育公共物品及混合物品的领域，是典型的公益事业。在建设全民健身体系的过程中要遵循公益性原则，将全民健身纳入政府财政供给的范畴之内，注重社会效益的发挥，促进全民健身的社会化发展。

3. 服务性特点

构建全民健身体系的目的是为民众提供各种健身的途径，满足公民的健身需求。因此，"服务"是全民健身体系的立足点，要做到以公民的健身需求为导向，通过创造各种条件和完善相关的保障措施，满足人民的基本健身需求。

4. 民本性特点

民本性是指全民健身服务体系应坚持以人为本，着眼于公民的切身利益，满足广大人民群众就近、经常和有选择地参加体育活动的需要。所以，全民健身服务体系必须立足于社区，科学、合理地布局，满足不同层次群众的体育需求。

5. 多样性特点

在全民健身体系中，公众的健身需求既包括场地设施等物质性的需求，又包括信息咨询等信息性的需求，此外，还包括政策法规等制度性的需求。因此，全民健身体现出多样性的特点。

二、足球运动在全民健身中开展的条件

（一）现代全民健身的物质需求

1. 生产力发展的需求

生产力的发展是推动全民健身发展的最重要的物质条件。第二次世界大战以后，"和平"

成为世界的主流与各个国家的共识。在获得了相对平稳的国际环境后，世界上的主要资本主义国家都开始大力发展本国或地区经济并获得了较大的成功，进而使得它们逐渐摆脱了战争创伤，发展形势一片大好。与此同时，科技的发展使得劳动者的生产方式得到转变，而且脑力劳动与体力劳动在结构上也发生了巨大变化。随着现代化的建设和生产力水平的提高，从事第三产业的人数与比例将会逐步增长。当进入知识经济社会后，脑力劳动者的数量大幅增加。人类进入现代社会，是以工业化为标志的。从农业社会到工业社会、从农业经济到工业经济、从农业生产到工业生产，人类从传统跨入了"现代"的门槛。从20世纪70年代开始，一些工业发达国家相继步入以信息化为标志的、从工业经济到知识经济的后工业社会，人类从传统的现代化阶段跨入了后现代的社会发展阶段，与之相适应的是，未来人类的生活方式将进入一个以休闲为特征的时代，体育将融入生活，成为生活方式的有机组成部分。

劳动方式的变化也给人们的生活带来了一定的变化。伴随着社会生产力的发展，人类逐渐由运动状态的体力劳动者向安静状态的脑力劳动转化，致使整个人口中出现了以脑力劳动者为典型的"脑力疲劳""运动不足"等现象，大大改变了人类正常的生物适应能力，从而使大量以心血管、脑血管疾病为主的"文明病"随之产生。除此之外，高强度的工作和目标压力也会使人产生更多的心理压力，久而久之会带来诸如情绪不稳、精神失常、失眠、多梦等心理症状。这种情况势必在很大程度上削弱人类固有的运动技能。在一定意义上说，也使得体育运动的社会价值变得越来越重要。这种价值就在于适应由于这种变化而出现的人类病理学机制的突变，以及减缓由此而引起的社会健康危机。因此，体育随生产力的变革而发展是一种历史要求，而大众健身则是实现这种需求的基本方法与手段。

2. 物质文明建设的需求

全民健身的发展也是物质文明建设的需求，只有当人们满足了生存需要和安全需要以后，才会进一步寻求更高层次的需要。体育运动则属于中高级层次的需要，试想一下，如果一个人还不能吃饱，又怎么会想到去锻炼身体呢？由此可见，体育运动必须与社会物质文明建设同步发展。

社会的物质生产水平从根本上决定着体育运动发展的规模和速度，决定着体育事业内部的结构和比例。国外学者对1984年奥运会奖牌分布及获奖国的经济状况进行了比较研究，发现98％的奖牌都为经济水平较高、扫盲率较高和人口平均寿命较长的国家所获得。一个国家或地区国民生产总值、国民平均收入等基本指标是体育运动发展的前提指标。前者对竞技体育可以起较大的作用，后者则对群众体育和学校体育的影响表现得较为直接。我国现阶段的社会发展目标为实现小康社会，完成这一目标要到21世纪中叶。而现在正处于21世纪初，因此这一阶段是朝这个目标前进的关键时期。在新的世纪里，社会化大生产不断向广度和深度高速发展，将给人们提供越来越多的物质财富和精神财富。随着生活方式的转变，人民的生活质量得到了很大的提高，反映人民生活质量的恩格尔系数正在逐步下降，在进入小康社会后群众健身的发展必将得到更大的社会支持。

纵观我国经济的发展，以改革开放后为例，这一时期直到现在，我国都是以经济建设为中心，积极探寻"走出去"和"引进来"的发展方法，并取得了令世界瞩目的成就，国民经济呈现出持续、稳定、快速增长的特点。特别是近几年，在国际经济环境相对低迷的情况下，我国的国民经济继续稳步增长。良好的经济发展状况，为我国社会各项事业的逐步开展提供

了基本的保障条件。随着改革开放的不断深入和经济建设的突飞猛进，我国正同时进行以工业化为显著标志的现代化和以信息化为热点的后现代化建设。这种齐头并进式的双跨越，使中国物质文明的建设取得了巨大的成就。由于人民生活水平的提高，使得社会的主要矛盾发生了根本性的转变。现代的人们不再满足于基本的生活保障，而是更加追求高质量的生存状态，开始重视生活质量。

3. 现代休闲娱乐消费的需要

随着现代社会的快速发展，人们的生活方式也发生了巨大的转变。在生产能力上效率大幅提升，由此也就使得劳动时间逐渐缩短，人们闲暇的时间不断增加，如何利用闲暇时间就成为人们仔细考虑的问题。首先需要明确一下关于"空闲"的问题，物理意义上的"空闲"，并不能给人们带来真正意义上的身心满足，它只是简单地获得了一种不需要劳动的时间，如果在这段时间中什么也不做，那就是简单的空闲，如果将其安排得当，使人能够在这段时间内由于参与某种活动而获得身心上的双重良好体验，那么这种"空闲"就变为了带有积极性质的"休闲"。因此，目前迫切需要对体育休闲娱乐进行研究，改变观念，解决在体育实践中凸显的问题。

在社会主义现代化建设中，我国人民在越来越短的工作时间之外看到了实实在在的即将到来的休闲时代。自1995年5月起，我国开始实行5天工作制；1999年又开始实施设立了春节、"五一""十一"的长假制度。在一年当中，加上每周的双休日以及法定节日，我国一般劳动者几乎有1/3的时间都在休假，这给人们的休闲生活提供了必要的时间条件。进入新世纪以来，随着清明、端午、重阳、中秋等传统节日列成为国家法定节日，中国人民所享有的休闲时间进一步增加。与此同时，在意识形态方面，体育活动的重心，也从为宣扬意识形态优越性的争金夺银，转向为促进大众健康幸福的全民健身。

休闲成为一个时代风尚，为了附和这种风尚，需要人们拥有闲暇的时间、足够的金钱和享受的心情这3项基本元素；从充裕的时间方面看，我们有一百多天的法定节假日，随着经济的发展，我们的假日会更多，工作时间会更短；从足够的金钱方面看，改革开放以来，中国的经济发展取得了巨大的成就，从中国整个经济发展状况来讲，国民生产总值每年都保持了7%以上的增长速度。国家统计局的资料表明，到2010年，中国将有两亿人口属于中产阶级；从良好的心情方面看，30多年来，特别是有了摆脱贫穷之后的舒畅情绪，自然就开始有好心情。

20世纪末，社会对体育休闲娱乐的需求剧增，尤其在经济发达国家，各式各样的体育休闲娱乐活动已经成为人们生活的中心内容。为了迎合消费者需求、产品发展、法规调整的需要，政府和商人对日益膨胀的体育休闲娱乐市场采取行动。这些因素加在一起，使体育休闲娱乐的经营管理成为发达国家经济中最富有激情且报酬很高的行业。中国作为世界上经济增长速度最快的国家，必然要重视休闲这种突然到来的社会现象，也必然要重视体育在即将到来的休闲时代的作用。

（二）现代全民健身的心理需求

1. 认知发展的需求

人类在现代社会中的发展越发全面，智力水平不断提升。随着身体素质的发展，人的认知能力也在不断地进步。而健身运动不仅能够增强身体素质和心理素质，还能够很好地促进人类的认知能力发展。各种项目的体育锻炼（特别是器械类），都有一个共同的特点：即在运动或高速运动中要求运动者既能对外界物体（如球、器械等），作出迅速准确的感知和判断，又能迅速感知、协调自己的身体，以保证动作的完成。这样长期的运动便能促进人的感觉、知觉能力的发展，提高人的反应速度和知觉判断能力，使人变得敏锐、灵活；有些运动项目还能充分锻炼人的思维能力、判断能力、记忆能力，如棋类运动。而体操、跳水、花样滑冰、健美操等运动项目则能充分发展人的创造力、想象力和创造美、欣赏美的表现力；一些走、跑等动作的发展对少儿感知和思维发展有重大的作用，在排队、赛跑、跳上跳下、投包等一系列活动中可以培养低年龄学生识别和理解上下、前后、左右、高低、远近和先后、快慢等概念，从而提高他们认识事物的能力。

2. 情感过程发展的需求

现代社会尽管各方面较为发达，但是为了更好地在社会中立足，还需要人们绞尽脑汁参与社会竞争。久而久之就会使人产生较多压力和经受更多的挫折，进而产生较之以往更多的心理问题。例如，成年人会为了挣得更多的财富而伤透脑筋；学生会经常因名目繁多的考试，相互间的竞争以及对未来的担忧而产生持续的焦虑反应。据最新研究显示：一个人的成功，只有 20% 归诸 IQ（智商）的高低，而 80% 取决于 EQ（情商）。尽管这种数据并不能完全说明所有问题，但从中我们起码可以得出这样一个结论，即工作效率的高低，学生学习效果的优劣，其情感取向发挥着重要作用。通过长期的实践，人们发现，体育锻炼中的情感体验强烈而又深刻。不管是在大众体育活动中，还是在各级学校的体育课上，亦或是在有竞争的运动场上，成功与失败，进取与挫折共存，欢乐与痛苦，忧伤与憧憬相互交织，同时人的情感表现也相互感染，融合在一起。另外，体育健身还可以转移个体不愉快的意识、情绪和行为。这种丰富的情感体验刺激，有利于人的情感的成熟，有利于情感自我调节能力的积极发展。在现实生活中人们也可以通过体育锻炼改善和调节自己的情感状态。

3. 意志品质培养的需求

意志品质是一个人的果断性、坚韧性、自制力以及勇敢顽强和主动独立等精神。意志品质既是在克服困难的过程中表现出来的，又是在克服困难的过程中培养起来的。体育运动从大方向上看是一种不断体会失败，并在失败中不断寻找获胜方法的活动。由于第一名只有一个，因此这个特点自然也就决定了参与体育竞赛的人大多数都是失败者。因此，失败对于体育运动来说是非常正常的一部分，而不是一种意外或不幸。如果能够将体育运动中的失败体验及之后的心理调节影射到社会各个方面中，就自然能够使人不断克服客观困难和主观困难的不利影响，正确看待失败、处理失败，以求找寻到正确的方法谋求成功，如此便能够培养良好的意志品质。

体育一般都具有艰苦、疲劳、激烈、紧张对抗以及竞争性强的特点。在参加体育锻炼时，常常意味着竞争，意味着要达到某级运动水平或锻炼标准，而这一过程总是伴随着强烈的情绪体验和明显的意志努力。换句话说，就是要求你必须付出努力与汗水。

4. 人格发展的需求

体育锻炼能发展人多方面的能力，这里主要包括人的协调能力、操作思维能力、直觉思

维能力、应急能力等。体育锻炼还能磨炼人的性格和意志，使人变得坚强、刚毅、开朗、乐观。在参与体育运动的整个活动中能使人学会竞争，学会表现自己的才能与实力；体育运动也能培养人与他人合作的能力，增强团队意识，学会相互配合，使许多个人凝聚成一个整体，为了共同的目标去努力。

体育运动能让人掌握一个与人相处的法则，这就是自己成功时要善于谦虚，别人成功时要善于真心地赞美和欣赏，大家共同成功时善于分享，这一法则正是健全人格的法则。人们通过体育运动各种项目的不同运动方式进行不同的锻炼，并在其中学会控制自己的需要与性格，学会延缓需要的满足，学会解决动机与斗争的矛盾，从而使自己的个性倾向性更趋成熟。体育活动还是一种很好的增加人与人之间相互接触的形式。通过与他人的接触，又可以使个体忘却烦恼和痛苦，消除孤独感。这些观念如果迁移到更广泛的社会生活中，则能有效地促进人的社会化进程，使人的个性日趋完善。

5. 道德发展的需求

道德是人类行为的基本准则，而通过体育运动可以培养人们良好的道德意识、道德情感与道德行为习惯，体育对人的道德素质有提升的作用。奥林匹克运动产生的奥林匹克思想和精神由复兴奥林匹克运动会的主要倡导人顾拜旦提出来以后，被概括为"宗教、精英、休战、神圣和心灵美"5个要素，写入《奥林匹克宪章》，其宗旨是："奥林匹克主义是增强体质、意志和精神并使之全面发展的一种生活哲学。奥林匹克主义谋求把体育运动与文化教育融合起来，创造一种在努力中求欢乐，发挥良好榜样的教育价值并尊重基本公德的生活方式……使体育运动处处为人的和谐发展服务，以促进建立一个维护人的尊严的和平社会。"这就清楚地表达了奥林匹克运动的意义，它适用于一切体育运动。

6. 心理治疗的需求

早期的对于人的健康标准片面地强调了身体、生理上的健康，而忽视了人的心理健康。在现代，越来越多的人迫于生活、工作的重重压力患上了许多心理疾病。这些心理疾病有时也会影响人的生理健康，当然，生理问题也会诱发心理问题。由此便可以看出人的身体和心理有密切的关系，健康的心理寓于健康的身体，心理不健康则会导致身体异常甚至患病。经过长年研究和实验，已经证明了体育健身是一种非常有效的心理治疗方法。美国的一项调查显示，1 750名心理医生中，80%的人认为体育锻炼是治疗抑郁症的有效手段之一，60%的人认为应将体育锻炼作为一种治疗方法来消除焦虑症。在现代社会中，几乎各个年龄段的人群中都有很大比例的人患有不同程度的心理疾病，其中最为普遍的有焦虑症和抑郁症，而通过体育锻炼可以减缓消除这些心理疾病。

体育运动之所以可以作为治疗心理疾病的方法，主要是因为人的心理不是孤立的，心与身是相互联系、相互作用的，人的心理与人周围的环境、与周围的人也是相互协调、相互影响的。而体育这一社会活动则为人提供了一块珍贵的活动空间，在这一空间中，人的心理与身体、人的主体与周围环境、人与周围的人能充分地交融在一起，从而促进主体对环境的适应、促进人际关系，使人达到身心平衡，获得身心健康。

同时，如果某些人存在心理上特别是人格上的某些缺陷，也可在这一空间中通过参加不同种类的项目得到较好的矫治。例如，对于一些不善交际、性格孤僻的人可以适当安排他们参加一些诸如足球、篮球等的团队运动。在这些活动中，只有通过与队友的配合才能顺利进行，在这种看似有些"强迫"作用的效果下，便会慢慢改变人际交往上的不足以及孤僻的性格。

（三）现代全民健身的社会需求

随着世界和平形势的演进，以美国为首的西方工业国家的经济发展迅速，科学技术突飞猛进，生产力水平不断提高。科学技术在生产上的运用，不仅使生产方式发生了根本性改变，而且使人们的生活方式也发生了很大的变化。生活方式与人们的健康息息相关，生活方式的变化，包括生活内容、生活领域、生活节奏、行为习惯等的改变，都会引起个人，乃至社会的健康问题。

一方面，生产与生活模式从过去单调、紧张、高度肢体运动的劳动模式向更加自动化、高度脑力化、智能化的模式的转变，并不意味着现代社会的生产劳动降低了对劳动者身体素质的要求，相反，现代社会的生产劳动对人们的身体素质和科学知识提出了更高的要求，现代社会的劳动者不仅需要具有丰富的知识，掌握复杂的技术，还需要具有充沛的体力和精力，才能灵活、准确、协调地控制生产过程。而在休闲体育过程中，各种休闲娱乐的活动方式，既发展了劳动者的身体素质，又发展了劳动者的心理素质，有利于劳动者的身心健康，从而提高生产效率，达到社会劳动整体水平的提升。

另一方面，现代生活方式是在科学技术大发展的时代迅速形成的，它给人们带来实惠的同时，也潜藏着许多影响人们身心健康的隐患。而健身体育正是预防、减弱或消除这些隐患的有效良方和积极手段。通过参与适度的健身体育活动，不仅能够弥补现代人在现代生活方式中的"运动不足"，使参与者减少肥胖、提高心肺功能；同时还能增强体质，提高协调、灵敏、力量、平衡等身体素质，并使参与者经常保持头脑清醒、思维敏捷。因此，体育休闲生活方式在提高人们对现代生活方式中的承受能力，对抗现代生活方式中的生活危险，都有很高的价值和实际意义。此外，科学研究发现，经常参与运动健身，能促进如体内内啡呔等"快乐素"的分泌，这些物质能够调节情绪、振奋精神，诱发积极的思维和情感，达到缓解、释放由于紧张而造成的种种压力，减少抑郁、焦虑和困惑，从而预防、减少和控制现代"文明病"的产生和蔓延。

21世纪，科学技术将向经济、社会的各个领域广泛渗透，科技引起的产业结构的变化将给体育的发展留出较大的社会空间，而人们工作方式、生活方式的转换，将对体育提出更高的要求，体育将成为经济和社会可持续发展的一个组成部分。体育锻炼是新时代健康生活方式的"四大基石"之一。"四大基石"是指合理膳食、戒烟戒酒、心理平衡、体育锻炼。运动健身能够宣泄、疏导淤塞、压抑的情感紧张力，使人感到舒畅和快乐，从而缓解和消除心理的不平衡；同时通过健身运动的参与，可以使人的身心在闲暇时间内得到更好的调整与发展。

从总体上说，体育是遵循事物繁荣发展的规律的，它随着社会的进步而不断向高层次、高水平推进，但是这种发展必须以社会的良性运行为前提。在我国建设和谐社会的进程中，既为健身体育的发展提供了良好、稳定的发展空间，使体育的教育、健康、文化、娱乐功能可以得到较好的发挥，而且，和谐社会的建设也需要体育作为一种稳定的力量来维护社会的

平衡发展，促进和谐社会的全面发展。

三、足球运动在全民健身中开展的优势

（一）群众基础优势

足球运动本身具有非常多的特点与价值，经常参加足球运动的人可以有效促进身心发展。而足球运动对于全面健身来说也是非常适合的项目，可以说它是实施全民健身计划的基础因素，在群众中有着天然的优势。在平常的生活中，随时随处可见人们参与足球运动的身影，因此，足球运动就成为全民健身中重要的项目，占据着重要的地位。

（二）普及与推广优势

随着社会生活方式的较大转变，体育已经更多地进入了人们的生活中，成为人们生活的重要组成部分。对于社会人来说，体育运动作为一种积极性休息活动，成为人们解除工作疲劳、保持身心健康的首选方法。同时，体育健身也是丰富业余文化生活、陶冶身心的良好方式。多重价值的存在使得越来越多的人加入到体育健身的行列中来。据《我国城市社区实施全民健身工程的现状与对策研究》调查表明，实施全民健身工程后，人们的锻炼次数有所增加的达到了60.1%，维持原样的为36.3%，这36.3%中约有占总人数的20.9%的人是有常年参加体育健身习惯的。从数据的统计中就可以看出人民群众的健身、健康意识普遍得到了加强。为了继续培养人们的健身意识和行为，促进全民健身计划的落实，国家和各级政府投入大量资金，修建了全民健身工程设施。全民健身工程的配套设施大大改善了群众的锻炼条件，但问题又随之产生了，如有些城市的健身设施太少，有些地方甚至没有健身设施，不能满足人民群众日益增长的健身健康的需求，体育运动的开展受到体育场地、器材、设备等方面的限制。但是足球运动只要有一个球，一块简单的场地就可参与。

（三）健身健心优势

足球运动作为一种集对抗性、技巧性、集体性于一身的体育项目，可以有效提高参与者的5大身体素质（力量、速度、耐力、灵敏、柔韧）和多种运动技能，这对于人体的健康和优秀状态保持均可起到积极作用。

一般来说，足球运动对抗激烈，技术要求全面，经常参加足球运动可以促进人体各器官系统的正常发育，改善人体机能状况，使人动作灵活，反应迅速，对人的健康十分有益。足球运动及其衍生的娱乐形式不仅对人体的神经系统、心血管系统有较好的锻炼，更可以提高人们对快节奏生活的应变能力和耐受能力。一些实验和社会调查证明，经常从事体育活动的人可以表现出超出不经常运动的人很多的自制、快乐、超我、坚韧、自信、合群和从容不迫的心理调节能力。足球运动还能减肥健身，保持健美形体，它是一项有氧运动，能消耗大量的能量，起到减肥的作用。随着动作技术水平的提高，球感增加，动作协调，同时还能锻炼头脑、手、脚、身体配合协调能力。随着有氧运动时间增加，既能减脂，又能塑造形体。

随着现代竞争的日益激烈，人们的压力也越来越大，在这种较重的负荷下，人与人之间的感情逐步减弱，人际接触减少，于是层出不穷的心理问题成为现代社会新的难题。当一个人烦躁不安时，参加一下球类活动就可以暂时将烦恼搁置，将全部注意力放在球上，转移一下意识关注点，缓解心理压力。在参加足球运动的过程中，人们可以 3～5 个人一起练或更多的人进行比赛。作为集体活动，它可以促进社会交往和增进友谊，在体育活动中人们可以得到归属于群体的崇高感，相互关怀和沟通的信任感，还可以形成强烈竞争、相互协作的独立人格，这些对于发展、健全和调节现代人的心理都能起到至关重要的作用。通过比赛，还能培养参加者良好的心理素质和勇敢、坚毅、果断及集体主义等优良品质。

第二节　足球运动的产业化与职业化

一、足球运动的产业化发展

随着现代足球运动的快速发展，各个国家的足球基本上走上了职业化发展的道路，这是推动足球产业化发展的直接原因。在足球比赛中，运动员高超的技艺及拼搏的精神倾倒了广大观众，在现代产业化理念的影响下，足球管理部门也相应地加强了服务质量、降低费用等经营理念，于是营利的职业足球俱乐部便应运而生了，这样足球运动产业化的时机也成熟了。现代足球产业化的发展趋势主要表现在以下几个方面。

（一）足球市场的开发

球赛的开发是足球产业的主业。球赛开发主要包括门票、比赛广告、电视转播权的出售，以及赞助等。

（1）赞助：一般是指赞助商通过获得赛事、球队等冠名权，提供给被赞助对象一定的实物、资金，以建立企业良好形象，赢得更大经济效益的行为，如日本丰田公司以每年 100 万美元获得每年一度的欧洲与南美洲俱乐部冠军赛独家赞助权。如今，赞助已经成为赛事组委会最主要的资金来源。

（2）广告：一般分为场地广告和电视广告。广告成为足球赛事中必不可少、随处可见的现象之一，不管是在比赛场地中还是在电视转播中都随处可见广告的存在。

（3）门票：是俱乐部运营的一个重要方面，如意大利的 AC 米兰队 67%～70% 的收入来源就来自门票。

（4）电视转播权：电视转播权历来是商家争抢的焦点。高质量、高品位的足球赛事是提高电视台收视率的有效方法。如中国的足球超级联赛发展到现在也已步入出售电视转播权的可喜阶段。

（二）足球商品的营销

足球商品主要包括标志产品、纪念品、训练赛场用品以及运动服装等。其中，标志产品

和纪念品指俱乐部（球队）名称、会徽、重大比赛名称的标志物、吉祥物。世界著名的曼联、阿森纳等队的队服每年的销量非常可观，成为俱乐部赢利的重要来源。

（三）足球产业的资产经营与资本运营

1. 资产经营方面

足球俱乐部的资产主要包括球员、教练员及经营人员，还有所在俱乐部的标志等无形资产。职业俱乐部购进的球员可以升值，也可贬值，这得取决于俱乐部对球员的开发和球队对球员的运用。例如，西班牙皇家马德里俱乐部在 2003 年一举购进了包括齐达内、菲戈、贝克汉姆在内的世界足坛的顶级球星，在 2014 年又以天价购进了詹姆斯·罗德里格斯，他们更是为俱乐部赢得了巨大的商业价值。

2. 资本运营方面

随着足球产业的高度发展，资本运营成为重要的赢利模式，一般涉及职业俱乐部实行股份制时的股票经营，以及足球彩票的经营等。足球发达国家意大利，每年有 1000 多万人参加足球彩票竞猜，政府从中可得到 7.3 亿美元以上的收入，而足协可得到 2.3 亿美元以上的收入。

二、足球运动的职业化发展

足球俱乐部发展的时间很早，但是最初职业足球俱乐部发展的主要目的并不是赢利，而是通过必要的创收，以维持足球运动员的生计、训练和比赛，促使足球运动水平得到进一步的发展。

1857 年，英国建立了世界上第一个业余足球俱乐部。而英格兰的谢菲尔星期三足球俱乐部在 1876 年从苏格兰购进职业球员詹姆斯·兰以充实自己球队的实力，这开创了职业足球的先河。1885 年，职业足球在英格兰合法化，这使得英格兰足球水平突飞猛进。由于职业化足球在英国的开展，使得英国足球队在 19 世纪末和 20 世纪初在世界范围内所向披靡。同时，也正是在这一时间，英国人把辉煌的足球伴随着工业革命传播到了世界每个角落。

20 世纪 30 年代各国相继正式成立了职业足球俱乐部，于是有了今天如西班牙、德国、巴西、法国、意大利、阿根廷等足球强国。随着职业化足球在世界范围内不断扩展，1930 年，以不分职业与业余的世界杯赛为标志，职业足球终于得到了国际社会的肯定。为了顺应时代发展的需要，我国也于 1994 年创立了中国足球职业联赛，中国足球运动的发展从此揭开了崭新的一页。时至今日，我国职业联赛近 20 年的发展已经涌现出了较为出色的职业队伍，足球文化也在我国的球迷中传承开来。

发展到现在，职业足球取得了高度化的发展，各国的职业足球联赛开展得如火如荼，职业足球之所以发展得如此迅速，是因为它符合足球运动发展的基本规律，足球俱乐部的市场化经营，面对供需市场，将比赛的水平和观众的观赏程度结合在一起，这不仅提高了大众的观赛水平，同时也促进了足球运动本身的发展。

第三节 足球运动与奥林匹克运动

一、奥林匹克运动概述

（一）现代奥林匹克运动的兴起与发展

1. 现代奥林匹克运动的兴起

古代奥林匹克运动停办后，欧洲一些有识之士相继提出恢复古代奥运会的建议。最早主张恢复古代奥运会的是被誉为德国"体操之父"的古茨穆茨，他在1793年提出这一主张时并未引起人们的重视。19世纪中叶，埃恩斯特·克尔提斯在柏林作了一次希望恢复古代奥运会的专题报告，在社会上引起了较大的反响。

1859年，一位名叫尤安格利斯·扎巴斯的希腊军官，经希腊国王的批准，于当年10月1日在雅典举办了第1届泛希腊奥运会。之后又先后举行了4次泛希腊奥运会。但是这几届奥运会的人数、规模和影响都非常有限，整个比赛也不正规，因此并未得到很好的发展。

1889年，被誉为"现代奥林匹克运动之父"的法国人皮埃尔·德·顾拜旦，开始着手现代奥林匹克运动会的创办工作。1892年11月，他在巴黎发表了"复兴奥林匹克运动"的著名演说，之后，他四处奔波，进一步宣传复兴奥林匹克运动的主张，并团结国际体育人士，共同促进奥林匹克运动会的复兴。1894年6月18日在法国巴黎索邦学院召开了一次重要的国际体育会议——"恢复奥林匹克运动会代表大会"。大会一致同意顾拜旦的主张，通过了恢复奥林匹克运动会的决议，并决定于1896年在希腊首都雅典举行第1届现代奥林匹克运动会，以后仍按照古代奥运会的传统，4年举行一次。这次大会还于6月23日通过了成立国际奥林匹克委员会的决议，并批准了顾拜旦先生制定的第一部《奥林匹克宪章》，选举希腊诗人维凯拉斯为国际奥委会第一任主席，顾拜旦为秘书长。另外，还从12个国家选出了14名委员。至此，一个在世界上最有影响的国际体育组织、国际奥林匹克运动的领导机构——国际奥委会正式诞生了。

在国际奥委会的积极努力下，现代奥林匹克运动史上第1届奥运会于1896年4月6日在雅典举行。来自13个国家的295名运动员参加了田径、游泳（包括跳水）、举重、摔跤、体操、自行车、射击、击剑等项目的竞赛。第1届奥运会虽然还很不正规，但现代奥林匹克运动终于登上了历史舞台。国际奥委会的成立和第1届奥运会的召开，标志着现代奥林匹克运动的诞生。

2. 现代奥林匹克运动的发展

现代奥林匹克运动自1894年国际奥委会成立至今，已经过了一个世纪。其发展可分为4个阶段。

（1）探索阶段（1894—1914 年）

这一时期的奥运会存在着诸多缺陷。首先，奥运会设项不固定，每届项目有所不同，主办者可临时增减项目（如首届奥运会的赛艇和帆船比赛，因天气不好而取消，临时增加了一项 100 米自由泳比赛），项目内容重复（第 2 届奥运会体操个人全能由双杠、单杠、吊环、鞍马、跳马、自由体操、跳远、跳高与跳远综合跳、撑竿跳、爬绳、50 千克举重等项目组成）。其次，运动场地缺乏统一标准，不仅跑道长度不同，有 333.33 米（1896 年奥运会）、500 米（1900 年奥运会）、536.45 米（1904 年和 1908 年奥运会）、383 米（1912 年奥运会）等几种，而且场地的设计也不统一，如首届奥运会采用 U 形跑道，第 2 届奥运会使用草地赛场。最初的游泳比赛在天然水域内进行。再次，比赛缺乏必要的规范，如马拉松比赛的距离每届都不相同，举重和摔跤无体重分级和时间限制，度量体系混乱，时而英制，时而公制；组织者可擅自临时改变比赛日程；裁判多由举办国人员担任，执法难以公正；各项目运动员参赛资格不一致，运动员住宿地分散而混乱。奥运会也没有固定期限，短则 10 天，长则五六个月。最后，经费紧缺。首届奥运会因为资金短缺，几至半途而废。紧接着连续 3 届奥运会因资金问题，不得不与商业博览会联合，成为博览会的陪衬。

1908 年伦敦奥运会是奥运发展史上的一个重要里程碑，出现了脍炙人口、强调参与的奥林匹克名言："重要的不是取胜，而是参与。"这届奥运会各项比赛的技术性工作，从制定赛制、编排赛程，到选派裁判、组织比赛均由各单项体育协会负责，规范化程度大大提高，这为后来由各国际单项体育联合会管理奥运会技术工作奠定了基础。奥林匹克 3 大支柱的组织结构已现雏形，各自职责相对明确，从而确定了奥林匹克组织体系的基本框架。

在这一阶段即将结束时，第 5 届奥运会于 1912 年在斯德哥尔摩举行，其参赛成员国的数量比第 1 届翻了一番，运动员人数增长了 75 倍。现代奥林匹克运动巩固了自己的阵地。

（2）初具形态（两次世界大战之间）

因第一次世界大战而中断的奥林匹克运动会于 1920 年重新进行，这一阶段经过了 5 届夏季奥运会和 4 届冬季奥运会。国际奥委会从实践中意识到奥运会规范化的重要性，整个奥运会的基本框架和运行机制在这一时期基本形成，具体表现在：比赛项目的设置逐渐趋向合理；比赛设施进一步完善；会期基本固定；申办、举办程序基本确立，并基本解决了有关运动员的参赛资格问题。自 1928 年起，女子田径项目纳入正式比赛，这一重要变化对奥林匹克运动的普及性和号召力起到了推动作用。另一个重要发展是有了冬季奥运会，它使奥林匹克运动的覆盖面大大增加。

这一时期，奥林匹克运动的组织机构也得到发展，国家奥委会由第一次世界大战前的 29 个增加到 60 个，为奥林匹克思想在世界各地的传播作出了重要贡献。与此同时，各国际单项体育组织也相继成立，通过国际奥委会与各国际单项体育组织和各国家奥委会的协调，使国际奥委会摆脱了每届奥运会都存在的具体技术事务，而更多地在领导、协调、决策等更高的层次发挥作用。

（3）发展与危机（1945—1980 年）

战后，奥林匹克运动出现了一系列新变化。奥运会规模扩大，项目剧增。战争结束后的 1948 年，奥运会有来自 59 个国家的 4 062 名运动员参加 136 个项目的比赛，1972 年时则有 121 个国家和地区奥委会派出 7 121 名运动员，参加 195 个项目的比赛。冬季奥运会参赛运动员数目也由 1948 年的 28 个成员国的 369 人增加到 1972 年的 35 个成员国 1 006 人。在奥运会规模扩大的同时，奥运会举办地也不再局限于欧洲和美洲，各大洲范围的运动会、伤残人奥运会也相继产生，竞技运动水平也迅速提高，非洲体育开始崛起。

与此同时，现代奥运会的发展也出现了危机。第一，政治格局的变化对奥运会产生影响，部分国家出于政治原因而对奥运会实行的抵制连续不断，规模越来越大。第二，竞技运动商业化和运动员职业化的进程开始加快，违禁药品的滥用日益严重，在女子项目的比赛中出现了有男性特征的运动员，运动员的性别问题也成为人们关注的对象。第三，奥运会出现经济危机。随着奥运会的膨胀，举办奥运会所需要的人、财、物等各种资源的投入急剧增加，给举办城市带来沉重的经济负担，如 1976 年蒙特利尔因举办奥运会而债台高筑。到 70 年代后期，愿意举办奥运会的城市只剩下洛杉矶一个。第四，国际奥委会与国际单项体育联合会和国家奥委会之间出现了矛盾，为了集聚各自的力量，国际单项体育联合会于 1967 年成立了国际单项体育联合会总会，各个国家的国家奥委会也于 1979 年成立了国家奥委会协会。

（4）改革与创新（1980 年至今）

1980 年西班牙人萨马兰奇出任国际奥委会主席，开始对奥运会进行全面的改革。第一，这场改革的核心内容是变封闭为开放，充分肯定商业化对体育运动的积极作用，积极而有控制地对奥运会进行多种商业开发，给奥林匹克运动建立了一个坚实的经济基础。1992 年国际奥委会已拥有资产 125 亿美元，1993—1996 年整个奥林匹克运动从商业开发中获得了 23 ～ 25 亿美元的总收入。第二，废除了参赛者业余身份的限制，宣布奥运会向世界上一切最优秀的运动员开放，这就保证了奥运会的比赛具有最高的竞争水平和观赏价值。第三，国际奥委会承认体育运动不可能独立于政治之外，采取主动出击的姿态，同政府与非政府的组织建立广泛的联系，积极灵活地斡旋于国际的风云变幻中。商业化给奥林匹克运动奠定的经济基础，增强了国际奥委会政治上的独立性。第四，改革了国际奥委会总部的行政机构，使之有良好的办事效率，调整并充实了国际奥委会的专门委员会，使国际奥委会在处理各种专业性很强的问题时能够及时咨询各方面的专家。第五，奥林匹克运动在法治的道路上也迈进了一大步，国际奥委会在 1981 年得到瑞士联邦的正式承认，成为具有法人资格的国际组织，从而结束了其长达 87 年的法律真空的身份。

2001 年 7 月，国际奥委会迎来了历史上第 8 位也是 21 世纪第一位主席：比利时人罗格。罗格在上台后宣布的施政纲领是：在未来的国际奥林匹克运动中，最需要解决的问题有两个，一是如何控制越来越庞大的奥运会，二是如何在全球范围内开展有效的反兴奋剂斗争。此外他还公开表示，今后的每一届夏季奥运会的比赛大项将保持在 28 个，如果有新的项目要进入，必须有旧的项目退出。国际奥委会还将对每一届奥运会的比赛项目的受欢迎程度进行追踪，从而做到在每一届奥运会的项目设置上"有的放矢"。

奥林匹克运动在 20 世纪已经为世界体育的发展和人类社会的进步作出了巨大贡献，在 21 世纪，尽管它还会遇到各种意想不到的困难和挫折，但是它会在困难和挫折中走出自己的发展之路，继续以其独特的方式，促进人类社会的和平、友谊和进步。

3. 我国奥林匹克运动的发展

在举国体制下，我国的奥林匹克运动获得了快速的发展，历届奥运会都取得了不俗的成绩。

2000 年悉尼奥运会上，中国在本届奥运会上取得 28 枚金牌，16 枚银牌，15 枚铜牌，在金牌榜和奖牌榜上均居第 3 位，这是中国首次进入前 3 强国家之列，是历史性的突破；2004 年雅典奥运会上，中国获得 32 枚金牌，17 枚银牌，14 枚铜牌，居于金牌榜第 2 位，奖牌榜第 3 位，这是中国首次进入奥运会金牌数前两名国家之列。在 2008 年北京奥运会上，中国以其强大的实力和主场优势，获得 51 枚金牌，21 枚银牌，28 枚铜牌，位居金牌榜第 1 位，奖牌榜第 2 位，既是中国第一次登上金牌榜榜首，也是奥运历史上首个登上金牌榜榜首的亚洲国家。在 2012 年伦敦奥运会，中国以 38 枚金牌，27 枚银牌 23 枚铜牌成为仅次于美国的金牌和奖牌最多的国家。从以上这些数据就可以看出，中国的奥林匹克运动事业已经达到了世界先进水平的行列。

（二）现代奥林匹克运动的内涵及特征

1. 现代奥林匹克运动的内涵

在奥林匹克运动中，将体育运动作为自己的基本活动内容。同时奥林匹克运动又将体育视为一种生活方式，一种文化的传承与发扬，使之与普通的体育运动相比，又具备了更加深刻的文化内涵。这种文化内涵主要体现一种精神、理想，蕴涵着积极向上、人们普遍认可的价值观念。在现代奥林匹克运动中，这种文化内涵也被提炼归纳为"奥林匹克主义""奥林匹克宗旨""奥林匹克精神""奥林匹克格言"等一系列思想，这也是对体育文化的总结与升华。总体来说，奥林匹克运动的文化内涵主要体现在以下几个方面。

（1）和谐发展的理念

在《奥林匹克宪章》中写道："奥林匹克主义的宗旨是使体育运动为人的和谐发展服务，以促进建立一个维护人的尊严的、和平的社会。""奥林匹克主义是增强体质、意志和精神并使之全面均衡发展的一种生活哲学。"从《奥林匹克宪章》中我们可以看出，奥林匹克运动将人的和谐发展作为一项重要的文化内涵，让体育运动成为实现人的和谐发展的重要途径。

人的和谐发展主要包括身体和精神两个方面。奥林匹克运动旨在创造一种使人全面发展的生活方式，它的要求是不仅要通过体育锻炼，使人增强体质，还要发展和提高人的文化素质、思维能力，进行全面教育，塑造一种完善的人格。

（2）和平友谊的精神

奥林匹克运动产生的初衷是通过体育运动增进世界各国人们之间的相互了解，以达到减少战争、促进和平的目的。在古代奥运会召开之前，人们聚集在奥林匹亚宙斯神庙前，举行庄严肃穆的仪式，宣布神圣休战开始，保证奥运会神圣不可侵犯；现代奥运会秉承了古代奥运会的精神，强调国家民族平等，维护人的尊严，倡导多元文化，和平共处，在《奥林匹克宪章》中宣称："通过没有任何歧视、具有奥林匹克精神 —— 友谊、团结和公平精神 —— 的体育活动来教育青年，从而为建立一个和平的、更美好的世界作出贡献。"

和平、友谊是世界各国发展的基础，也是人类生存与发展的前提，奥林匹克运动生动地诠释了这一文化内涵。从奥林匹克的精神到奥林匹克的标志，从奥林匹克运动对社会政治经济的影响到奥林匹克运动的作用，现代奥林匹克运动试图建立起沟通各国人民之间的桥梁，让人们以博大的胸怀去认识和理解自己民族之外的事物，建立真诚的友谊关系，促进世界和平事业的发展。

（3）公平竞争的精神

奥林匹克运动是一个世界各国人民参与的、大型的体育运动会，它具有鲜明的对抗性和娱乐性的特点。在比赛中，各国运动员树立起竞争意识，发挥自己的生理极限，顽强拼搏，勇于向世界强手和世界先进水平挑战，不断地超越自己、超越他人、超越世界最高纪录，争取个人、民族和国家的荣誉。但是，这些竞争活动需要在公平的条件下才能实现，没有公平竞争，奥林匹克运动也就失去了本质上的意义。

奥林匹克运动中的公平竞争就是参与者享有同等的资格、共同的权力和均等的机会，所有人遵守规则，凭借自身的能力，光明正大地进行比赛，它蕴涵着人类以公正、平等、正义为主要内容的实现社会公正的理想。奥林匹克运动只有建立在公正、公平的规则之上，才能被人们所尊重，才能获得进一步的发展。

（4）奋力拼搏的精神

在奥林匹克运动中，几乎所有的运动项目都充满着激烈的对抗，因此追求奋勇拼搏、超越自我的精神成为其重要的内涵。奥林匹克运动的格言是"更快、更高、更强"，它既是指在竞技场上，面对对手时，发挥大无畏的精神，敢于斗争，敢于胜利；也指对自己永不满足，不断地战胜自己，向极限冲击，它充分表现了奥林匹克运动不断进取、永不满足的奋斗精神和不畏艰险、敢于攀登高峰的拼搏精神。这种拼搏精神不仅是运动赛场上运动员的精神，更是体现了人类的一种先进力量，它鼓励人们勇于向大自然进行探索，克服各种不利因素，向未知领域发起一个又一个的挑战，这是奥林匹克运动重要的文化内涵。

（5）重在参与的精神

"参与比取胜更重要"是奥林匹克运动重要的名言，也是奥林匹克运动重要的文化内涵之一。正如现代奥林匹克运动的创始人顾拜旦所说的："生活中重要的不是凯旋而是奋斗，其精髓不是为了获胜而是使人类变得更勇敢、更健壮、更谨慎和更落落大方。"没有参与就谈不上取胜，而取胜也不是参与的唯一目的，没有了群众性的参与，奥林匹克运动也失却了本来的面貌。

在奥林匹克运动中，参与者高尚的品质、真诚的态度、奉献的精神和对理想的追求等，其意义远远超过了运动成绩的获得。只有参与其中，运动员们才能在更快、更高、更强中超越他人、超越自我；正是由于参与精神的作用，世界各国参加奥林匹克运动，大量民众参加奥林匹克运动，使其超越一般竞技体育的范围，促进了奥林匹克运动的发展。

2.现代奥林匹克运动的特征

奥林匹克运动具有多种多样的特征，这主要体现在以下几个方面。

（1）象征性特征

象征是指借助于某一具体形象的事物的外在特征，暗示某种特定的、富有特殊意义的事理或人物，以表达某种深邃的思想或真挚的感情，寓意深刻，耐人寻味。奥林匹克运动主张人的和谐发展，倡导团结、友谊、进步和公正平等竞争的精神，这都具有象征性的意义。奥林匹克运动将以上这些精神皆物化成一系列独特而寓意深刻的象征性标志，这些标志用一些简明生动的艺术性符号，将一些抽象的概念变为可见、可听、可触的物质文化，形象化地

体现着奥林匹克运动的文化内涵，如奥林匹克会旗由蓝、黄、黑、红相互套接的5环组成，表示世界上5大洲的团结友谊以及各国运动员相聚在奥运会上；奥林匹克圣火在希腊引燃后，在世界各国进行火炬接力，在奥运会举行期间将一直燃烧，它象征着光明、团结、友谊、和平、正义。

（2）艺术性特征

国际奥委会曾经对文学艺术与奥运会的参与程度进行过激烈的讨论，主张用建筑、雕塑、绘画、文学、音乐等艺术形式来提高奥运会的艺术品位。现如今，文化艺术已经深入了奥林匹克运动的各个方面：《奥林匹克宪章》规定，组委会必须制订文化活动计划；在奥运会仪式上，人们运用各种艺术手段，使这些活动成为当今世界上规模最大、水平最高的艺术表演；在奥运场馆中，人们用各种绘画、雕塑等艺术方式进行装饰；在奥运会举办期间，各举办国开展诸如文艺表演、艺术展览、博览会等各种文化艺术活动；在比赛过程中，运动员在奋力拼搏的同时，展示着自身的形态美、力的美、运动的美等。

实际上，奥林匹克运动所表现出来的艺术性是一种美的展示与教育，通过对这些美好事物的创作与欣赏，人们加深了自身的美感修养，提高了自身的情感修养，增强了社会道德，最终实现了人格的提高，达到了人与人之间、人与自然和生活环境之间的和谐。由此可见，奥林匹克运动文化艺术性的特征，使得奥林匹克运动的内涵更加丰富和深刻，对人们的生活产生了重要的影响。

（3）丰富性特征

奥林匹克运动文化主要包括物质文化、制度文化和精神文化等内容。从狭义上来说，奥林匹克运动是一种对人的思想、社会行为的影响和与之相关的各项文化艺术的活动。奥林匹克运动用体育竞技、音乐、舞蹈、美术、建筑艺术、雕塑、文学、影视等不同的文化形式来展示自身的魅力，挖掘人类社会中一切美好的事物。

奥林匹克运动的历史悠久，在不断发展的过程中逐渐形成了自己特有的文化模式，其文化内容也越来越丰富。从物质文明到精神文明，从个体到社会、从具体到抽象，各种文化形式和艺术手段都能在奥林匹克运动中找到自己的一席之地，它可以说是人类文明成果的一次综合展示，体现并推动着人类文明的发展与进步。

（4）先进性特征

奥林匹克运动中文化的先进性是指奥林匹克运动代表和传播的是一种符合社会发展方向和人民愿望的文化，是人类社会发展中产生的具有积极指导意义的催人向上的文化。这种文化体现了人类的崇高理想，体现了对未来社会的憧憬和追求，体现了世间难得的真诚、美和公平正义。在奥林匹克运动中，它主张人的和谐发展、友好相处，进而建立一个和平而更美好的世界；它蕴藏着人类的竞争、创新、友谊等卓越品质，并使体育价值、社会价值和个人价值联系在一起，英雄主义、集体主义和爱国主义高度一致；它强调以人为本、人的和谐发展；它积淀了丰厚的人文精神，体现了人们对真、善、美的追求。总之，奥林匹克文化实质是激励人们拼搏进取、奋力向上，维护人的尊严，推动社会和平进步的文化。

（5）多元性特征

奥林匹克运动起源于古希腊，在奥林匹克运动长期的发展过程中，一直就以西方文化为主导。但随着现代奥林匹克运动的不断发展，奥林匹克运动呈现出多元化发展的趋势。比如，在第一届奥运会时，只有 13 个国家的 311 名运动员，其中大部分来自欧洲和北美，而到了 2012 年的伦敦奥运会，已经有 205 个国家参加，以及成千上万名参赛者、志愿者、观众、行政人员等，共同组成这次体育盛会。在走向世界的同时，奥林匹克运动的文化也体现出兼容性和多元性。奥运会在不同国家举办有不同的文化特色，从开幕式到闭幕式，从体育比赛到艺术活动等，异彩纷呈，争奇斗艳。奥运会吸纳的民族传统的体育项目中，如美国篮球、巴西足球、日本柔道、韩国跆拳道等皆折射一种文化，根植于民族文化的土壤之中。不同的文化特色彼此兼容，取长补短，汇聚发展成为五彩缤纷的多元文化。正如国际奥委会执行委员会委员，中国奥委会名誉主席何振梁先生所说："从一百多年奥林匹克运动的历史看，它之所以成功，原因之一是它对多种文化的兼容和尊重。这个明智的政策不仅确定了奥林匹克运动的多文化性，也使它更具吸引力和凝聚力。可以毫不夸张地说，多文化性正是奥林匹克运动的财富和力量所在。"[1]

（三）奥林匹克运动格言与思想体系

1. 奥林匹克运动格言

"更快、更高、更强"是奥林匹克运动的口号，也是它的格言，这一格言充分地表达了奥林匹克运动所倡导的不断进取、永不满足的奋斗精神。奥林匹克运动格言有着深刻的内涵，它不仅表现在竞技运动中要不畏强手、敢于斗争、敢于胜利，而且还鼓励人们在自己的生活和工作中不甘平庸，要朝气蓬勃，永远进取，超越自我，将自己的潜能发挥到极限。

2. 奥林匹克运动思想体系

奥林匹克运动思想体系包括奥林匹克主义、精神、理想、宗旨和格言，共同构成了奥林匹克运动完整的体系。

（1）《奥林匹克宪章》

现代奥林匹克运动在其发展过程中，形成了一个完整的体系。这个体系由思想体系、组织体系、活动体系 3 大部分组成。奥林匹克运动的思想体系包括奥林匹克主义、奥林匹克精神、奥林匹克理想及其宗旨和格言等，它们都属于一个统一的范畴，包含在《奥林匹克宪章》中。

第一部《奥林匹克宪章》是由皮埃尔·德·顾拜旦亲自制定的，于 1894 年 6 月在巴黎召开的国际体育会议上正式通过。其主要内容包括奥林匹克运动、国际奥林匹克委员会、国际单项体育联合会、国家奥林匹克委员会和奥林匹克运动会 5 个部分。它是国际奥林匹克委员会为发展奥林匹克运动所制定的总章或总规则，为国际奥委会所承认的国际单项体育组织、各国（地区）奥委会所应遵循的总的活动规范。在奥林匹克宪章中，对奥林匹克运动宗旨、格言、标志等都有明确说明。

（2）奥林匹克主义

奥林匹克主义宣扬的是一种增强人的体质、意志并使之全面发展的生活哲学。这一哲学强调体育不仅是一种健身方法，而且是一种反映人类理想的健康的生活方式。奥林匹克主义

---

[1]　何振梁. 奥林匹克运动的普遍价值与多文化世界 [J]. 体育文化导刊，2002（02）.

谋求把体育运动与文化和教育融合起来，创造一种在努力中求欢乐、发挥良好榜样的教育价值并尊重基本公德原则的生活方式。奥林匹克运动，是从现代奥林匹克主义中诞生的一种社会运动，其目的是通过组织没有任何歧视和符合奥林匹克精神的体育活动来教育青年，从而为建立一个更加和平和美好的世界作出贡献。

（3）奥林匹克理想

奥林匹克运动提倡人的全面发展，提倡人类社会的和谐与公正，提倡建立一个和平而更加美好的世界，这就是奥林匹克的理想。这是人们一种愿望的寄托，希望人类自己去求得团结、友谊、进步，正因如此，奥林匹克运动才获得了持续不断的发展。

（4）奥林匹克运动宗旨

奥林匹克运动旨在通过体育活动，增进青少年身心健康，促进世界相互了解和建设一个更加美好和平的世界。这一宗旨具体体现为：使体育运动为人类的和谐发展服务，以提高人类尊严；以友谊、团结和公平竞赛的精神，促进青年更好地相互了解，从而有助于建立一个更加美好和平的世界；使世界运动员在每 4 年一次的盛大节日 —— 奥林匹克运动会中欢聚在一起。

（5）奥林匹克会旗

奥林匹克会旗为白底，无边，中央是 5 色的奥林匹克标志。奥林匹克标志由 5 个奥林匹克环组成，5 环自左至右互相套接，颜色分别为蓝、黄、黑、绿、红。上面 3 环是蓝、黑、红，下面两环为黄、绿；在使用中也可以 5 环均为单色。根据 1991 年的最新版的《奥林匹克宪章》"奥林匹克标志"词条的附则补充解释，奥林匹克旗和 5 环的含义，不仅象征 5 大洲的团结，而且强调所有参赛运动员应以公正、坦诚的运动员精神在比赛场上相见。

（6）奥林匹克徽记

它是由奥林匹克标志加上其他特殊部分组成的图样，必须经过国际奥委会执委会的批准。最多见的奥林匹克徽记为各国奥委会的会徽和各届奥运会的会标以及历届奥林匹克代表大会和国际奥委会全会的会标。

（7）奥林匹克会歌

它是希腊著名作曲家萨马拉斯于 1896 年创作的。原是献给第 1 届奥运会的赞歌，后由希腊诗人帕拉马斯配词而成《奥林匹克颂歌》。1958 年国际奥委会在东京举行的第 55 届全会上，正式决定将雅典奥运会演奏的赞歌作为奥林匹克会歌。

（8）奥林匹克圣火

古希腊在每届奥运会举行以前，人们都要高举着在赫拉神庙前点燃的火炬，奔赴各个城邦，去传递停战的神谕和奥运会召开的消息。现代奥林匹克运动创立以后，最初并没有承继这个传统。直到 1920 年安特卫普第 7 届奥运会上，为了悼念第一次世界大战中死去的人们，主办者在主会场点燃了象征和平的火炬，但没有进行火炬传递活动，火种也不是从奥林匹亚采集的。1934 年，国际奥委会在雅典正式作出决定，在奥运会期间，从开幕到闭幕，主会场要燃烧奥林匹克圣火，并且火种必须采自奥林匹亚，以火炬接力的形式传到奥运会主办城市。从此，圣火传递成为每一届奥运会必不可少的仪式。

二、足球在奥林匹克运动中的发展

（一）奥林匹克运动会足球赛事简介

奥林匹克运动会足球比赛是隶属于国际奥委会的一项国际性足球比赛，从 1900 年开始就已经成为奥林匹克运动会的比赛项目之一。

1896 年在希腊举行的第 1 届奥林匹克运动会上，足球是表演赛的项目。从 1900 年第 2 届奥运会起，足球被列为正式比赛项目。国际奥林匹克委员会章程规定，只有业余的足球运动员才能参加奥运会的比赛。1979 年又补充规定，欧洲和南美国家，凡参加过世界杯赛的运动员，一律不能参加奥运会足球赛。其他国家的运动员不受此限制。按规定，经过预选赛进入奥运会足球决赛阶段比赛的共 16 个队，即欧洲 4 个队，亚洲和非洲各 3 个队，北美洲、南美洲各 2 个队，再加上上届冠军队和本届举办国队。近几届决赛阶段的比赛是先分 4 个组进行预赛，每组前 2 名再编成两组用交叉比赛的方法进行复赛。复赛中两个组的第 1 名决冠亚军，两个组的第 2 名争第 3、4 名。

（二）近几届奥运会男子足球比赛前 3 名

最近几届奥运会男子足球比赛的前 3 名如表 3-1 所示。

表 3-1 最近几届奥运会男子足球比赛获前 3 名的国家

年份	举办地	冠军	亚军	季军
1980 年	莫斯科	前捷克斯洛伐克	德国	前苏联
1984 年	洛杉矶	法国	巴西	前南斯拉夫
1988 年	汉城	前苏联	巴西	民主德国
1992 年	巴塞罗那	西班牙	波兰	加纳
1996 年	亚特兰大	尼日利亚	阿根廷	巴西
2000 年	悉尼	喀麦隆	西班牙	智利
2004 年	雅典	阿根廷	巴拉圭	意大利
2008 年	北京	阿根廷	尼日利亚	巴西
2012 年	伦敦	墨西哥	巴西	韩国

第四章 足球运动的教学与训练

学海导航
XUEHAI DAOHANG

足球运动的教学与训练是足球运动的重要内容，是足球运动水平提高的重要途径。本章对足球运动的教学与训练进行介绍，涉及足球运动教学与训练的概述、足球运动教学与训练的原则、足球运动教学与训练的方法以及足球运动教学与训练文件的制定，其中足球运动教学与训练的原则与方法是本章重点。通过本章的学习，学生要了解足球运动教学与训练的基本知识，在足球运动教学与训练时遵循原则，并合理选择方法，不断提高自身足球运动水平。

第一节 足球运动教学与训练概述

一、足球运动教学和训练理念的确立

在很长一段时间内，凭借超群的足球运动技术、出众的身体条件就能在世界足坛占有一席之地。但现代足球运动的发展使得全攻全守的整体型战术日臻完善，也给足球运动的教学和训练带来了新的启示，包括如下理念。

（1）足球运动的教学和训练必须与比赛紧密联系，因此必须要在教学和训练中综合提高足球运动员的技战术及身心方面的能力。

（2）足球运动教学和训练的前提必须为提高足球运动员的实战能力服务，使足球教学和训练能够在比赛氛围下进行，从而解决球场上的各种问题。

（3）足球运动的教学和训练的内容及方式方法必须从足球比赛中得来，其检验方式就是能在足球比赛中体现出来，并最终能同步提高球员和球队的实力和竞争力。

以上这些关于足球教学与训练的理念是人们在对足球运动深刻理解的基础上，通过失败的教训和成功的经验而总结出来的基本的教学和训练思路，是现今足球发达国家对足球教学训练理念指导下的现实实践活动的认识，因此在我国足球的教学和训练中应当借鉴这些理念。

综上所述，在我国足球教学与训练中，确立与我国足球运动发展相适合、与我国足球运动实战需要相符合的教学训练理念具有十分重要的理论和现实意义。

我国足球教学工作者及足球训练界专家应对这一理念进行充分的反复论证，以便对我国足球教学训练中长期存在的问题能够有一个清晰的认识，为改变陈旧的足球教学和训练观念

作出正确的理论指导，进一步确立和落实足球运动教学和训练的理念。最重要的是，要想方设法在足球的教学和训练实践中将其彻底地贯彻和实施，从而提高我国足球运动教学和训练的水平。

二、足球运动教学的发展趋势

当前我国足球运动的教学正呈现出立体化的特点。具体来说，足球运动教学的发展趋势主要有以下几个方面。

（一）教学理论与方法不断完善

足球教学的理论与方法的不断完善是我国足球教学的一大发展趋势。

经过多年的足球教学实践，我国足球教学也积累了相当可观的经验，一些学者在对足球教学的理论方面进行不断的研究，也取得了一定的成果，这些都丰富和完善了我国足球教学理论。随着足球教学实践的继续和足球教学改革的深化，新的教学理论和方法也在不断出现，我国的足球教学理论与方法得以不断完善。

首先，许多先进的科技成果不断运用到教学中去，这促使了足球运动教学中出现了许多新的手段，虽然尚不能广泛普及，但这对我国足球运动教学来说无疑是一种可喜的进步。另一方面，新的国家体育教育教学目标要求高校培养更多的全面发展的高素质人才，因此足球教师也正在不断尝试进行教学理论的探究和教学方法的创新，新的教学方法不断投入教学实践，效果也非常好，有效地调动了学生的主动性和积极性，加深了学生对足球运动技术的认识，提高了学生在球场上"用脑子踢球"的能力。

（二）教学内容的选编更加合理

随着人们对足球运动教学认识的不断加深和当今社会对人才的高标准要求，足球教师对足球教学内容的选编也变得更加合理。

（1）为了进一步培养学生的全面素质，足球运动教学中不仅安排了足球技术的教学，还更加重视学生对足球理论知识的掌握，包括足球运动的基本历史知识、足球运动的基本保健知识，足球运动道德等诸多方面。这一变化将能够在帮助学生掌握足球运动的技能的基础上，丰富其足球理论知识，使其不仅可以直接参与运动，还可以用更加犀利的视角去欣赏比赛，并提高自身的体育素质水平，有利于学生在各个方面的全面发展。

（2）由于教师对教学过程中学生地位的更加重视，因此在内容选编时对学生的需要进行更多的考虑，开始积极引入一些新的教学内容，丰富足球运动的教学的内涵，从而能够满足不同学生的不同需求。教师教学内容的选编能够充分考虑到学生之间存在的个体差异，从而对不同水平的学生都有兼顾，同时对教学内容的安排轻重结合，以更好地发挥足球教学内容的作用。

（三）课程目标的制定更加科学

现阶段，我国体育教学的总体指导思想包含3大概念，即健康第一、以人为本、终身体育，在这些思想的指导下，我国的足球教学目标的制定变得更加科学。我国足球教学中课程目标方面的发展趋势具体表现为以下内容。

教学内容的安排和教学方法的选择都将从实际出发，以学生需求为标准，目的是使学生切实掌握足球技能，并能在以后继续长时间地坚持，重点突出课程目标的科学性，并依此为指导依据组织足球运动的教学。

（四）教学组织的形式更加完善

目前，我国足球教学已经彻底改变了之前全体学生一起上课的传统教学组织形式，开始尝试并逐步实施了分班教学和分组教学。传统的教学组织形式中，教师对学生无法面面俱到，这种形式不仅会影响到教学效果，对于学生对足球的兴趣提升也没有很好的效果。新的教学组织形式中，教师则能够对所教学生进行数量上的控制，这一做法有利于教学的顺利进行，师生之间也能够有良好的互动交流，有利于教学目的的顺利实现。

由于分组、分班教学是根据学生的具体情况进行划分的，可以是按照学生运动的实际能力水平进行的分组、分班，也可以是按照性别进行的分组、分班，能够使足球教学更加有针对性，做到因材施教。因此，实施分班、分组教学是我国足球运动教学组织形式完善的重要表现，值得进行大力普及和推广。

（五）更注重教学中学生的参与

足球运动教学的目的是将足球知识与足球技能传授给学生，因此，学生在教学中的地位是最为重要的。学生是教学的主体，没有学生，教学也就无从谈起。以人为本的思想是我国足球教学的重要思想，在足球教学中注重学生的参与已成为一大发展趋势。在足球教学中更加注重学生的参与主要表现在以下几方面。

（1）在足球教学中，以学生自身的需要为根据选择教学内容。

（2）在教学过程中，注重教师和学生间的交流。

（3）在足球课程教学结束后，重视对学生的课余训练的指导。

综上所述，要在足球教学的全过程中都有学生的参与。只有这样，才能使高校足球教学更加完善。

（六）考核标准的确定更加合理

在足球运动的教学中，考核是检测学生学习效果的重要手段，可以判断教学目标实现的程度，考核标准的确定更加合理是我国足球教学发展趋势之一。

在以前，我国足球教学采用的考核方式是结合学生在日常教学中的行为表现，对学生技术运用的情况进行评分来对学生进行整体评价，这种评价方式简单，评价结果很可能并不公平，从而无法准确反应学生的实际情况。随着体育教学改革的进行，足球教学的评价趋向于对学生学习过程的评价，包括学生出勤情况、课堂表现，还包括各种主客观评价。这些评价不以学生某项技战术的掌握为标准，能够体现出学生在学习过程中的学习态度和锻炼效果。

通过这种方式可以看出，我国高校足球教学考核标准的确定越来越合理。

三、足球运动训练的发展趋势

（一）加强组合技术的训练和培养

通常情况下，组合训练包括组合训练原则、内容、负荷、方法以及安排5个方面。足球组合训练的理论主要是针对高水平足球运动员的状态，即体能素质、技战术水平、心理素质、比赛经验等来提出的。

足球训练是一个系统而复杂的学习过程，运动员应充分发挥自己的创新能力，加强足球运动各种组合技术的训练和应用，全面掌握足球运动的停、踢、顶、抢等各种技术动作以及技术方法之间的有机联系，并在其基础上加强创新，这不仅是运动员理解和掌握足球技战术的有效方法，也是运动员提高运动成绩的根本途径。

（二）重视足球竞赛的组织和参加

重视和利用竞赛的杠杆作用，以赛促练，是足球运动教学训练中提高运动员足球竞技水平的重要发展趋势。建立多层次的比赛体系，对足球比赛合理运作应进行以下几方面的改革。

（1）体育管理部门积极参与建立区域内、区域间的足球竞赛体系，以促进不同区域之间的足球训练成果的交流，增加运动员比赛实践的机会。

（2）突出足球竞赛的特色，使足球竞赛具有文化性，为足球运动员营造新的竞赛感觉，让他们感受到深深的文化气息。

（三）增加足球训练经费投入

训练经费不足是影响我国足球训练的重要因素之一，重视足球训练，增加足球训练经费的投入将是未来一段时间内我国足球运动的重要发展趋势之一。

增加足球训练的经费投入，运用政策和竞赛机制的干预，将有利于运动员足球竞技水平的提高。

（四）加大足球基础设施建设

对于足球运动训练来说，足球场地、训练器材等硬件设施建设是促进提高足球训练水平的重要物质保障。主要包括以下两方面。

（1）在足球运动训练过程中，相关部门及领导要加强重视，进一步完善足球场地、器材等基础设施建设。

（2）要进一步利用现代高科技设备和仪器服务于运动员的足球训练，从而为足球训练提供量化的生物学、生物化学指标，使足球训练工作更有针对性、更加科学。

第二节　足球运动教学与训练的原则

一、足球运动教学的原则

足球不是一项简单、无序的教学活动，因此它需要系统和全面的教学计划。而为了使教学达到最佳效果，教学活动还需要遵循多项原则才能更好地开展。足球教学原则是通过不断的足球运动实践和相关理论研究得出的有益结果发展而来的，只有当足球教学遵循这一原则开展时才能使学生从中真正受益，满足他们对足球运动学习的需求。

（一）主体性原则

足球教学的主体性原则是指在足球教学中，教师选择的教学方法、教学内容等一系列与教学活动相关的事宜都不能够与作为教学主体的学生的需要和特点相脱离。学生同时也要在教师的指导下积极配合教师的教学工作，并在充分发挥学生主体性、自主性和创造性的基础上更好地掌握足球运动理论和技战术知识。足球运动教学中遵循主体性原则应注意以下几点。

1. 足球运动教学是教与学的双边活动

要求教师在足球教学中尊重学生的主体地位，体现学生的主体精神，使学生的积极性、创造性得到充分的发挥，引导学生积极思考、勇于探索、刻苦训练，自觉掌握足球理论和技战术方法，提高自主观察问题、分析问题和解决问题的能力。

2. 发挥教师的主导作用

足球运动对动作操作思维、战术思维和快速反应能力都有很高的要求，因此，在足球运动教学的过程中，教师要以提高学生的运动能力和思维能力为核心，运用设疑、联想、比较、形象等教学方法，充分启发学生积极思维，从而最大限度地挖掘学生的运动潜力。

3. 引导学生明确学习目的

学习效果与学习动机密切相关。如果学生的学习目的不明确，那么就会导致学习动机不正确，自觉、积极地学习也就成为笑谈。

4. 培养学生学习足球的兴趣

兴趣是形成学习动机的重要因素，虽然学习动机可能是暂时的，但潜移默化中可能转化为长期的主动学习动机。足球运动有着很高的趣味性，因此在教学中教师应采取丰富多样的教学方法，使学生对足球运动的兴趣转化为执著的热爱，使其学习的积极性更高、更持久。

5. 建立民主平等的师生关系

在足球运动的教学过程中，创造一个生动和谐的教学环境很重要。在教学实践中，教师

要明确了解到学生的个性差异，采用科学方法发展学生个性。建立民主的师生关系，平等对待每一个学生。

（二）实效性原则

足球运动教学的实效性原则，指足球运动教学活动要本着从学生学习的实际出发，认真了解和解决教学过程中遇到的主要矛盾和次要矛盾，使教学更加具有针对性、专业性和务实性，从而能够在有限的教学时间内，使学生更多、更快、更好地掌握足球运动知识和提高身体健康水平。足球运动教学过程中遵循实效性原则应注意以下几点。

1. 选择合理的教学方法

教学方法是实现教学目的、完成教学任务的手段，直接影响教学任务能否完成和教学质量的高低。教师在足球的技战术教学中，要深入研究教材和教法，充分利用先进的教学方法和手段，精讲多练。

2. 勤于调查研究

这是要求体育教师在足球运动教学中不要仅仅满足于现有的足球教学理念和标准。随着时代的发展，学生们对于足球运动学习的需求也在随时发生着变化，因此教师就要不断发现新问题，对其进行分析，并找出解决问题的方法。在足球运动教学过程中，教师应重视教学的实际效果，根据学生的实际情况及时调整教学方法和练习形式。

3. 用唯物辩证法指导教学工作

在足球运动教学中，教师要一切从实际出发，把握事物的本质，从而得以全面、准确地把握教材内容，深入地分析技战术内涵，抓住教学难点和教学重点。

（三）直观性原则

足球运动教学的直观性原则是指教师利用学生的感官和已有经验，以最为直白的视觉、听觉和肌肉本体感觉作为信息接收方式，使学生快速在头脑中建立起对足球技战术的生动表象和感觉，从而通过这种方式达到掌握足球技战术和足球技能、发展思维能力的目的。一般在现代足球运动教学中经常采用的直观教学有动作示范、战术板讲解、视频、技战术演示图片等多种形式。足球运动教学中遵循直观性原则应注意以下几点。

1. 明确教学目的和要求

教师要根据教学任务、教材特点、学生情况等，有目的地使用直观教学方法。例如，对于水平一般的学生，应当多使用动作示范、技术图片等，也可以把学生自己的动作录像重放，与正确的技术动作进行比较，从而使其对错误动作进行自我纠正。

2. 利用学生感官教学

在教学中充分利用学生的视觉、听觉以及肌肉本体感觉等各种感官，使学生明晰足球技战术表象，激发学生的学习积极性。

3. 要善于启发学生思维

学生正确表象的形成要依靠积极的思维活动，因此，在教学实践中要不断启发学生的思维，并与技战术的练习紧密结合，从而提高教学质量和效果。

（四）循序渐进原则

足球运动教学的循序渐进原则是指教学工作应当按照学科的逻辑系统和学生的认知规律，遵循由简单到复杂、由低级到高级、由单一到组合的规律，循序渐进地组织教学，使学生逐步掌握知识、技术、战术和技能。足球教学中遵循循序渐进的原则的运用应注意以下几点。

1. 注意教学内容的系统性

体育教师要根据教学大纲的要求，合理安排教学进度和课时计划，教学进度应当符合足球运动的规律。运用由易到难、由简到繁的顺序安排教学活动，使训练从无对抗到有对抗，运动量逐渐增加。

2. 注意教学方法的系统性

体育教师应根据足球技战术形成的规律，从认知泛化阶段、分化阶段到自动化阶段，依次依据动作技能形成的阶段性特点组织教学，并针对不同阶段采取不同的教学方法。

3. 注意安排适宜的运动负荷

运动负荷是足球教学课计划的重要组成部分，在足球运动的教学中，要合理安排恰当的生理和心理负荷。由于大多数学生之前都没有参加系统足球训练的经验，所以他们的身体素质也不尽相同。这就凸显出为大学生安排符合他们身心特点的运动负荷的必要性。负荷太弱，不能引起机能和心理状态的变化，也不能发展体能，更无法满足学生对足球学习的需求；如果负荷太强，又会过度透支学生的体能，且运动中还极易造成运动创伤。

（五）对抗性原则

足球运动教学的对抗性原则是指在足球教学中要注重将技战术与身体对抗相结合，从而使学生能够适应在高强度的对抗中自如运用足球技术和战术。对抗性原则是由足球运动本身的特点决定的，当前足球运动更加展现出了其对抗越发激烈的发展趋势。因此，对抗性原则将会长时间作为足球运动和足球教学的特点和原则。

足球运动教学中的对抗性原则要求教师深入研究足球运动攻守对抗和转化的规律。在足球运动中，进攻和防守是一对辩证统一的矛盾，两者相互制约，彼此相辅相成。因此，足球运动教学的对抗性原则应注意以下几点。

（1）教师在制订教学进度和课时计划时，要恰当地处理进攻和防守教学内容的关系，使足球攻守内容尽快同时出现。

（2）教师在设计教学方法时，应尽可能使练习方法综合化。用防守制约进攻，并使进攻技术得到提高；或用进攻制约防守，使防守技术得到提高。有意识地提高攻守对抗强度，真正实现在攻守对抗中学习技战术，从而提高足球教学质量。

（六）综合性原则

足球运动教学中贯彻综合性原则是由足球运动的特点和规律决定的。足球运动项目有着集体性、技能的综合性、战术的多变性以及攻守的对抗性等特点。这就要求教师在进行教学时，突出教学内容的游戏性、竞争性和趣味性。

足球运动教学中遵循综合性原则应注意以下几点。

1. 要把技战术教学和学生足球意识的培养结合起来

把技战术训练和学生的作风培养结合起来，能有效地全面提高学生的身体素质、心理素质、技术水平、战术水平、智力水平和道德品质。

2. 要选择简单实用、多样化的教学方法和组织形式

这种形式能有效提高学生的学习兴趣，使学生掌握更多的练习手段和方法。

3. 要注意新旧教材的搭配组合

教师要注意，在教学内容上，注意足球单项技术、组合技术与综合技术的结合，以提高学生综合运用技术的能力。

4. 要充分利用现代教学手段和技术

通过图表、照片、电视、电影、多媒体等辅助教学手段，使学生直观、形象地掌握足球技术动作和方法，提高学生的技战术水平和运动能力。

二、足球运动训练的原则

（一）系统性原则

系统性是指从训练开始直至运动员的技术水平达到一定程度这一过程中，运动员的水平是必须不断提高的，因此要求训练内容前后连贯、紧密相关而不中断。训练的任务、内容、要求和指标必须层层衔接，其目标就是打好基础，培养优秀的足球人才。

足球运动要经过多年的系统性训练，才能取得较好的成绩。时间短、计划散乱及内容脱节，是不可能达到较高水平的。不同的训练时期，训练内容都是紧密相连、相互影响和相互制约的。

遵循系统性原则，就是因为足球运动的理论知识、技战术内容，都有其内部的系统性和联系。动作技能的掌握与提高，都有一定的规律，只有遵循这些规律，按运动项目本身的系统，持续不断地进行训练，才能取得良好的效果。足球运动训练贯彻系统性原则应注意以下几个问题。

1. 要正确确定训练的任务、内容、指标和要求

根据不同年龄运动员的现有水平，合理计划训练，做到由简到繁，由易到难，循序渐进，由浅入深，打好基础，切合实际，有利提高。

2. 要注意各个训练阶段的衔接问题

全面地考虑问题，实事求是地制订切实可行的计划，使训练系统化，以保证训练连贯性。

3. 合理安排训练和休息

对训练和休息的合理安排能够使运动员在恢复中逐步提高训练能力，防止运动创伤，以获得良好训练效应的积累。根据实际情况，在刚刚开始训练时可适当安排一个恢复阶段，可减小运动负荷量，逐步过渡到正常的训练，使运动员有逐渐适应的过程，以适应提高训练水平和参加比赛的需要。

（二）区别对待原则

区别对待原则是指在足球运动训练中要根据运动员各方面条件及不同训练条件和不同训练任务等，有区别地确定训练任务，对训练方法、内容、手段和负荷有相应的安排。

运动员的各方面条件都有所不同，如身体条件、承受负荷能力、心理品质和个性特征等，都有所差别，因此训练中要遵循区别对待的原则。始终贯彻区别对待原则，有利于发掘运动员的潜力，防止训练中个别人脱离整体的现象，只有进行正确的区别对待，有的放矢地进行训练，才能取得良好的训练效果。在遵循区别对待原则的同时，也要注意以下几个方面。

（1）全面了解运动员的个人特点。根据运动员身体机能和心理状态的不同特点，对训练进行合理安排。如对性格方面外向的运动员要多用强烈的语言刺激，反之，则多应采用缓和的语言进行引导。身体素质好的运动员应多采用专项训练，而身体条件一般的则应多采用一般性的训练。训练水平高的运动员负荷量相应增大，训练水平相对较低的运动员则要施加较低的负荷量。对理解能力较强的运动员可进行一些必要的讲解，而对理解能力较差的运动员或刚刚参加训练的运动员，则应多进行直观的动作示范和指导。教练员可通过形态、机能测试了解运动员身体情况，通过观察运动员的状态、对比成绩等方面，了解他们的情况，从而采取有效措施，因人而异，因材施教。

（2）全队及个人的特点是在训练当中反映出来的，其主要内容就是要有对个人的要求和对全队的要求，对于场上不同位置的运动员，应制订专门的训练计划，以满足实际需要。

（3）区别对待原则要始终贯穿到整个训练中，涵盖在每次训练课当中。除有共同要求外，都要针对运动员自身的不同情况提出要求，并采取相应的措施，处理好每个环节。

上述各项训练原则是相互联系的，因此在训练中应认真地全面贯彻。

（三）周期性原则

在足球运动中，周期性原则就是始终按照一定的周期循环，周而复始地安排训练。参与足球运动训练的运动员，其下一个训练周期的要求和水平都应在前一个周期的基础上有所提高。

通过训练，运动员的竞技能力可以在一个周期的训练中达到最佳的状态，我们通常称这种状态为竞技状态。竞技状态是通过长时间的训练培养出来的，这个时期可以称为状态获得阶段。竞技状态形成后，可以稳定在一定的时期内，叫作竞技状态保持阶段。但是它有一定的保持时期，保持时期过后，竞技状态就会下降，这一阶段叫作竞技状态下降阶段。

通常情况下周期训练划分为 3 个时期，即准备期、竞赛期、休整期，前一周期即是下一周期的积累，每一个周期都是在原来周期基础上有新的目标。适当变换训练思想、内容和方法，以求周期性地提高运动成绩。

1. 发展阶段

根据竞技状态的规律，可以确定足球运动训练的周期性。竞技状态是运动员获得优异运动成绩所表现出来的最适宜的准备状态，获得竞技状态离不开长期的刻苦训练。这一发展过程主要有以下 3 个阶段。

（1）形成阶段

经过较长时间训练，引起运动员机体适应性的变化，机体能力、身体素质、心理品质和专项技术、战术不断得到提高，从而形成了统一的、具有专项化特征的竞技状态。

（2）保持阶段

竞技状态属于稳定期，在参加比赛时，通过充分发挥出运动员的运动潜力，创造优异的成绩。

（3）消失阶段

由于长时间的训练，很容易造成疲劳的积累，运动员各方面的身体机能都处于衰退趋势，因此需要一个恢复的阶段，达到消除过度疲劳的目的。由此可看出，竞技状态的发展和疲劳之间的练习，形成了一个训练周期。经过不断的调整、恢复、训练的过程，达到新的训练周期。

2. 需要注意的问题

竞技状态发展中的 3 个阶段是紧密相连的，形成一个周期性的循环。根据竞技状态发展的这一规律，运动训练过程也应周期性地予以组织实施。依据以上竞技状态的规律来遵循周期性原则，需要注意几个问题。

（1）划分训练周期时，为加强基础训练，应当将准备期计划的时间设定得较长。竞赛期应根据比赛的具体情况进行时间上的安排。

（2）足球运动训练应重点训练身体素质和基本技术，承担比赛任务的运动员，应全身心为比赛做好准备，对平时非主要的比赛，可用训练的心态迎接，这一环节应特别重视，从而使整个计划具有完整性和系统性。

（3）周期结束时，总结经验非常重要，要抓住主要问题存在的原因，分析、解决及改进问题，并根据训练的总体目标，合理安排下一周期的训练，使其能在前一周期训练的基础上，提高运动员的训练水平。

（四）一般训练与专项训练相结合的原则

一般训练与专项训练相结合原则是指根据足球的特点、对象的水平和训练的不同时期、不同阶段的任务，把一般训练与专项训练结合起来，以促进训练水平的提高。

足球运动训练可以采用丰富多样的非专项方法，对运动员进行全面训练，促进其身体形态、机能和身体素质全面协调发展，增强体质，发展健康，同时可以对非专项的理论知识有所了解，为足球运动训练水平的提高奠定良好的基础。

足球运动训练可以采用专项或与专项相类似的练习来发展运动员的专项素质，掌握理论知识及技战术方法，为提高运动成绩做好充足准备。

足球运动训练中之所以要遵循一般训练与专项训练相结合的原则，是由于身体素质与技术动作之间是相互影响、彼此制约的关系，只有当运动员在良好的一般训练基础上，使身体各方面及各种身体素质得到高度全面、协调的发展，并掌握大量动作技能储备的情况下，专项训练才能取得预期理想的效果。在足球运动训练中，贯彻一般训练与专项训练相结合原则，通常应注意以下几点。

1. 要科学安排训练比重

确定一般训练与专项训练的比重，首先要根据足球专项的特点来安排。对难度大、技术复杂的动作，一般训练的比重可相对少些，专项训练的比重可大些。而对技术、战术都比较复杂，对体力要求也较高的动作，则两者比重可较为接近。

除此之外，要注意阶段性的运动员的训练培养，初次参加训练阶段的初学者，主要进行一般训练，以后随着年龄的增长，水平的提高，一般训练的比重可适当降低。足球运动训练，当运动员在基础训练阶段时，主要进行一般训练，打好各方面的基础，等到熟练掌握后，再逐步进行专项训练。在专项训练的初期，专项训练也具有多项性质，逐渐过渡到单一专项，而在整个专项训练阶段，一般训练仍要保持适当的比重，应根据训练实践的变化，及时调整两者的比重，使之处于最佳状态。

2. 一般训练的内容要合理

一般训练的内容要注重基础性和实效性，其结构应具有足球专项的运动特点，以便更容易将这些练习的效应转移到足球运动中去。比如对于速度、力量较好的运动员，一般训练应重点选择动作快、爆发力强的一般性练习。在基础训练阶段，一般训练应围绕打好身体和技术基础的任务进行。

3. 要始终将训练安排、主要任务、重点难点贯穿到足球运动训练的各个阶段中去

一般训练的练习，其主要目的就是要打好基础，因此要根据这一目的安排内容；专项训练的练习，则应根据专项的特点和需求进行安排，并应体现出各专项的特点，要在全面安排的基础上，突出重点，明确目的，力求精练，获得最佳效果。

4. 采取丰富多样的方法、手段

一般训练与专项训练的形式方法要符合运动员身心发展的特点。增强趣味性和多样性，既可以分别进行，又可以相互结合；可整套练习，也可循环练习；可专门安排一般训练课，也可在训练课中加入一些特定的内容，使两者有机地结合起来，提高训练的实效。可采用重复、变换练习法，也可适当采用游戏、比赛的方法。

（五）合理安排运动负荷原则

合理安排运动负荷原则是指在训练中要根据人体机能的训练适应规律以及运动员承受负荷的能力，循序渐进地加大负荷量，并将不同强度的负荷训练进行有效的结合，从而保证良好训练效应的积累。

合理安排运动负荷量对足球运动训练有着积极的影响，因为有机体是随着适宜负荷的变

化而变化的。足球运动训练实践证实，负荷量强度的大小是提高机能水平的关键因素。

要根据人体适应的规律合理安排训练负荷和训练任务。人体适应规律是运动负荷对人产生的效应。负荷的强度越大，对机体的刺激越深，引起的应激反应也越强烈，因此产生的变化也非常明显，其技能水平的提高迅速。训练时期的不同，负荷量也不尽相同。准备期的任务是掌握技术、全面发展运动素质、提高人体竞技能力，这一时期的负荷量和节奏都在有所增加，但强度要适中；比赛期负荷强度要增到最大，负荷量相对减少。过渡期主要是恢复阶段，一般负荷量、负荷强度要小。足球运动训练贯彻合理安排运动负荷原则，应注意以下几点。

1. 训练负荷的设定

运动负荷的设定要根据运动员的训练水平进行，并通过训练，稳步加大训练负荷，达到相应的训练目标。首先要根据运动员的年龄、技术水平，合理安排负荷，其次要掌握好负荷的节奏和强度。在一次大负荷训练后，应给予足够的时间恢复，并在今后相应地调整训练强度。在训练中还要综合考虑运动员的营养、作息和恢复等问题。

2. 正确处理负荷与恢复之间的关系

负荷训练会造成相应的疲劳积累，所以必须要保证一定的恢复时间，保证机体得到充分的恢复和超量恢复，为下次训练做好准备。负荷量和负荷强度是足球运动训练负荷的两个基本方面。前者反映训练负荷对机体刺激的量的大小，后者反映负荷对机体刺激的深度。反映负荷量大小的指标一般为时间、次数、重量、距离等。反映负荷强度大小的指标一般为远度、高度、速度、单位练习的负重量或练习的难度、密度。负荷量和负荷强度是统一的整体，彼此互相影响，关系紧密。负荷量以负荷强度为基本条件，所有的负荷强度又都以一定的量为基础。

3. 有节奏、逐渐地安排负荷

运动员对训练负荷会产生一个适应的过程，各方面的适应并非是同时进行的，所以要逐步提高，由小到大，有节奏地安排，采用大、中、小负荷相结合，不同性质的负荷交替安排，使负荷波浪式地发展提高，以获得良好的训练效应。

4. 正确处理负荷量与负荷强度的关系

在一个大周期的训练中，一般是准备期优先增加量，中期阶段要加大负荷量，后期阶段逐渐下降，总体形势呈波浪形势发展。同时开始较大地提高强度，在准备期的后期达到较高水平。

在竞赛期训练负荷强度要继续提高，并达到周期训练的最高峰，以迎接重要的比赛，与此同时，负荷量要下降到最低。如果竞赛期较长，则中间可适当降低强度，增加量，然后再降低量提高强度，达到强度的第 2 个高峰。后期恢复时，负荷量与强度均呈急剧下降趋势，使运动员得到很好的休整。

在安排足球运动训练运动负荷时，还必须考虑运动员的营养状况与其他活动的负担等情况。

第三节　足球运动教学与训练的方法

一、足球运动教学的方法

（一）讲解示范法

讲解教学法是指体育教师在足球教学过程中采用简单、直白的语言讲解技战术要点等，以使学生通过听觉器官了解足球教学内容的教学方法。在足球运动的教学实践中，教师要掌握好讲解的时机，突出重点，分清主次，把握好难易程度。

而示范教学法则是指教师在教学过程中运用多种方式使学生通过多种感官直接了解知识的教学方法。比如在教学中直接或通过录像等方式演示足球的技术动作、战术配合方法等，从而让学生通过观看学到足球技能的方法。在足球运动教学实践中，教师必须准确把握好示范时机和示范面，正确示范。

（二）学习教学法

学习教学法是依据足球教学目的、教学任务以及初始测验的结果，把教学内容分解成不同的目标分类体系，然后根据这一体系制定出相应的评价方法。

在足球运动教学过程中，要对教学状态进行评价并将最后的评价结果反馈给学生，使学生能够对理解和掌握足球技战术有清晰的认识，最终达到提高足球教学效率的目的。学习教学法的整体模式如图 4-1 所示。

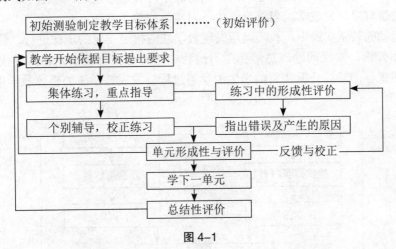

图 4-1

（三）纠错教学法

纠错教学法是教师通过纠正学生在学习当中出现的错误动作并及时针对错误给予针对

性的纠正的教学方法。

在足球运动教学实践中，要注意按先找出错误，再查出错误产生的原因，最后解决问题的步骤进行。具体来说可采用诱导法和条件限制法组织教学。

（四）合作学习法

合作学习法是在教学过程中对学生进行分组，使学生以小组的形式相互合作进行足球学习的教学方法。

在足球运动的教学实践中，可以依据自愿或随机的原则将学生分成若干个小组，让学生以小组为单位进行足球技术动作和战术配合的练习。在教学过程中要多运用小组练习、小组评价、小组竞赛等方法组织教学，同时对学生的分组搭配进行一些管控，以充分发挥学生技术骨干的作用，足球技能好的同学帮助基础差的同学，使学习成为学生之间的合作活动，从而使其在愉快的环境以及和谐的人际关系中完成学习任务。

（五）案例教学法

案例教学法是指在足球教学中选择一些经典足球比赛的录像或教学中遇到的正确或错误案例作为教学内容的教学方法。

通过案例分析，能使学生更好地理解和巩固足球的基本概念，进而归纳整理出基本的知识要素和要求，最后很好地掌握足球理论与技战术。案例教学法多用于足球战术配合的教学、竞赛组织编排和足球规则与裁判方法等内容。在足球运动的教学实践中，教师选择的教学案例必须能较好地反映教学内容，并且具有理论与实践意义。

（六）发现教学法

发现教学法，是指教师利用指导语的方式对教学内容进行改造，向学生提供大量观察和分析的直观教学材料，使教学内容符合学生学习实际的教学方法。

在足球运动的教学实践中，教师运用发现教学法应按照一定的步骤进行。首先让学生在课前预习基本知识，发现问题，然后在学习过程中主动寻找答案，并在其寻找答案的过程中给予必要的指导，最后分析和总结学生的学习过程。发现教学法的整体教学模式如图4-2所示。

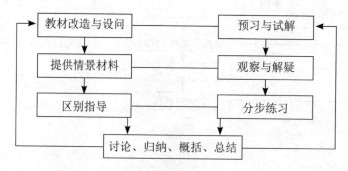

图4-2

（七）程序教学法

程序教学法是依据认知与技能形成的基本规律，将足球技术、战术教学内容分解成若干个相互联系、便于学习的多个步骤，同时建立起相应的评价信息反馈系统的教学方法。

在足球运动的教学实践中，学生应首先依据每一个步骤进行学习，然后对学习状况进行评价，最后依据评价的结果反馈学习效果，教师针对反馈信息有目的地、准确地组织接下来的教学工作。

二、足球运动训练的基本方法

（一）重复训练法

重复训练是指按照固定不变的动作结构和负荷量，在训练中进行重复的练习，从而形成固定的条件反射，促使技术动作定型。在足球运动训练中重复训练法比较常用，此法对于掌握与提高技术、战术，全面发展身体素质，培养意志品质等方面都有着积极向上的作用。

重复训练法对于间歇时间有着严格的规定，一般都是在运动员身体完全恢复的状态下进行训练。所以重复训练法往往适用于强度大的训练，强度甚至可以达到极限强度的90%以上。在发展最大速度、最大力量的训练中常用此法进行训练。在足球运动训练期间重复训练要注意以下几个方面。

（1）足球运动训练中，运用重复训练法，一般要注意以下两种情况：一种情况是在掌握技术方面，要严格地按照技术的标准要求进行训练，在负荷强度上不要求太高。但在训练中一定要保证足够的重复次数，其目的是为了巩固和掌握技术动作。但是，如果运动员连续出现错误动作，就应立即停止训练并加以纠正，以免造成错误动作定型。第2种情况是除了要重复次数之外，在训练量和训练强度这两个方面应循序渐进地提出高要求，使运动员在较困难的条件下也能够保证技术的正确性、熟练性。

（2）在训练身体素质方面，要在基本掌握练习的基本动作基础上采用简单实用的训练方法，在确定负荷强度、重复次数、练习数量时，要具体情况具体安排。相应地对初学者作出负荷量较小的安排，并在练习之间安排较充分的休息时间，随着训练水平的不断提高，对负荷强度、重复次数和练习次数进行逐步加强。

（3）采用重复训练方法时，要有明确的目标性和训练的积极性。重复训练法就是一个动作进行反复的练习，这种方法很容易产生逆反心理和注意力不集中，影响训练的效果，因此要求在训练时灵活地掌握一些方法，如游戏、间歇等方式，提高运动员对重复训练的兴趣。

（二）变换训练法

足球运动训练过程中进行有目的地变换单个动作组合、练习的负荷以及变换训练的条件、环境等的方法称为变换训练法。在枯燥和训练强度较大的情况下，合理地运用变换训练法有利于提高运动员的运动兴趣，并对神经调节和训练效果有很好的帮助。应用变换训练法，

负荷的变换、条件的改变和动作组合的改变都要具有渐进性，因此不能要求过高或是变化突然，要逐步地进行训练。

1. 变换训练常用方法

常采用的变换训练的方法有：改变动作组合的变换、改变负荷的变换、环境的变换和改变练习条件等几种方式。

（1）改变动作组合变换训练法

改变动作组合的变换训练法多用于技术训练，特别是针对足球中技术动作多、组合方式较为灵活多样的训练。采用这种训练法对提高动作的衔接能力具有重要的意义，同时对多样的技术动作要求更高，运动员可以通过多种感觉的获得，来提高机体神经调节的能力。

（2）改变运动负荷变换训练法

根据具体情况改变运动负荷训练方法，其主要目的就是提高机体对不同负荷的适应能力。通常用于发展足球专项速度耐力，常采用慢跑与冲刺跑相结合的负荷训练。

（3）改变练习环境和条件变换训练法

分别是改变练习环境和改变练习条件两种训练方法。改变练习条件的训练法，主要运用改变干扰的条件、场地器材条件、不同技术特点的对手在对抗条件下练习以及有无对手的条件等。这种训练的主要目的就是让运动员适应条件变换的能力，使身体素质和技术能力能够在不同的条件下都能够发挥稳定。改变练习环境的训练法，这种方法常用在适应比赛环境的训练方面，如根据比赛地点的情况，寻找与实战相似的地方进行训练。

2. 变换训练的注意事项

上述变换训练法，对于运动员有效提高机体对比赛的适应能力有很大的帮助，提高身体素质训练水平以及改进提高足球运动技战术也具有明显的效果。除此之外还有利于培养运动员的各种运动感觉，克服练习时所产生的单调枯燥感，提高训练兴趣和训练积极性，也有利于缓解疲劳。足球运动在进行变换训练时应注意以下几个方面。

（1）变换条件训练时，应灵活地进行考虑，根据情况合理安排，必须有利于技术、技能的巩固和身体素质的发展。

（2）在进行变换训练时，应有目的地进行变换训练，根据具体目标变换技术动作的组合、练习环境、运动负荷和条件等。

（3）在进行技术训练时，变换训练的要求达到后，要马上恢复到正常的训练状态。纠正错误动作，避免由于变换条件训练形成与比赛的正式要求不相适应的动力定型，增加或减少训练的调整间歇的时间和重复次数。

（4）随着训练水平的提高，应逐步增加训练的数量，提高每次训练的强度。

（三）循环训练法

循环训练法是在练习前设立几个不同的训练点，运动员按照既定顺序和路线，依次完成每个训练点的训练任务。即一个点上的训练一经完成，运动员就迅速转移到下一个点，下一个运动员依次跟上。运动员完成了各个点上的训练，就算完成了一次循环。

这种训练方法就叫循环训练法。其结构因素包含每点的训练内容、每点的运动负荷、训练点的安排顺序、训练点之间的间歇、每遍循环之间的间歇、训练的点数与循环练习的组数等内容。

循环训练法对技术的要求不高，且各个点都采用比较轻度的负荷训练，因此连起来简单有趣，可有效地提高不同层次和水平的运动员的运动情绪和积极性。可以合理地增大训练过程的密度，可以随时根据情况加以调整，做到区别对待，也可以防止身体局部负担过重，延缓疲劳的产生，交替刺激不同的体位，有利于综合训练，从而达到身体全面发展的效果。采用循环训练法要注意以下几个方面。

1. 训练点的内容和数量是根据训练目标确定的

由于训练具有连续性，因此训练的内容应是学生都已熟练的基础技术，并能很好地突出重点、难点。各点的练习应保证训练任务的完成，并应是运动员已经掌握的动作。其中应以某一点或某几点为重点，要保证重点的训练点的训练效果。

2. 根据不同特点，区别对待，确定负荷

练习负荷的安排要从每站练习的强度、数量、循环次数、间歇时间等全面考虑。每站的负荷一般为受运动员所能承担最大负荷的 1/3 ～ 1/2。循环一周的时间为 5 ～ 20 分钟，各站之间间歇一般为 15 ～ 20 秒。

3. 组合和变换循环练习的形式

实际训练中，可根据每个运动员的不同情况采用不同的循环练习，具体来说有以下几种方式。

流水式：即一站连一站的练习。

轮换式：即将全队成员分成若干组，各组在同一时间内练习同一内容，按规定时间一组一组地轮换。

分配式：即设立很多个练习站，可多达十几个，然后按运动员的具体情况分配每个运动员练习某项内容以及练习的次数。

（四）间歇训练法

在足球运动训练的过程中，对多次训练时的间歇时间作出严格规定，使机体处于不完全恢复状态下，反复进行训练的方法叫作间歇训练法。间歇训练法运用的关键是对间歇时间严格控制，使机体处于不完全恢复状态，要求每次训练的负荷时间较长、负荷强度适中。此方法可使运动员的心脏功能明显增强，通过调节负荷强度，可使机体各机能产生与锻炼项目相匹配的适应性变化，提高有氧代谢供能能力，增强体质。

与重复训练方法一样，间歇的时间也要依据负荷的有效价值去调节。一般来说，当负荷反应指标低于有效价值标准时应缩短间歇时间，而高于有效价值标准时可延长间歇时间。实践中，一般心率在 130 次 / 分左右时，就应再次开始训练。间歇时不要静止休息，而应边活动边休息，如慢速走步、放松手脚、伸伸腰或做深而慢的呼吸等，其中主要有以下几种训练方法。足球运动训练时，间歇训练要注意几个问题。

（1）要根据训练任务安排间歇训练的方案。间歇训练法是由以下 5 个要素组成：每次

练习的数量、重复次数、间歇时间、每次练习的负荷强度及休息方式。它们联系密切，因此在变换或调整某一要素的参数时，要充分考虑到其他因素的影响。

（2）某一间歇训练方案确定后，要有一段时间的训练，在运动员适应和逐步提高后，再根据训练任务和具体情况，适时地进行调节变换。

（3）间歇时的休息方式要采用轻微的活动，这种轻微活动有利于加速血液循环，帮助排除代谢所产生的废物。

（五）竞赛训练法

竞赛训练法是指足球运动训练中运动员通过竞赛或者游戏方式进行训练的一种方法。它除了作为一种训练手段之外，也是检查训练效果的最佳方法，而且能有效地提高运动员创造性地运用知识、技战术的能力以及提高身体训练水平，有利于培养运动员的实战能力和应变能力。

根据训练目标，在足球运动训练中，常用的训练法包括训练性竞赛、游戏性竞赛、测验性竞赛、适应性竞赛和身体素质竞赛等。在足球运动训练中，竞赛训练要注意以下两个方面。

1. 注意运用时机

采用竞赛训练时，教练员要发现运动员的个人特点并引导其向正确的方向发展，并且做到秉公执法，严格执行比赛规则，提高他们的自我控制能力，培养优良的体育作风。另外，在足球运动技能尚未形成之前和疲劳时，不宜采用竞赛法，以免影响固有的技术动作，同时防止运动伤害的发生。

2. 要适宜负荷

在竞赛训练中，情绪与兴趣激发的同时，能量也消耗得较多，并且不容易调节和控制。因此，在竞赛训练中，要根据专项的特点，选择适合的方法，并注意负荷量的掌握，从而在不影响内容和目标的情况下完成训练。

（六）持续训练法

在训练的过程中，为了保持有价值的负荷量而不间断地连续进行运动的方法叫持续训练法。此方法要求负荷强度较低，但要在负荷时间较长、无间断的情况下连续进行练习。持续训练时间的长短，同样要根据负荷价值的有效范围确定。通常，在 140 次 / 分左右的心率下持续训练 20 ～ 30 分钟可使机体的各个部位都长时间地获得充分的血液和氧的供应，从而有效地发展有氧代谢能力，发展耐力素质。在足球运动训练时，采用持续训练法要注意以下两点。

（1）由于持续训练的时间较长，练习量较大，所以要严格地控制强度。一般情况下，心率控制在 130 ～ 160 次 / 分之间，并以恒定的运动强度，对一般耐力的发展有良好效果。若要提高专项耐力，则可以适当提高强度，控制持续的时间。

（2）在训练期或休整期，采用中小强度进行持续训练，能够有效发展或保持一般耐力水平。

（七）综合训练法

由于训练方法的不断发展，训练方法也在不断增多，以改善供能系统机能为主的训练方法为例就有无氧训练法、有氧训练法、有氧无氧相结合的训练法、缺氧训练法以及模式训练法等多种。

所以足球运动训练中，可以根据训练任务的需要把上述各种训练方法加以不同的组合，设计出多种综合训练的方案，如间歇法与变换法结合，重复法、间歇法和变换法结合等。这种综合的训练方法，其特点和作用如下。

（1）不同训练方法相结合，能全面、有效地提高身体素质，使运动员能更好地适应多种训练任务和内容的要求。

（2）技术与素质训练相结合，增强比赛的适应能力。

（3）能灵活地调节运动负荷，从而能有效地取得综合性的积累效果，而且不易疲劳。

（4）有利于按不同运动员的训练水平区别对待，由于这种训练方法具有上述特点与作用，故在足球运动训练中被广泛地采用。

第四节　足球运动教学与训练文件

按照教学与训练文件进行教学，便于教练员统一教学训练对象的认识和行动，不仅使其了解如何进行才可能完成教学训练目标，而且也使对于教学训练成果所进行的预测能够得以实现，并为检查和总结教学训练工作提供依据。

一、教学与训练文件的制定方法

教学与训练文件是以文字和表格形式对未来教学训练活动的设计所表达出的书面材料，包括教学训练大纲及各种不同时间跨度的教学训练计划。这些内容既存在上下位序列关系，又在结构、内容上各有所侧重，共同构成一套完整的教学与训练工作文件，为教学与训练活动的顺利开展创造条件。

但是，由于足球的教学与训练是两种既不相同而又紧密联系的教育活动，所以其任务侧重点不同决定了所遵循的规律和制定的目标及采取的方法、手段等有所差异，因此教学和训练的文件制定也有一定的不同之处。

（一）教学文件的制定方法

1. 教学大纲

（1）特点

教学大纲是足球教学的基本依据和指导性文件，它以纲要形式规定了足球运动的教学方向、目的、任务、内容、教材范围、体系安排、教材比重及教法上的具体要求和考核标准等，不仅有助于教师掌握必须达到的教学目的和要求，而且也有助于教师进一步钻研教材，提高

教学质量。

（2）内容结构

足球教学大纲通常采用文字表达形式，其结构和内容如下。

①说明部分

包括制定大纲的依据、课程目的、课程任务与要求、课程总学时或学分数、各项教材比重及时数分配以及对课程教学工作的基本要求。

②教材纲要部分

这一部分是大纲的主体，应规定教材的范围和列出理论、实践、能力3方面的必需内容。理论方面需划分若干专题，每一专题规定其学时及内容纲要。而实践方面则按技术、战术和身体素质分项罗列，不仅要列出技战术教学具体内容，还要列出课中准备部分的一般身体练习内容和基本部分的专项身体练习内容。内容通常可按主要教材、一般性教材和介绍性教材分档排列，所选内容要保证重点，对一般性和介绍性教材只要求学生进行体会或了解。能力方面也需罗列涉及培养裁判、比赛、教学、组织等能力的教学内容。教材纲要可按足球教材系统编排。

③考核标准部分

该部分规定了足球考核要求，涉及考核方式、考核项目及方法。所选项目应为既能反映学生学习情况，又是学生必须掌握的重点内容。不仅考核方法要便于操作，考核标准也应使大部分学生能够通过，不应过难。

④执行大纲的措施

根据主客观条件，对教与学两方面要提出一些切实可行的措施。

⑤教学参考书目

书目分为教学用书和参考用书，教学用书通常为统编教材或选优教材，特殊情况下也可用试用教材。参考用书可选用与教材有紧密关联、可作为辅助教材的书籍。

2.教学计划

（1）特点

教学计划要依据教学大纲而制订，根据课程的总时数，它可分为学年或学期的教学计划，是将教学大纲所规定的教材内容和教学时数，合理地分配到学期中。属框架性计划文件，可采用文字表达形式。

（2）编制步骤与方法

①划分各学年每学期实际上课时数

学年和学期授课时数，主要根据教育计划规定并按学期中的时间确定。

通常，体育院校足球课程全年授课周数一般为32～36周，每学期16～19周，每周课时视课程类别有所不同。

②确定各学期不同性质教材

制订计划时要优先考虑重点教材的分配，考核内容要在重点教材中择取，并视理论与实践考核形式分别确定。每学期实践考核项目以3～5项为宜。介绍教材也需一并选出。

③分配所定教材到各学期

凡确定出的规定教材和选用教材内容，都应合理分配到各学期之中，并按考核内容要求，参照教学大纲规定的各项教材课时比重和学期授课总学时数，安排好学期各项教材的教学时数。在安排每学期教材时，要根据每项教材的实际教学时间、教材的系统性和纵横关系，以及学生的基础和接受能力去进行。

④计算每学期各项教学课时和比重

先根据各个学期各项具体教材内容的课时安排，计算出每学期各项教材的总课时和比重，然后再检查其安排是否合理。若发现有不妥之处，应加以必要的调整。

3. 教学进度计划

（1）特点

教学进度计划是把学期教学计划规定的教材内容，按照该学期的上课时数，合理地安排到每次课中以反映教学内容进程的执行性计划。它要既依据于学期教学计划，又成为教师编写课时计划的根据。其表达形式以表格为宜，需在每学期开学前制订完成。

（2）编制步骤与方法

①编前准备

编制教学进度计划之前，要对教材进行认真研究，根据教材的内容考虑好本学期教材内容的先后顺序和教材之间的搭配，对全学期教材作大致安排。

②按主次搭配进行安排

安排教学进度计划，需先安排主要教材，再搭配其他教材，要合理搭配好理论与实践教材及身体素质、技术、战术等各项内容。

③排列教材到课次之中

对教材内容要按其理论与实践性质、难易程度与所需用学时，以及新授、巩固、复习的进度，将每项教材具体排列到各课次中。排列时除了要考虑一次课的教材数量，还要考虑教学任务所要求教材安排的连续性、重复性和间隔性，以及不同教材内容的有机联系。有些教材内容可以连续排列，有些则可以间隔排列，还有些可以采取间隔与连续相结合排列的方式。通常可采取一次课安排多个内容或只安排一个内容，前者需分散安排连续多个课时，后者需要集中安排较少课时。凡新授课后必须强化巩固，需要一定的连续性。当一项教材初步掌握后可学另一项教材，但到一定时间要安排重复已学不久的教材，以起到复习巩固效果。并且在安排上要注意尽量使前面已学教材能为后续将学教材打基础。

④确定其他内容课次

教学过程中的能力培训和考核等内容，都要占用一定课时，需合理安排到教学进度计划表中。实践能力和裁判能力的培养，可以通过教学比赛进行，应根据需要间隔分散到全学期或相对集中在学期末尾安排。考核课所需课时视考项及学生数量和场地器材而定。一般不宜超过 6 学时，可集中在期末或者期中与期末分开进行。进度表上还应在期末最后 2 ～ 4 次课列出机动课时。

⑤检查调整

编制出进度计划表后应对其认真仔细检查，如有安排不妥应及时调整，力使制订的进度计划更切合实际，便于执行。

4. 课时教学计划

（1）特点

课时教学计划又称教案，即一次课的具体教学方案。它根据教学进度计划及教学实际编写，是教师组织和进行课堂教学的最基本依据，属最具体的实施计划。通常采用表格结合文字、图片的形式表达。

（2）编制步骤与方法

①明确提出课的基本任务

课的基本任务主要包括培养道德品质、掌握教材内容和发展学生能力 3 个方面，所提出的任务应正确、全面、明了、具体。正确是指任务要符合进度要求，切合学生实际，能反映课内所要求学生掌握教材的程度，是大多数学生经过努力可以完成的。明了是指文字表达力求简洁、清楚。全面是指每次课都要有教育、教学和发展某种能力的任务，也应体现出主次之分。具体则是指所提任务要明确，不仅能反映课的类型，还要有任务的细化区别。

②精心安排课的各项教材

安排各项教材需在认真学习教学大纲和钻研教材基础上，根据本课任务、教材要求、认识规律和机体机能及心理特点，列好教材的教学顺序和各项练习。不仅要安排好课开始部分的准备性练习和结束部分的整理性练习，更应着重安排好基本部分主要教材的各项练习，并选择好必要的辅助教材与辅助练习。

③恰当选择课的组织形式

恰当的组织形式可以合理利用场地器材，有效控制课的密度，便于因材施教，同时调动学生学习积极性，并且有利于培养组织纪律性，对提高教学效果具有重要作用。选择教学组织形式，应考虑形式的丰富灵活，并与教材内容和教学要求及场地器材相适应。所选择的形式既要利于学生积极练习，又要便于教师对学生进行指导和纠正学生在练习中的错误。

④合理设计课的运动负荷

各项练习的次数、时间和强度，都要根据课的任务、教材性质、学生特点和场地器材等方面来确定。通常对以教学为主的新授课或新授内容的练习，应加大练习密度。而对以练习为主的复习课或复习内容及发展身体素质的练习，应适度加大练习强度。并且在安排课程中的负荷时，还需考虑到本课前后其他课的综合影响。

⑤认真构思课的教法步骤

教法步骤的正确性直接影响到教学效果，教师要认真考虑如何统一运用讲解、示范、启发、对比、完整与分解、预防和纠正错误等一般教法步骤，同时还应根据学生的不同水平，考虑如何区别对待，因材施教。

⑥积极选用有效的练习手段与方法

有效的手段与方法是落实课任务的基本保证，编写教案应对此特别注意，同时应提出相应的练习要求，以提高练习效果。

⑦周密计划场地器材布置

根据课中练习的组织形式和学生人数及所需器材、教具数量，计划对场地器材的布置使用。若有多班同时上课，应考虑避免相互影响。

对于每次课的练习密度、学生心率变化曲线及掌握动作的效果最好要作出预计，从而有利于进一步加强上课的计划性。

⑧预留空栏小结上课情况

当课时计划基本编写完毕，还应在文件上预留相应小结空栏，以便课后记录上课主要优缺点，供以后备课和编写课时计划时参考。

（二）训练文件的制定方法

训练文件主要包括训练大纲和各种训练计划。训练文件既是为达到训练目标而预先设计的蓝图，也是指导、检查、控制训练工作的依据。

训练大纲一般由足球管理部门制定，而训练计划则由教练员依据训练大纲亲自制定。按照足球训练过程的时间跨度，训练计划体系一般由多年训练计划、年度训练计划、阶段训练计划、周训练计划和课时训练计划构成，其类型特点如图 4-3 所示。

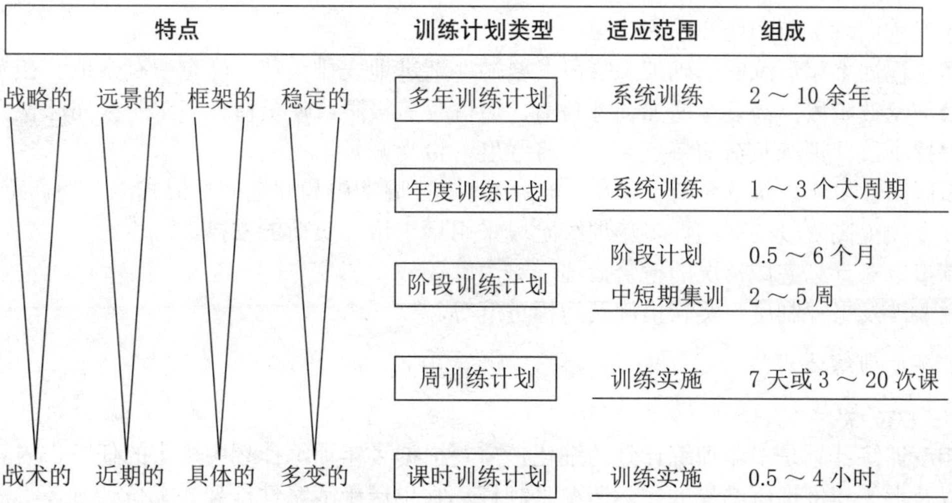

特点				训练计划类型	适应范围	组成
战略的	远景的	框架的	稳定的	多年训练计划	系统训练	2～10 余年
				年度训练计划	系统训练	1～3 个大周期
				阶段训练计划	阶段计划 中短期集训	0.5～6 个月 2～5 周
				周训练计划	训练实施	7 天或 3～20 次课
战术的	近期的	具体的	多变的	课时训练计划	训练实施	0.5～4 小时

图 4-3

1. 多年训练计划

（1）特点

多年训练计划是对球队在多年训练的年限内全面训练工作所作的长期远景性总体规划，属具有全局意义的战略性框架式最上位计划。

（2）编制步骤与方法

虽然多年训练分为从基础训练直到最高竞技水平的全程性多年训练，以及在某重大比赛的届次间隔或运动员的某成长阶段及学段内的区间性多年训练，多年训练计划也可相应细分为全程性多年训练计划和区间性多年训练计划，但两者在文件结构和编制方法上并无特别的区别，可采用相同的步骤进行。

①分析全队现状

通过全面观察了解队员，认真分析全队构成及其思想作风、技战术水平和身体素质状况、

文化程度、年龄结构等方面的基本情况，对全队现状作出评价。

②提出训练指导思想和预期目标任务

根据足球发展趋势和训练计划实施的目标和对象的客观情况，拟定符合实际的、有创造性的训练指导思想。足球训练必须遵循从难、从严、从实战需要出发进行大运动量训练的原则，其中"从实战需要出发"是核心，据此指导训练是特别重要的。一支球队要想不断获得进步，必须从实际出发建立合理的高标准学期目标，并根据目标制定各项奋斗任务以及实现目标任务的制度、措施，以保证全体队员能为实现目标进行严格有效的训练。

③确定训练分段及其主要任务与重点内容

这涉及全程性多年训练的不同区段划分和某一区间段的按年划分。足球运动员运动生涯的全程性多年训练通常包括基础训练阶段、专项提高阶段、最佳竞技阶段和竞技保持阶段，各阶段有着不同的训练任务和训练内容，应在计划中按阶段逐一反映出来。区间性多年训练计划，也应照此按年度反映。

④安排训练负荷和比赛序列

在全程性多年训练的基础训练阶段，要循序渐进地安排负荷，注意留有余地。在专项提高和最佳竞技阶段，需逐年增加训练负荷，逼近负荷极限，使负荷在高水平区间起伏。而在竞技保持阶段，训练负荷的特点应是保持强度、恰当减量。

对区间性多年训练的负荷，可以一年为周期，在周期内和周期间波浪式地增加训练负荷，也可在专项提高阶段的区间性多年训练阶段采用逐年增加负荷的安排。

⑤拟定对计划完成情况的检查措施

主要涉及考评制度、奖罚措施及达标进度等。

2. 年度训练计划

（1）特点

年度训练计划是多年训练计划的细化，需要根据多年训练计划中规定的任务、内容和要求，以及上一年度训练结果的实际情况来制订。它也属于战略性框架式上位计划。

（2）编制步骤与方法

①进行全队情况分析

需概述全队初始状况或上一年度训练进展与存在的问题，分析目前球队在思想、技战术、身体、作风等方面的实际状况。

②提出训练指导思想和当年奋斗目标

应在贯彻我国足球训练方针的基础上，提出本队训练指导思想。奋斗目标可从当年力争达到的训练效果、比赛成绩、能力水平等方面拟定。

③确定训练任务内容与主要手段

任务主要分为作风培养、身体素质发展和技战术能力等方面，要分别列出主要内容，反映本年度训练特点。所要采用的训练手段应根据任务内容来选择。

④划分训练阶段并安排阶段任务内容及负荷

阶段划分是根据全年拟参加的1～2个主要比赛确定1～2个训练周期，每个周期包括准备、竞赛、过渡3个阶段，应按实际需要确定各阶段时间。

阶段划分之后，分别在各阶段中列出阶段所处月份、训练时数与课数、主要训练任务、各项训练内容百分比，以及负荷量和强度水平指标等内容。

⑤制定训练效果检测及保证措施

效果检测可采取考核、测评、统计等措施，在计划中应列出内容、项目和指标。保证措施可从有利于完成年度任务的角度多方面考虑制定。

3. 阶段训练计划

（1）特点

阶段训练计划根据年度训练计划而制订，是将年度训练计划的任务、内容、负荷、要求等落实到各个特定时间范围，如周期阶段、短期集训、临时集训等的具体安排，其时间跨度较小，一般可按训练周期或逐月制定。

（2）编制步骤与方法

①提出本阶段训练目标与任务

按年度训练任务和不同阶段特点确定阶段训练目标与任务。这个目标与任务富有针对性和可操作性。

②确定本阶段训练时间与时数

训练时间其周数依周期特点及周期的阶段性质而定。但一个阶段最少应在两周或以上。较长时间的准备阶段训练通常对未来竞技状态的稳定水平有利，在准备阶段也可酌情再划分若干小阶段。竞赛阶段的训练时间则依所参加比赛的赛程周数而定。

过渡阶段训练周数通常在 4 周左右。在周赛制的情况下，年度间或一个年度内两个竞赛阶段之间的过渡准备期，一般应在 3 周以上，其中小过渡期为 1 周以上，小准备期在 2 周以上。阶段训练总时数是每课训练时数的总和。

③分配训练内容及比重

各阶段训练内容都涉及身体素质、技术、战术及比赛这几方面，但不同阶段所选择各方面的具体内容及比重有较大差异和不同侧重，所分配的训练内容及所采取的训练手段，应尽量与本阶段任务相吻合。

④安排好训练负荷

各阶段训练负荷特点具有较大差异，需在安排时予以重视。通常准备阶段中第 1 小段的负荷应趋向于量和强度都逐渐增大，以量的增长为主。要使一般训练的练习量和为专项打基础的练习量在此小段内达到全周期的最高值，负荷的平均强度应小于后续小段。而在第 2 小段则应减少负荷量，继续加大负荷强度。主要是减少一般训练的量，但在一定时间内继续增加或稳定绝大部分专项练习的量。负荷强度的增长则主要体现在专项训练上，一般训练的练习强度应保持稳定。

竞赛阶段训练负荷的量和强度都应在本阶段内呈波浪形变动，尤其是在竞赛期持续一定时间的赛间训练，对负荷量和强度变化要作出计划安排。

休整阶段也需保持必要的训练水平，但训练负荷的量和强度都应适当下降，绝不可以休假取代积极性休整。

⑤列出检查措施

可采取身体测验、技术测验、教学比赛或练习比赛中的技战术统计等措施，列出具体项目和应达到的指标。有条件的可运用生理、生化的指标对训练实施监控。

4. 周训练计划

（1）特点

周训练计划是为进行一周的训练而制订的计划，它依据阶段训练计划所确定的该周训练任务、内容及负荷安排，使之在该周计划中得到细化，属于具体实施性计划。

（2）编制步骤与方法

①确定训练任务

分属于准备、竞赛、过渡不同阶段的周，在训练任务上有所区别，即使在同阶段的周中，因训练存在延续、递进，其任务也不尽相同，应在当周训练计划上提出具体训练任务。

②确定训练次数与时间

每周训练次数视运动员水平和年龄的不同而定。周训练的时间要落实到每次课训练时数。

③确定训练内容

在周训练中应将身体、技战术、心智等训练内容结合安排，但在某具体周中可侧重突出某一方面内容。

④确定运动负荷

周训练负荷安排应大、中、小结合，使负荷量与负荷强度呈波浪式变化（图4-4）。

准备阶段周负荷

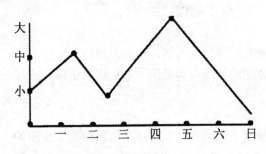

竞赛阶段周负荷

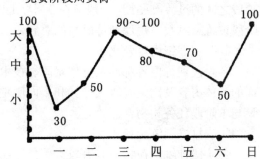

图4-4

⑤确定训练手段与方法

根据所安排的训练内容及负荷要求选择相宜的训练手段与方法，使训练的实施能保证任务落实。

5. 课时训练计划

（1）特点

课时训练计划即单次训练课的教案，是根据周训练计划对每次训练课作出的具体安排，是最具体、最详细的实施计划。

（2）编制步骤与方法

①确定训练课的任务

训练课的任务包括身体素质、技术、战术、比赛、心理等诸方面，而一堂训练课的任务既可以是综合的，也可以是单一的或以某一方面为主的。通常可确定 1～2 个主要任务，对各项任务应有学习、掌握、巩固、改进、提高和发展等性质之分。

②按照课的结构安排练习内容与时间

训练课的结构分为开始、准备、基本、结束 4 个部分，现大都将开始和准备两部分合并成一个准备部分，即三段式结构。准备部分在于为队员进入基本部分的训练做好身体和心理准备，其内容包括例行课堂常规及一般性和专门性热身准备活动。安排热身活动要由易到难，节奏由慢到快，可单人、双人、集体、行进、徒手、器械进行。整个准备部分用时冬季可稍长，夏季可稍短。基本部分是完成本课任务的主要环节，训练内容的安排应先技术，后战术，再身体。若是复习和运用技术，可将技术训练安排在后半课。进行身体训练应当先安排速度、灵敏度练习，后进行力量、耐力练习。基本部分的训练内容应较集中，不宜过多。通常各项训练内容练习 15～30 分钟为宜，该部分用时应占全课时间的 80%。结束部分在于通过合理、有效的整理活动，积极消除基本部分积累的疲劳，使机体逐渐恢复。其内容可选择放松慢跑、深呼吸运动、全身性伸展及专门性放松活动，如按摩、抖动肌肉等。此外还要对上课情况进行评讲。结束部分的时间不宜太长，通常为 5 分钟左右。

③考虑对课的组织

对一堂训练课应根据本课任务及队员位置、技术能力、实战需要等，组织队员进行个人、小组、全队练习。其基本形式应能充分发挥教练员的指导才能与作用，能尽量利用场地器材和课的时间。教练员应细心考虑课的组织方式，准确选择或设计训练手段与方法。

④预计课的运动负荷

全课运动负荷应在周训练负荷计划下视队员体能恢复实际情况进行安排，必要时可作出适当调整。

设计课的运动负荷，主要涉及全课的平均负荷、负荷量变化曲线、大负荷高峰出现的次数和时间及持续时间、课中的调整与恢复，以及结束部分的放松与恢复。

在以对抗为主的综合性大负荷训练课中，应有与比赛单位时间接近或超过比赛的负荷。例如在一次 135 分钟的训练课中，其中某一段 90 分钟时间的负荷量，应达到慢跑、快跑与冲刺总距离超过 9 000 米，其中快跑与冲刺不少于 150 次，距离达 3 500 米以上。

在以技术为主的中、小运动量训练课中，传球、射门、停球、抢截球、铲球、头顶球等主要技术应重复练习 400 次以上。以战术为主的中、小运动量训练课，主要技术动作重复 300 次以上。

⑤计划所需场地器材

应从训练课内容、手段和方法的需要出发，考虑安排场地画线、需用球门数、标志物、号码衣等器材品种、数量的准备与布置。

⑥拟定检评方法

为了有效控制训练课，可在课中进行场地记录、统计，着重对课的时间、技术动作次数、运动距离等进行定量检查，并对对抗活动的激烈程度及效果等进行定性评价。

二、制定教学与训练文件的注意事项

（一）合理选择文件的格式

各种教学训练文件的结构大同小异，文体以文字结合表格形式为主，具体格式可繁可简，应根据主管部门要求及个人习惯选择或设计合理的文件格式。无论选用何种格式，都必须清楚明了、使用方便、结构基本完整。通常框架性计划文件可较简略，实施文件应详细、具体。对训练文件更要求有鲜明的针对性。

（二）充分重视文件的准备性部分

文件的准备性部分包括对全班或全队起始状态的诊断和建立教学或训练目标，对引导教学训练活动的方向起重要作用，必须充分重视。需要教师和教练员预先通过多种方式，认真、客观、准确地了解各种基本情况并作出准确的诊断或评判，据此提出相应指标，并反映到文件之中。既不可主观地作出概略估计，也不可用具体的教学训练要求代替教学训练目标，否则易导致教学训练脱离总目标。

（三）周密设计文件的指导性部分

文件的指导性部分包含训练目标与任务阶段的划分、各阶段任务的确定、比赛序列的安排，以及规划负荷的变化趋势。必须对这几方面内容进行周密设计，不允许在某一方面出现差错而导致教学训练产生不可弥补的偏差。时间跨度越大的教学训练过程，对指导性部分的正确性要求越高。

（四）仔细构思文件的实施性部分

文件的实施性部分涉及教学训练的内容和具体手段及各种手段负荷的大小，对具体组织教学训练活动具有重要作用，需要对这一部分内容作深入细化的考虑。特别要注意内容与任务相吻合，所选练习方法与组织方法要有利于任务的完成。并且在制定时不仅要考虑手段的选择和负荷的确定，同时还要考虑负荷的恢复问题。

（五）认真考虑文件的控制性部分

要对教学训练过程实施有效的控制，首先必须掌握反映教学训练过程进行情况的大量信息，只有通过有计划的检查评定，进行及时、准确、可靠的教学训练诊断才能获得。不仅需要在文件中列入检查评定的时间、内容、方法及指标，还应在执行计划与检查评定之后进行小结，为后续及下位计划的调整、制订提供依据。

第五章　足球运动的基本技术

学海导航
XUEHAI DAOHANG

　　足球技术是足球战术的基础，它在比赛中有着特殊的地位，是运动员在比赛中完成战术配合、决定战术效果的前提和保证，是足球运动最重要的决定性部分。本章对足球运动的基本技术进行介绍，包括足球运动进攻技术和防守技术。通过本章的学习，学生要了解足球运动技术的基本知识，掌握足球运动的技术要点，在实践中按照技术规范进行足球运动，提高足球运动技术能力。

第一节　足球运动技术概述

一、足球运动技术的概念

　　足球技术是指在足球比赛中，运动员所采用的合理动作的总称。它是在足球比赛实践中不断形成、发展和完善起来的。

　　随着足球运动的不断发展，现代足球在追求胜负结果的同时，以攻守平衡为原则，以时空控制权的激烈争夺为特点，把激烈的攻防、有效的配合、扣人心弦的进球等内容作为重要组成部分。为此，运动员只有熟练地掌握足球技术，才能在比赛中有目的地采取行动，正确合理地处理球，以达到战术上的要求。

　　技术是完成战术配合的基础，足球战术的发展也进一步促进了足球技术的不断提高，现代足球运动全攻全守的打法，对进攻和防守技术都提出了较高的要求。所以，足球技术不论是在内容上，还是在难度上以及教学与训练的方法要求上，都向着全面、快速、准确、实用的方向发展。

　　在足球技术的教学与训练过程中，应遵循学习、掌握、巩固、运用、提高的程序。对于足球技术的学习，在学习和掌握有球技术动作的基础上，再进一步提高足球技术在实践中的运用能力。

二、足球运动技术的分类

　　足球运动是一项技术动作复杂的运动项目。在学习足球技术时，不仅需要掌握支配球、争夺球的动作，而且还要根据比赛场上队员的位置分工和技术特点，将这些技术动作运用

到比赛中去。根据足球运动员在场上的位置,足球技术可分为锋卫队员技术和守门员技术两大部分。但是,不论是锋位队员还是守门员,在比赛中不仅需要完成结合球的技术动作,而且还要完成许多无球的技术动作。由此可知,足球技术可分为有球技术和无球技术两大类(图5-1)。

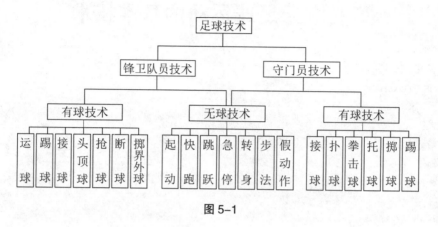

图5-1

三、现代足球运动技术的特征

现代足球运动技术的特征,大致可概括为以下几个方面。

（一）技术与速度结合

现代足球运动正朝着高速度、强对抗的方向发展,在足球比赛中,运动员完成各项技术、战术动作的时间越来越短,空间也越来越小。足球运动员只有具备良好的速度素质,才能真正适应激烈争夺中的快速攻守。尤其是运动员在快速移动的过程中,运用技术的能力、完成技术动作的速度以及技术动作之间的衔接速度。如果没有良好的速度作保障,那么再漂亮的技术在比赛中也很难有"用武之地"。

（二）技术与意识结合

足球技术只有赋予意识才能有活力和威力。所谓意识,是指运动员对足球运动比赛规律的认识,并根据临场变化而适时地采取正确、合理、有效行动的一种敏捷的思维能力。运动员在足球场上的一举一动,包括有球和无球的情况下,均有意识的反映。

在足球比赛中,从单一的技术动作到局部的战术配合,直至全队的整体打法,均是在运动员意识的支配下进行的。因此,技术与意识的结合是一项高难度的艰巨工程,它要求运动员既要具备坚实的技术基础和娴熟的运用能力,又要精通足球比赛的规律及各种战术打法的要求,熟悉同伴与对手的球路和习惯,并能在瞬息万变的复杂形势中迅速作出抉择和行动。

意识的培养与足球技术、战术的训练有着密切的联系。从初学足球阶段就应把意识的培养贯穿在技战术训练中,寓意识于一切技术行动之中,使它们同步存在与发展。

意识基本上属于人的思维范畴,它的发展受到多方面因素的影响,如文化素质、理论水平、思维逻辑、外界条件等。但由于人的天赋不同,所以在训练中,除了加强意识的培养、训练外，应尽量挖掘培养那些意识天赋好的运动员。

（三）技术与位置结合

现代足球运动技术正朝着全面、快速、娴熟、简练和强对抗的方向发展，自 1974 年第 10 届世界杯赛后，足球运动对运动员的全面性提出了更高的要求。足球运动员均身负攻守双重任务，必须掌握攻守的技术才能适应战术的变化和比赛的需要。这些年来，整体的全面性和个人的全面性都在不断发展和提高。当时场上仍有位置分工，不同位置均有不同的特点。这就要求运动员在掌握全面技术的基础上，根据个人的特长和位置的需要发展专长技术。既是足球场上的多面手，又具有个人特点，是某个位置上的专家。

（四）技术与目的结合

在足球运动中，各项足球技术的运用都具有一定的目的性，而初学者和运动水平较低的运动员在运用足球技术时具有较大的盲目性。随着运动员运动技术水平的逐步提高，其盲目性则会越来越小，目的性则会越来越强。也就是说，运动员运动技术水平与比赛技巧的提高过程，就是减少盲目性、提高目的性的过程。

足球比赛的目的是千方百计地设法将球攻入对方的球门，同时防止对方将球攻入自己的球门。要实现这一目标，必须牢牢地掌握住控球权，各项技术的运用也将围绕着这一目标而展开。因此，足球比赛的根本目的就是控球并获胜。

要想做到技术与目的结合，运动员除了具备全面、坚实的技术基础外，还需娴熟、自如地运用各项技术，特别是要在技术的实用性上狠下功夫。

（五）技术与意志结合

意志品质是足球运动员必不可少的重要素质之一，特别是在那些具有特殊意义的比赛中，意志品质具有举足轻重的作用。

足球运动员的意志品质主要体现在勇敢顽强的拼搏作风、自我控制情绪的能力、敢于冒险的无畏精神 3 个方面。

足球运动的特点，决定了它是勇敢者的运动项目。随着现代足球比赛的日趋激烈，对运动员的意志品质也提出了更突出、更明确、更全面的要求。没有良好的意志品质，再好的技术、战术能力也难以正常发挥；反之，没有出色的技术、战术能力，良好的意志品质也无表现之处。两者只有完美地结合才能如虎添翼。

（六）技术与即兴结合

足球比赛经常出现一些令人难以预测的变化与结果，人们曾幽默地说"足球是圆的"，以此作为没有答案的答案。随着技战术水平的全面提高与发展，比赛中运动员处理球的时间越来越少、空间越来越小。这就需要某些超常的技术和即兴发挥才能满足比赛的要求。所谓超常技术和即兴发挥，是指根据赛场上瞬间即变的环境及突发的情况，随机采取应急手段，打破原有技术动作的结构，达到出奇制胜的目的。随着足球运动的发展，运动员的即兴发挥将会运用得越来越广泛、水平越来越高、魅力越来越大。它要求运动员必须具有全面而娴熟

的技术、突出的意识、敢于冒险的精神、机敏冷静的头脑和迅速的应变能力，而且这些都要在一刹那的时间内表现出来。

第二节　足球运动进攻技术

在足球运动技术中，进攻技术主要包括踢球技术、接球技术、运球技术、头顶球技术、掷界外球技术以及比赛中接控、传球、运过、射门4大类实战技术，本节就以上进攻技术进行详细介绍。

一、足球运动基本进攻技术

（一）踢球技术

踢球是指足球运动员有目的地用脚把球击向预定目标的技术。踢球是足球技术中最重要的技术，主要用于传球和射门。

1.踢球技术的动作结构

踢球技术的动作结构可分为助跑、支撑脚站位、踢球腿的摆动、脚触球和踢球后的随前动作5个环节组成。

（1）助跑：是指运动员踢球前的几步跑动。助跑需要调整人与球之间的相对位置，使踢球时有一个理想的支撑点，保证支撑脚选位的合理性和踢球方向的准确性。另外，助跑还要通过步幅和方向的调整，使踢球前获得一定的前移动量，通过动量传递，增加摆腿击球的力量和速度。

（2）支撑脚站位：其主要作用是维持身体在踢球过程中的平衡，保证摆踢发力动作的顺利完成，支撑动作贯穿于整个踢球过程。支撑脚的位置是指支撑脚与球的方位关系，它影响着踢球动作的质量和出球状态。支撑脚与球的左右位置会影响踢球腿的摆动速度和击球的准确性；前后位置则会影响腿的摆幅以及出球的角度和高度。在一定范围内，站位越靠后，踢球腿的摆幅越大，出球角度越大，球越易踢高。因此，支撑脚的位置一般是由所使用的踢球方法（脚法）来决定。凡采用的踢法需要踩在球的侧方的，一般距离球10～15厘米；凡采用的踢法需要踩在球的侧后方的，一般距离球25～30厘米。在踢运动中的球时，要掌握好支撑脚的位置。因支撑脚落地时球仍在继续运动之中，所以要把踢球腿后摆的时间计算在内，如追踢向前滚动的球时，支撑脚落地的位置要稍靠前，这样才能与球保持合适的距离。支撑脚要积极踏地以制动身体的前冲力量，膝关节要微屈，以维持身体的平衡和保证充分地摆腿和自如地踢球。因此，支撑脚实际上起着固定支点的作用。

（3）踢球腿的摆动：击球力量的大小由多方面的因素决定，而主要取决于踢球腿的摆动，它是踢球力量的主要来源。摆幅大，摆速快，踢出去的球力量就大，球的运行速度就快，运行距离就远。因此，踢球腿的摆动动作是否正确，直接关系到踢球的力量、击出球的速度和球的运行距离。踢球腿的摆动是在支撑脚跨步时顺势向后摆起的。在支撑脚着地的同时以髋关节为轴，大腿带动小腿由后向前摆。当膝关节摆动接近球的垂直上方的刹那间，小腿加速前摆击球。

（4）脚触球：其动作结构是整个踢球过程的核心，决定着击球质量。脚触球动作包含踢球脚的部位和击球的部位。踢球脚的部位是指脚触球时的脚型控制和用力情况。击球时脚型的稳定是保证踢球质量的基础，可确保作用力准确地作用于球体，使出球准确有力。而踢球脚在击球时的动作变化可以改变出球的性能和方向。其触球方法主要有弹击法、推击法、摆击法、抽击法、敲击法等。击球部位指击球时选择的脚与球的接触点，如球的后中部、后中下部、后侧部等。击球部位的选择决定了脚对球施加作用力的关系和效果。选择击球部位取决于多种因素，其中应以出球的目标和目的为主要依据，以保证踢球的目的性和准确性都符合实际需要。当踢各种运动中的来球时，应准确判断来球的速度、方向，根据触球目标，合理选择踢球脚以及脚与球的部位。

现代足球比赛中，运动员常常采用弧线球（香蕉球）踢法。这种踢法主要运用脚背内侧或外侧击球，击球的作用力不通过球心，使球产生旋转，并沿着一定的弧线运行。这种球具有一定的隐蔽性。此外，也可以采用抽踢前旋球踢法。

（5）踢球后的随前动作：踢球腿击球后随着腿的前摆和送髋，使身体重心向前移动，这样既易于控制触球方向和加大踢球力量，又能缓和因踢球腿急速前摆而产生的前冲惯性，以维持身体的平衡。踢球后的随前动作还便于与下一个动作衔接。

在上述踢球技术动作结构 5 个环节中，支撑脚的站位、踢球腿的摆动、脚触球是主要的因素。

2. 踢球技术的种类

（1）脚背正面踢球

脚背正面踢球又称正脚背踢球，由于其解剖特点，摆幅相对较大，加之用脚背踢球时与球的接触面相对较大，因而踢球力量也大，准确性也较强。但出球的方向及性质相对变化也较小。

①踢定位球：直线助跑，最后一步要稍大些。支撑脚积极着地支撑，在球的侧面10～12厘米处。膝关节微屈，小腿屈曲，脚尖正对出球方向。踢球腿随跑动向后摆动，支撑的同时踢球腿以髋关节为轴，大腿带动小腿由后向前摆动。当膝关节摆至接近球的正上方时，小腿作爆发式的摆动，脚趾屈，以脚背正面部位击球的后中部，击球后身体和踢球腿随球前移（图5-2）。

图 5-2

②踢反弹球：根据来球的速度和轨迹，判断好球的落点、落地时间和反弹起来的路线。身体要正对来球反弹方向，支持脚要踏在球的侧方。当球要落地时，踢球腿的小腿急速前摆。在球刚刚反弹离地时，以脚背正面击球的后中部（图5-3）。

③踢倒勾球：根据来球的速度、运行轨迹等，及时移动到位。脚积极支撑。选择支撑位置时应考虑将击球点放在身体的前上方。上体后仰，支撑腿膝关节微屈，踢球腿以髋关节为轴向上方摆动。当球落到身体前上方适当高度时，用脚背正面击球后部，将球向身后踢出（图5-4）。

图5-3　　　　　　　　　　　　　　　图5-4

④凌空踢倒勾球：根据来球的速度、运行轨迹等，选好击球点，及时移动到位。以踢球腿为起跳腿蹬地起跳，同时另一腿上摆，眼睛注视来球，身体后仰腾空。蹬地腿离地后迅速上摆的同时，另一腿则向下摆动（以相向运动来保证身体在空中的平衡），以脚背正面击球的后部。踢球后，两臂微屈，手掌向下，手指指向头部相反方向着地，屈肘，然后背、腰、臀部依次滚动式着地。

⑤踢地滚球：直线助跑，最后一步稍大。支撑脚积极着地，踏在球的侧方10～15厘米处，脚尖正对出球方向，膝微屈。同时踢球脚向后摆起，膝弯屈。在支撑脚着地同时，以髋关节为轴，大腿带动小腿由后向前摆。当膝盖摆至接近球的垂直上方的刹那，小腿加速前摆，脚背绷直，脚趾扣紧，以脚背正面击球的后中部。踢球后，身体要有随前动作并跨出一两步。

⑥踢体侧凌空球：根据来球，先判断好球的运行路线和确立好击球点。身体侧对出球方向，上体向支撑脚一侧倾斜。当球落到髋部高度时，踢球腿的大腿高抬，接近与地面平行。以大腿带动小腿急速挥摆，用脚背正面踢球中部（图5-5）。

图5-5

⑦抽击球：是一种用脚背正面踢下落的空中球（膝关节以下）及地面球（多为定位球）

的方法。由于踢球的力量不通过球的重心，能使球产生强烈的前旋，球飞行一段后出现迅速下栽的现象，给对手造成错觉，故抽击球多用于远射，尤其当守门员弃门在外活动时，抽击球射门更奏奇效。

⑧搓击球：搓击球是使用脚背正面和脚趾连接部位接触球的一种踢球方法。这种踢球可以使球产生强烈的回旋，并可以在较近的距离达到一定的高度，落地后几乎不再向前反弹，所以多用于越过近距离堵截后，对方补位队员来不及补位，同队队员可立即控制球的情况，也用于罚任意球。脚背正面踢搓击球时，踢球腿的摆动主要依靠小腿的前摆。其助跑和支撑和脚背正面踢定位球相同。当脚插入球下部触球的一瞬间，脚背屈，小腿做急速向下提摆动作，施加给球的力量不通过球的重心，使球产生回旋（图5-6）。

图 5-6

（2）脚内侧踢球

脚内侧踢球亦称脚弓踢球，它是脚内侧部位（趾趾关节、根骨、舟骨等所形成的平面）踢球的一种方法。脚内侧踢球具有脚与球接触面积大，出球准确平稳，且易于掌握的特点。但由于踢球时要求大腿前摆到一定程度时外展屈膝，故大腿与小腿的摆动都受到限制，因此出球力量相对较小。

①踢定位球：直线助跑，支撑前的最后一步稍微大些。支撑脚站在球的侧面约15厘米处，脚尖正对着出球方向，支撑腿膝关节微屈。在支撑脚着地时，踢球腿大腿带动小腿由后向前摆动，在前摆的过程中大腿外展。当膝关节的摆动接近球的正上方时，小腿作爆发式摆动，在触球前将脚跟送出，使得脚内侧部位所形成的平面或出球方向垂直。踢球脚脚底与地面平行，脚尖微微翘起，踝关节功能性地紧张使脚型固定，触（击）球后身体跟随移动，髋关节向前送（图5-7）。

图 5-7

②踢反弹球：根据来球落点及时移动到位，支撑脚的站位与球的落点应保持踢定位球时

的相对位置。踢球腿摆动与踢定位球时相同。在球着地后刚弹离地面的瞬间用脚内侧击球的中部。

③踢地滚球。迎球支持脚踏在预计踢球的侧方约 15 厘米处。膝盖微屈，踢球脚以髋关节为轴，稍向后摆。前摆时，膝外转，脚迅速外转 90°，脚尖稍翘起，脚掌与地面平行。踢球时脚腕用力绷紧，脚内侧触球的后中部。踢球后，脚随球前摆，但不宜过大。

④踢空中球：根据来球速度和运行轨迹及时移动到位。踢球腿大腿抬起并外展，小腿屈并绕额状轴后摆，利用小腿绕额状由后向前摆动。当摆至额状面时与球接触，击球的后中部（图 5-8）。

图 5-8

（3）脚背内侧踢球

脚背内侧踢球又称内脚背踢球，这是一种用第一跖骨和跖趾关节部位触击球的踢球方法。它的技术结构和前两类踢球方法相同，但技术细节则有所差别。

①踢定位球：斜线助跑，助跑的方向和出球的方向约成 45°，最后一步要稍大。支撑脚底积极着地，脚尖指向出球方向，距球内侧后方 20～25 厘米，膝关节微屈。在支撑同时，踢球腿已完成后摆，并且开始以髋关节为轴大腿带动小腿由后向前摆动。当大腿摆至支撑腿接近同一平面时，小腿作爆发式摆动，此时脚背绷直、脚尖外转，以脚背内侧部位触击球的后中部。击球后踢球腿及身体继续随球向前（图 5-9）。

图 5-9

②踢反弹球。这种踢球方法多用于踢侧方或侧前方来的空中下落的球。根据来球的落点及时移动到位，在反弹时球离地的瞬间踢球，其他的动作要求与踢定位球相同。

③踢空中球。根据来球速度、运行轨迹，选好击球点及时移动到位。身体侧对出球方向，用来球方向的异侧脚支撑，支撑脚脚尖指向出球方向，身体向支撑脚一侧倾斜，展腹。支撑脚站位后，大腿带动小腿由后向前摆动。当大腿摆至接近和击球点成一直线时，小腿作爆发

式摆动，用脚背内侧击球的后中部。同时，身体向出球方向扭转，眼睛始终注视球。击球后，踢球腿顺势前摆以维持身体的平衡。

④踢过顶球。踢过顶球的动作要点基本与踢定位球相同。支持脚踏在球的侧后方，踢球时，用脚背内侧踢球的后下部，使球成抛物线运行，越过防守者头顶，准确地传到同伴脚下。

⑤削踢定位球，又称香蕉球：脚背内侧部位击球的后中部，摆腿的方向不通过球心，沿弧线前摆。击球的瞬间，踝关节用力向内转，使球侧旋沿弧线运行（图5-10）。

图5-10

（4）脚背外侧踢球

脚背外侧踢球又称外脚背踢球，这种踢球方法是用第3、4、5跖骨部位接触球的一种方法。踢这种球摆腿方向变化较多，脚踝灵活性较大，且助跑时又是正常的跑动姿势，所以其出球隐蔽性较强，足球比赛中各种距离的弧线及非弧线球均可使用。

①踢定位球。助跑、支撑脚站位和踢球腿摆动均与脚背正面踢球技术的3个环节相同，脚触球是用脚背外侧部位。要求膝关节与脚尖内转，脚背绷紧，脚趾紧屈并提膝，触（击）球后身体随踢球腿的摆动前移。

②弹踢球。摆腿以膝关节为轴的小腿爆发式弹摆为主，摆动方向为前摆、侧前摆和侧摆。击球后踢球腿迅速收回，由于这种方法踢球腿摆幅小，并且是以小腿摆动为主，所以完成动作快、突然，而且隐蔽性强，多用于快速运球中的传球。

③踢反弹球。踢法与脚背正面踢反弹球的方法基本相同，只是接触球时用脚背外侧部位触（击）球。

④踢地滚球。踢球的动作规格要求和踢定位球相同，但支撑脚站位时应考虑球的滚动速度，以保证在脚触球的瞬间支撑脚与球的相对位置符合规格要求。这种踢法可用于踢前方、侧前方以及正侧方和侧后方来的地滚球。

⑤削踢定位球。脚背外侧削踢定位球是外旋球。用脚背外侧部位击球的后中部，摆腿的方向不通过球心，沿弧线前摆，使球侧旋沿弧线运行。

（5）脚尖踢球

脚尖踢球是一种用脚尖部位接触球的方法，由于脚尖踢球时触球异常迅速，雨天场地泥泞时多使用这种踢法。这种方法可以借助踢球腿的最大长度，踢那些距离身体较远的用正常脚法无法踢到的球。具体方法是用支撑跳跃上步，踢球腿屈膝前跨，髋关节尽量前送，两臂协助身体向前，小腿前伸，在踢球脚落地前用脚尖捅球的后中部。

（6）脚跟踢球

脚跟踢球是用脚跟（跟骨的后面）接触球的一种踢球方法。球在支撑外侧时，踢球脚在支撑脚前面交叉摆到支撑脚外侧用脚跟击球。球在支撑脚内侧时，踢球脚后摆用脚跟踢球。虽然由于人体结构的特点，决定了这种踢球方法（大腿微伸小腿屈）产生的力量小，但其触球方向向后，故有隐蔽性和突然性。

（二）接球技术

接球是指运动员有目的地用身体的合理部位把运行中的球接下来，控制在所需要的范围内，以便更好地衔接下一个技术动作。接球是为下一个动作服务的，接球质量的好坏直接影响下一个动作能否顺利完成。

1. 接球技术的动作结构

接球技术的动作结构包括下面 4 个环节。

（1）观察和移动：这一环节的目的是为了更好地完成接球动作。对来球情况的观察，主要从来球的运行路线、球的旋转与速度等情况中，迅速判断落点，及时移动，使自己能处于做接球动作时所需要的最佳位置。

（2）选择接球的部位和接球的方法：不同的接球部位和不同的接球方法，所起到的作用也各不相同。所以，运动员必须根据临场情况及下一步动作的需要，恰当地选择接球部位与接球方法。

（3）改变来球的力量：改变来球力量的方法主要有加力和减力两种。在选用这两种方法时，应根据来球力量大小和接球实际需要来选择。另外，根据来球力量的方向和接球的实际需要，还可按照反射定律调整入射角，获取理想的反射角。

（4）随球移动：接球动作完成后，应立即随球移动，紧密衔接下一个动作，在接球与处理球的动作之间不能有停顿。

2. 接球技术的种类

接球技术有多种分类，主要有以下几种。

（1）脚背正面接球

①脚背正面接较大抛物线球：多用于接有较大抛物线的来球。根据球的落点移动到位，脚背正面上迎下落的球，当球和脚面接触的一瞬间，接球脚和球下落的速度同步下撤，此时大腿膝关节、踝关节、脚趾都保持适度的紧张，脚尖微翘将球接到需要的地方（图 5-11）。

图 5-11

②脚背正面接高空下落球：接球时，适度背屈，并将脚微抬起，当球接触脚背的瞬间踝关节放松，将球接到身体附近。

（2）脚内侧接球

①接空中球：根据来球及时移动到位。抛物线较小的平空球应该根据临场的实际情况选择适当高度的接球点，将接球腿抬起，使脚内侧部位对准来球的方向并前迎，脚在接触球的一瞬间向后下方撤，并将球接在所需的位置上（图5-12）。

②接反弹球：根据来球的落点移动到位，支撑脚和球落点的相对位置在球的侧前方，支撑腿膝关节微屈，身体向接球后球运行的方向偏移。接球时脚尖微翘，接球腿提起小腿且放松，脚内侧对着接球后球运行的方向并和地面成一锐角，当球落地反弹刚离地面时，大腿向接球的后球运行的方向摆动，用脚内侧部位轻推球的中上部（图5-13）。

③接地滚球：支撑脚正对来球，膝关节微屈，同侧肩正对来球。接球腿提膝大腿外展，脚尖微翘，脚底基本与地面平行，脚内侧正对来球并前迎，当脚内侧和球接触的一刹那迅速后撤，把球接在脚下。将球接在侧面时，支撑脚脚趾应向同侧斜指，脚内侧和来球方向成一定角度触球，同时支撑脚提踵以前脚掌为轴作适当转动，身体移动。当来球力量不大时，只需要将脚提到一定的高度，并使脚内侧和地面形成锐角轻触球，也可以在触球时用下切动作使球前进之力部分转变为旋转力，而将球接在脚下。

图 5-12

图 5-13

（3）脚背外侧接球

①接地滚球：将接球点放在接球腿一侧，支撑腿膝关节微屈。接球腿提起屈膝，脚内翻使小腿与脚背外侧与地面成一锐角，并对着接球后球运行的方向，脚离地面的高度应略等于球的半径，然后大腿向接球后球运行的方向推送，同时身体随球移动（图5-14）。

图 5-14

②接反弹球：根据来球的落点及时移动到位，支撑脚站在来球落点的侧后方，除触球部位外，其他环节均和脚背外侧接地滚球相同。

（4）脚底接球

①脚底接地滚球：身体正对来球方向，移动前迎，支撑脚站在球的侧面（或前或后均可），脚尖正对来球方向，膝关节微屈。同时膝关节微屈，接球腿提起，脚略背屈，使脚底和地面约小于45°角，且脚跟离开地面，一般以前脚掌接触球的后上部为宜。在触球瞬间接球脚前掌轻微下点，将球停住，或者根据需要在接球同时将球推向前方或拉向身后。

②脚底接反弹球：根据来球落点，及时前移迎球，支撑脚站在落点侧后方，脚尖正对来球方向，球落地瞬间，微伸膝，用前脚掌去触球的中上部，将球接在体前。若需接在身后则应在触球瞬间继续屈膝，将球回拉，并伴随支撑脚以前脚掌为轴旋转90°以上。

（5）头部接球技术

根据球的运行路线，面对来球，用前额正面接触球的中下部，下颌微抬，两臂自然张开，提踵伸膝，触球瞬间全脚掌着地，屈膝、塌腰、缩颈，全身保持上述姿势下撤将球接在附近。

（6）胸部接球技术

胸部接球是接高球的一种好方法。胸部接球包括挺胸式、收胸式两种方法。

①挺胸式接球：面对来球，两脚左右或前后开立，两膝微屈，重心置于支撑面内，上体后仰，下颌微收，两臂自然张开，维持身体平衡。接触球的瞬间，膝关节伸直，两脚蹬地，胸部轻托球的下部使球微微弹起于胸前上方（图5-15）。对于较高的平直球也可以采用这种方法将球接于胸前，但触球瞬间膝关节由直变屈，脚由提踵状态变全脚掌落地，整个身体保持接球时的姿势，下撤将球接在胸前。

②收胸式接球：多用于接齐胸高的平直球。面对来球，两脚左右或前后开立，两臂自然张开，挺胸迎球，触球瞬间收胸、收腹、臀部后移将球接在体前（图5-16）。若需要将球接在体侧时，则触球瞬间转体将球接在体后相应的一侧。

图5-15　　　　　　　　　　　　图5-16

（7）腹部接球技术

①腹部接平空球：来球比较突然而且和腹部同高时，应先挺腹，在腹和球接触瞬间迅速含胸收腹，将球接下来。

②腹部接反弹球：接球者的身体正对来球方向跑动，判断好球的落点，身体前倾，腹部对准落地反弹的球，腹肌保持紧张，推压着球前进，也可以在触球瞬间身体侧转，将球接向所需要的侧面。

（8）大腿接球技术

大腿接球一般可以用来接抛物线较大的高空球和略高于膝的低平球。

①大腿接抛物线较大的高空球：面对来球方向，根据球的落点迅速移动到位，接球腿大腿抬起，当球和大腿接触的瞬间大腿下撤将球接到需要的位置上。

②大腿接低平球：面对来球的方向，根据来球的高度，接球腿大腿微屈，送髋前迎来球。当球和大腿接触瞬间收撤大腿，使球落在所需要的位置上。

（三）运球技术

运球技术从狭义上讲，仅仅是指运动的方法，即指用身体的某一部分触球，使球能随运球者一起运动；而广义的运球技术不仅让球随人运动，还必须越过对方的防守，也就是说如何使用这些运球方法达到越过对方的防守目的。

1. 运球技术的动作结构

运球技术动作通常是由运球方法的选择与准备、跑动中间断触球、为下一动作的连接做好准备3个环节组成。

（1）运球方法的选择与准备：这一环节的进行是根据临场情况瞬间做出，而且随时根据需要改变运球方法。

（2）跑动中间断触球：这一环节是运球技术的最关键部分。当开始实施运球技术后，应根据临场情况的需要使用适宜部位去间断触球，并使球始终处在自己的控制范围内，为了达到这个目的，必须注意如何避开或越过对手，注意触球时的力量及球运动的方向。运球的跑动应步幅小、频率快、重心低。这有助于及时调整身体与球的位置关系，适应运球急停、变速和变向等需要。运球的触球动作是一种推拨式的触球。这有助于队员在运球时，能在力量、方向上对球进行有效的控制。一个运球动作过程包含支撑脚踏地的蹬送阶段、运球脚前摆的触球阶段和运球脚踏地的支撑阶段。蹬送动作的作用是推动人体重心前移，维持身体相对平衡，保证运球脚顺利完成触球动作。在这一阶段，应尽量缩短支撑时间，积极蹬送，以加速重心的移动。触球阶段的动作包括触球部位、触球时间、触球力量和触球方向等因素。在支撑脚蹬送的同时，运球脚前摆触球给球以推动力。只有熟练地把握好这些因素，并协调其相互间的关系，才能保证对球的有效控制。

（3）为下一动作的连接做好准备：这主要是在运球任务结束，接着需要传球和射门时，球所处的最佳位置，以及身体应处于何种状态更有利于下一个动作。这就需要在运球即将结束时迅速做好上述准备，这种准备应在运球过程中自然协调地进行，从而使得运球与传球（射门）一气呵成。

2. 运球技术的种类

（1）脚背正面运球：运球时，身体保持正常跑动姿势，上体稍前倾，步幅不宜过大，运球脚提起，髋关节前送，膝关节稍屈，提踵，脚尖下指，在着地前脚背正面部位触球后中部将球推送前进。由于脚背正面运球时身体保持正常跑动姿势，所以可以发挥出较快的速度，因而这种技术多用在运球前方一定距离内无对手阻拦时。

（2）脚背内侧运球：运球时，身体稍侧转并且自然协调放松，上体前倾，步幅小，运

球腿提起外展，膝微屈外转，提踵，脚尖外转，使脚背内侧正对运球方向，在运球脚落地前用脚背内侧推拨球，使球随身体前进。脚背内侧运球中，由于身体稍侧转，不能采用正常跑动姿势，因而不适用于高速运球。但由于接触部位与支撑位置的特点，易于完成向支撑脚一侧的转动，所以多用于向支撑脚一侧的转动变向运球。

（3）脚背外侧运球：运球时，身体保持正常跑动姿势，步幅不宜过大，上体稍前倾，运球腿提起，髋关节前送，膝关节稍屈，提踵，脚尖绕矢状轴向内旋转，使脚背外侧正对运球方向，在运球脚落地前用脚背外侧推拨球的后中部。脚背外侧运球可以发挥出较快的速度，与脚背正面运球有相同的用途。另外，利用脚腕的动作可以很快改变脚背外侧面所正对的方向，故在运球脚一侧改变方向时也多采用这种运球方法。这种方法能用身体将对手和球隔开，所以在掩护时也常使用。

（4）脚内侧运球：运球前进时，支撑脚位于球的侧前方，肩部指向运球方向，支撑腿膝关节微屈，重心放在支撑腿上，另一条腿提起屈膝，用脚内侧推球前进，然后运球脚着地。由于肩部指向运球方向，身体侧转，虽然移动时速度较慢，但身体前倾有利于将对方和球隔开，因而这种技术多用在运球寻找配合传球时，或有对方阻拦需用身体来作掩护时。

（5）扣球：与拨球的运用差不多，不同的是它的用力是突然的，并伴随着突然转身或急停，使对手在来不及调整重心的瞬间，突然从反方向拼命送球越过对手的防守。

（6）拉球：拉球时，前脚掌放在球的上部或侧上部，另一脚放在球的侧后方支撑，然后触球向后下方用力将球拉回。回拉球一般都是躲开或引诱对方出脚抢球的瞬间将球拉回造成对方抢球落空，使其重心随抢球脚前移，趁对手难于返回的瞬间将球迅速推送出去越过防守者。

（7）挑球：是指用脚背部位触球的下部并突然向上方挑起，在对手来不及实施挡球动作时球就已越过，运球者随球迅速跟进的运球方法。运用挑球是要注意一般球不要挑得太高。

（8）拨球：运用拨球时，利用脚踝关节向侧的转动，达到脚背内侧或脚背外侧触球，将球拨向身体的侧前方、侧方、侧后方。在过人时若使用拨球，还要在拨球后立即跟上推球，使球按预定方向运行。

（9）颠球：是指在运球过程中，有时球在空中或地面上跳动，根据对手抢截时所处位置或实施抢截时间，用恰当的部位将球颠起，越过对手达到过人的目的的方法。

3. 运球过人技术

（1）利用变速过人：对手在持球者侧面，持球者用另一侧脚运球，利用运球速度的变化达到甩掉对手或越过对手的目的便是变速过人。这种方法主要针对防守者是被动的，容易被运球者甩掉达到过人的目的。有时则采用突停突起甩掉对手，运球者必须能很好地控制球和自己的身体，做到球随人来，人随球走，才能达到过人目的。

（2）利用穿裆过人：当运球者遇到对手从正面阻挡时，发现对手两脚之间开立较大，而且重心在两脚之间，运球者应侧身运球接近对手，抓住时机将球从对手两脚之间推过，身体也随着从防守者侧面越过并很好地控制住球。这便是穿裆过人。当防守者两腿左右之间开立并不大时，可以用假动作作引诱防守者使其两腿分开较大，然后再使球穿裆而过。

（3）利用身体掩护强行过人：当持球者接近对手时，双方速度减慢，持球者侧身用身体靠住对手以另一侧脚将球拨出，同时转身将对手倚在身后并随球越过对手。

（4）人球分路过人：人球分过主要是利用防守者注意力集中在球上，并且认为可以触到球的心理，达到过人的目的。当防守者出脚抢球时，运球者抢先将球推到前方，而防守者的抢球脚未触到球着地时，身体重心也移过来了，这时运球者迅速从防守的另一侧越过去控制球，防守者再转身起动就很难追上。

（5）利用速度强行过人：速度强行过人是指持球者以突然的快速推拨球（力量较大），并与快速的奔跑相结合越过对手的阻挡。这种方法主要是利用自己的起动速度，或抓住对手突停突起或突然起动时所耽误的时间。运用速度强行过人要求对手身后较大纵深内无其他的防守者，或持球者高速运球，或其他防守者难以补位。另外，应在对手跑上来准备抢球，或持球者和防守者僵持时持球者突然推拨球起动。

（6）运球假动作过人：假动作过人是运球者利用上体、腿部的晃动使对手产生错觉，在对手做抢球动作时，使其重心产生错误的移动，运球者则抓住时机从另一侧越过对手。用假动作过人时，应善于利用对手因判断错误而造成重心移动的时机实施过人动作，这样，对手再调整重心时为时已晚。

（7）恰当地组合推、拨、挑、扣、拉、颠等动作过人：用单脚或双脚轮流选用上述动作，使组合起来的动作适时地改变运球的方向和速度，使对手难于判断过人的方向和时机，或造成对手重心出现错误的移动，运球者抓住其漏洞而越过对手。

（四）头顶球技术

头顶球技术是指运动员有目的地用前额将球击向预定目标的动作。头顶球技术，不仅可以用来进行传球、抢断球、高球射门，而且还可利用鱼跃式顶球扩大运动员的控制范围，防守时抢险。

1. 头顶球技术的动作结构

头顶球技术的动作结构包括移动选位、身体摆动、头触球、触球后的身体平衡4个环节。

（1）移动选位：在运动头顶球技术时，首先要对来球的速度、运行轨迹作出正确的判断，选好击球点，并及时到达顶球位置或起跳位置，同时还应考虑到自己的弹跳能力和比赛当时双方的情况，只有对这些情况进行充分估计后，所选的位置才能保证完成顶球动作。

（2）身体摆动：身体的摆动是由身体许多部位的肌肉协调用力来完成，其摆动顺序是由下而上，这样才可以使击球部位获得最大的速度。它是顶球力量的主要来源，但球所受力的大小并不完全决定于用力的大小，还将受到头触球环节的准确与否及来球力量的大小等影响。顶出球的方向并非按照垂直碰撞的反射方向顶回，而多与垂直反射方向成一定角度，为了准确地将球击到预定目标，必须在身体摆动时就考虑到来球方向与将球顶出方向间的关系，使身体摆动发挥出最大的作用。

（3）头触球：这一环节的主要任务是保证顶出球的准确性。头触球不是将来球顶回，而是与来球方向成一定的角度，并将球顶到一定距离的预定目标，这就要求在触球时要主动用力。在头触球时，必须使身体摆动所获得的速度与由接触部位造成的反射方向一致并指向预定目标。有时由于比赛情况无法保证身体摆动所获得的速度与由接触部位造成的反射方向

一致，因此必须使这两个不同的力（或速度）的合力（合速度）方向指向预定目标。

（4）触球后的身体平衡：运动员触球后维持身体平衡的主要影响因素有两臂合理摆动、脚步的移动、落地时的屈膝、踝，以及来球的冲力。顶球者应根据不同来球的顶球方法，恰当地协调 4 者关系，维持身体平衡。

2. 头顶球技术的种类

头顶球技术可分为前额正面头顶球和前额侧面头顶球。

（1）前额正面头顶球

前额正面头顶球是用额肌覆盖着的额骨正面部分去击球的一种动作方法。前额正面头顶球又可以分为以下几种。

①原地头顶球：原地头顶球是指眼睛注视运动中的球，身体正对来球方向，两脚左右开立（或前后开立），膝关节微屈，重心置于两脚间的支撑面上（或后脚上），两臂自然张开。当球运行到将垂直于地面的垂线时，迅速向前摆体，两腿用力蹬地，微收下颌，在触球瞬间颈部作爆发式的振摆，用前额正面击球中部，上体随球前摆（图 5-17）。

图 5-17

②原地跳起头顶球：两膝屈，重心下降，然后两脚用力蹬地起跳，同时两臂屈肘上摆，在身体上升阶段展腹挺胸，眼睛注视来球，两臂自然张开，身体自然成背弓。当球运行至身体额状面时，迅速收腹，上体前摆，触球瞬间颈部作爆发性振摆，用前额正面将球顶出。同时两腿向前作振摆，球顶出后两腿屈膝屈踝落地（图 5-18）。

图 5-18

③跑动头顶球：正对来球跑出抢点，顶球的动作要领和原地顶球相同。球顶出后，由于

跑动速度较快，为保持平衡，身体应该随球向前移。

④跑动跳起头顶球：一般根据来球及时跑到起跳点使用单脚起跳。起跳的前一步要稍微大些，起跳脚蹬地跳起。同时，另一腿屈膝上摆，两臂屈肘自然上提。其余各环节和原地跳起头顶球相同。

⑤鱼跃头顶球：判断好来球的路线与选择好顶球点后，以单脚或双脚用力向前蹬地，身体接近水平状态向前跃出，同时两臂微屈前伸，眼睛注视来球，手掌向下，利用身体向前跃出的冲力，用前额正面顶球。顶球后，两手先着地，手指向前，接着以胸部、腹部和大腿依次着地（图5-19）。

图5-19

⑥向后蹭顶球：第一环节与跳起前额正面头顶球相同，当球运行到身体上空时，利用挺胸、展腹、扬上颌，身体向后上方伸展，用前额正面靠上的部位用力击球的下部，将球向后上方顶出去。原地向后蹭顶球的技术动作基本相同，只是不用起跳。

（2）前额侧面头顶球

这是用额肌覆盖着的额骨侧面部分去击球的一种动作方法。前额侧面头顶球又可以分为以下几种。

①原地头顶球：两脚前后开立或左右开立，出球方向的异侧脚在前，重心逐渐过渡到前脚上，前膝微屈，眼睛注视来球，两臂侧前后自然张开，当球运行至体前上方时用力蹬地，前脚掌适度旋转，上体随着向出球方向扭摆，同时用力向击球方向甩头，以前额侧面击球的后中部。

②跑动头顶球：跑动头顶球和原地额侧头顶球动作要领相同，不同的是此动作是在快速跑动中开始和完成的，而且注意完成动作后的身体平衡。

③跳起头顶球：跳起头顶球可以分为原地跳起顶球和助跑跳起顶球。起跳动作第一环节和前额正面跳起头顶球相同。在起跳后的身体上升阶段上体向出球的相反方向侧摆，在身体达到最高点时，上体急速向出球方向摆出，颈部扭摆甩头，用前额侧面击来球的后中部，将球击向预定的目标。落地时屈膝以缓冲落地力量并保持身体平衡（图5-20）。

图 5-20

（五）掷界外球技术

1. 掷界外球技术的动作结构

（1）掷界外球的动作是一个下端固定的爆发式的平摆运动，需要稳固的支撑。

（2）根据身高和臂长掌握合理的掷出角度，它是影响远度的重要因素，一般出手早掷出角大，反之则小。

（3）球出手速度快则掷得远，这就需要力量基础和协调用力能力。

（4）充分利用助跑的初速度有助于将球掷远。

2. 掷界外球技术的种类

掷界外球技术分为原地掷界外球和助跑掷界外球两种，内容如下。

（1）原地掷界外球：面对出球方向，两脚前后或左右开立，每脚均应有一部分站立在边线上或边线外。膝关节弯曲，上体后仰成背弓，重心移至后脚上，两手自然开立，拇指相对，持球的侧后部，屈肘将球置于头后。掷球时，后脚用力蹬地，两腿迅速伸直，身体重心由后脚移至前脚，收腹屈体，同时两臂急速前摆。当球摆到头上时用力甩腕将球掷入场内。掷球时，后脚可沿地面向前滑动，两脚均不得离地。

（2）助跑掷界外球：两手持球放在胸前，在助跑迈出最后一步时，上体后仰成背弓，同时将球上举至头后，掷球时的动作与原地掷界外球动作相同。将球掷出后，后脚可在地面上向前滑行，但不得离地。

二、足球比赛中常用实战进攻技术

（一）接控

接控球技术是现代足球比赛中综合运用的一项富有攻击性的技术。它是争夺控球权、确保比赛优势、选择进攻时机、突破对方防线和获得射门机会的重要手段。

技术和技巧是接控能力的两个方面。技术是技巧的基础，技巧是技术在场上的合理运用。因此，对于运动员来说，掌握好接控球技术是十分必要的。

1. 接控的技术要求

（1）突然摆脱，迎球接球：以利于摆脱对手及时接同伴传球或接球后转身面对对手，寻找攻击机会。

（2）富有攻击性：接控球是以进攻为目的的，要与下一个动作连接起来去威胁对手、攻击对手，不是单纯地为接控而接控。

（3）护球挡人：接球时要尽可能地移动身体位于球的行进路线上，并置于球与对手之间。

（4）紧紧连接传球与射门：接控球的目的就是为了更好地争取进攻的机会。因此，当接好球后，一旦出现这种时机时必须及时传球或射门。

2. 接控球技术要点

（1）接球时步点要踏准，步法要灵活。

（2）要移动重心，保持身体平衡。

（3）注意动作的连接速度。

（4）背身接控球时，置身体于球和防守者之间，侧身接控球时用远侧脚接护球。

3. 接控的技术要领

接控球技术动作的要领可归纳为准、柔、顺、压、切（削）5个字。

（1）准：就是对来球的落点判断要准，步法步点要踏准，动作方法和接趟球脚的部位要准。

（2）柔：即动作要协调、自然、放松。也就是在接球时脚或身体的其他部位去适应球，而不是球去碰脚或其他部位。

（3）顺：指接控要顺球势。如接地滚球时，要顺势转向趟运方向，接高球时要顺势下撤，接平急球时，要顺势后撤。

（4）压：接落地反弹球时，接球脚离地面不超过10厘米，与地面角度为45°。当脚接触球的刹那间脚要向下压，在接平胸来球时，胸部微收，触球时胸要下压。

（5）切（削）：即指用脚的内侧或外侧由上向下切击来球的外沿，达到停挡球或改变球运行路线的目的。

（二）传球

传球技术是足球比赛中应用最多的技术，它是组织进攻、变换战术、渗透突破、创造射门的重要手段。现代足球运动正向着快速、全攻全守的方向发展，足球比赛中不停地连续传球、高度准确地转移中长传、快速运球中进行隐蔽性传球以创造射门良机，已是世界强队的重要标志。

1. 传球的基本因素

传球技术的基本因素主要包括准确、力量、时机、晃骗、角度等，内容如下。

（1）准确：是指传球目标。如接球队员在跑动时，要将球传到跑动队员的前面，让队员迫上拿球。传给临近的队员接球时，以他即刻能控球为准。

（2）力量：传球力量取决于传球远近，传球距离近，则用力小；反之，则用力大。

（3）时机：时机因素与准确性、用力适度同等重要。如一位前锋实现了切入防守者身后的意图，但传球太慢，结果被补上的防守者截获而失去进攻良机。

（4）晃骗：机敏的防守者常能在进攻者采取行动之前识别他的意图，使进攻者行动失败。但高水平的运动员则能通过晃骗（假动作）使防守者暴露出空当，创造传球的机会。

（5）角度：是指传球队员的视野角度，以及传球队员与接球队员间可能传球的角度。

2. 传球的原则

传球是以实现进攻、进球为目的的，必须明确以下原则。

（1）能射不传：在能射门的情况下，优先选择射门。

（2）向前、向对方身后传：组织进攻的目的就是要突破对方防线，取得射门机会。向对方身后传若能成功，即意味着防线的突破，就能给对方球门构成威胁，这是传球者的第 1 选择。

（3）向前、向同伴脚下传：若不能向对方身后传，则快速向在前方的同伴脚下传。通过同伴再去创造空间，这是传球者的第 2 选择。

（4）向前、向两侧同伴转移中长传。利用中长传转移，扯动防守，再创向前机会，这是传球者的第 3 选择。

（5）向同伴横传球或回传球。当前 3 种传球都不能实施时，向左右两侧同伴横传球或回传球，保持控球权，再寻找机会发动向前的进攻。这是传球者的最后选择。

3. 传球的要求

（1）传球时机要把握住，落点、分量要恰到好处。

（2）快传球、传快球、传好球。快传球：就是传球要及时，尽可能进行直线传球。传快球：就是传出的球球速平急，有利于组织快速渗透进攻，以及中长传快速转移。传好球：就是要符合与同伴配合的要求，并具有威胁性和攻击力，有利于同伴接控、趟带、过人以及射门等。

（3）传球训练应根据足球比赛中进攻、进球的规律和特点进行计划和安排。

（三）运过

运过是指运球和过人，它不仅是维持控球权的重要手段，而且也是破坏防守组织与平衡、创造以多打少的锐利武器。它是控制比赛节奏、构成更好的传球机会和射门得分的重要方法。

1. 运过的原则

（1）有好的射门或传球机会时，不运过，以免贻误战机。

（2）后场运过价值不大，前场应提倡冒险。

（3）运过要实现的目的是，通过运过能有好的传球或射门机会，否则便无战术意义。

（4）运过中要注意反方向传球和反越位。通过向一侧运球，常会使防守者的移动和战术行动偏向一侧，所以突然反向传球，可有效地补足防守漏洞。当对手造越位时，恰当地运用运过技巧，可以使这一战术瓦解。

2. 运过的基本要求

（1）身体要求：在静态或跑动中要能突然变速变向。完成急停、起动、转身和变向不仅动作要迅速，而且要保持身体平衡，还要有即刻应付防守者行动的能力。

（2）技术要求：观察能力要与娴熟的控球技术高度结合，要做到既能稳控球，又能观察对手和场上的情况。

（3）意识要求：要掌握运控、传、射的时机，并能对对手的各种防守行动作出预测，以利于自己采取有效行动。

（4）心理要求：要具有威慑力、自信心、获胜欲和竞争欲。

（四）射门

射门是足球比赛胜负的关键因素，是各种进攻战术的期望归宿。整个足球比赛过程中始终是围绕着射门与反射门的争夺而展开的。足球比赛中常用的射门方式主要有直接射、运射、接趟射、过人射和直接踢任意球 5 种。来球的方向主要有正面、侧面、前侧方、后侧方 4 种。来球的性质可分为定位球、地滚球、空中球（包括直线、弧线、抛物线）。

1. 射门的基本要素

（1）捕"机"意识：同样是中、前场队员，有的能抓到射门机会，并能荣摘射手桂冠；有的则东奔西跑、精疲力竭，却捕捉不到射门机会。这就涉及门前对球的动向、对手动向、同伴动向等方面的正确预测与判断。实践证明，理论学习、经验总结、实战锻炼指导、观看比赛等，都是提高捕"机"能力的重要手段。

（2）射门意识：对射门的意义认识不足、欲望不强烈、能射的不射、能起脚的却还要等，结果错失良机。对这类队员应及时地给予实战指导。

（3）射门能力：由于基本技术不扎实，如助跑中的步法、步点不准，击球部位不准，脚法运用不对，都会使很好的机会化成泡影。

2. 射门的要点

（1）步法、步点要准确。

（2）脚法和击球部位要准确。

（3）击球一瞬间要集中力量。

第三节　足球运动防守技术

足球运动中的防守技术主要有抢断球技术和守门员技术，本节就这两大类技术进行详细介绍。

一、抢断球技术

抢断球技术是指在规则允许的范围内，运动员使用身体的合理部位将对手的控球权夺过来或破坏掉。

（一）抢断球技术的动作结构

抢断球技术的动作结构包括选位、抓住时机实施抢截动作、实施抢截动作后与下一动作紧密衔接 3 个环节。

（1）选位：包括对对方控制球情况和接应队员情况的观察以及对对方意图的分析判断。根据观察、分析和判断，及时移动到最有利于实施抢截球的位置。这一环节是成功地实施抢截球的先决条件，如果不具备这些条件，抢截球就是盲目的。为了抢截成功，在条件允许的情况下，可以拖长这一环节的时间和过程，甚至引诱控球队员作出错误的决定，从而达到抢截球成功的目的。

（2）抓住时机，果断实施抢截动作：时机是在实施动作时最重要的因素，过早或过迟都会影响抢截的效果，甚至造成失败。一般情况下，抢截球可分为两种：一种是对方传球过程中的抢截时机，这种时机都是在对方将球传出后未被其同伴接到前，抢先出击截获或触及球；另一种是对个人控球企图越过防守时的抢截时机，这种情况多是在控球者做触球动作后，触球脚即将落地或重心已移至即将落地的触球脚时，此时实施抢截动作，持球者已无法再改变球的运球路线。

（3）实施抢截动作后，迅速与下一动作紧密衔接：根据场上不同的情况，使用不同的抢截动作，有时在实施抢截动作时会使身体呈现各种状态，可能不利于下一个动作的连接，为了保证与下一动作的紧密连接，应使身体恢复到所需要的状态和位置。

（二）抢截球技术的种类

在现代足球比赛中，常用的抢截球技术主要有合理冲撞抢球、正面跨步堵抢和铲球，铲球又分为正面铲球、同侧脚铲球和异侧脚铲球，具体内容如下。

1. 合理冲撞抢球

并肩与运球者跑动追球时，应将重心稍下降，靠近对手一侧的手臂紧贴身体，利用对方同侧脚离地的过程，用肘关节以上部位适当冲撞对手同样部位，使对手身体失去平衡，乘机将球控制住（图 5-21）。

图 5-21

2. 正面跨步堵抢

两脚前后迎运球者开立，两膝微屈，身体重心下降，并置于两脚间。当距离缩小到一定范围（即抢球者上前跨一大步可能触及球）时，运球者脚触球后即将落地或刚刚落地时，后脚用力蹬地并跨步向前，以脚内侧去堵截球。堵住球时，另一只脚应迅速上步。若抢球脚堵住球，对手也堵住球时，则应将另一只脚迅速前移作为支撑脚，抢球脚在不脱离球的情况下迅速向上提拉，使球从对手脚面滚过，身体重心也迅速跟上并将球控制好（图5-22）。

图5-22

3. 正面铲球

移动接近控球者，膝关节微屈，重心下降。当控球者触球脚触球后尚未落地时，抢球者双脚沿地面向球滑铲，随即用手扶地做向一侧的翻滚，并尽快起身。

4. 同侧脚铲球

根据双方离球的距离作出判断，当对手不能立即触球时，用异侧脚用力蹬地，使身体向前方跃出，同侧脚沿地面向前滑出的同时向外摆踢，用脚背外侧将球踢出。也可用脚尖将球捅出，接着向对手一侧翻转，手撑地迅速恢复到下一个动作所需要的位置。

5. 异侧脚铲球

跑动中双方都不能用正常的动作触球时，应根据与球的距离，同侧脚用力蹬地使身体跃出，异侧脚向前沿地面对着球滑出，脚底将球铲出。然后小腿外侧、大腿外侧、手依次着地。或铲出球后身体向铲球腿一侧翻转，手撑地后立即起身，使身体恢复到与下一动作衔接的状态和位置（图5-23）。

图5-23

二、守门员技术

守门员的主要任务是守住本方的球门，是全队最后一道防线。守门员的职责决定其与场

上其他队员在技术、战术、活动方式和心理方面具有极大的差别。在规则的允许下，守门员在罚球区内主要用手来完成技术动作，以实现防守的任务。守门员技术包括：准备姿势、移步、接球、扑球、托击球、发球等，内容如下。

（一）准备姿势

两脚左右开立，与肩同宽，两脚跟稍提起，身体重心落在前脚掌上。两腿屈膝并稍内扣，上体稍前倾，两臂自然屈肘于体前，手指自然张开，目视来球（图5-24）。

图 5-24

（二）移步

移步分为侧移步和交叉步两种。

（1）侧移步：常用于扑接两侧低平球。向左侧滑步时，先用右脚用力蹬地，左脚稍离地面并向左滑步，右脚快速跟上。向右侧滑步时，动作相同，方向相反。

（2）交叉步：多用于扑接两侧高球。向左侧交叉步移动时，身体先向左侧倾斜，同时右脚用力蹬地，并及时向左前方跨出一步成交叉步，然后左脚向左侧移动，右脚和左脚依次快速移动并蹬地跃出。向右侧交叉移动时，动作相同，方向相反。

（三）接球

1. 地面球

接地面球主要有直腿式和跪撑式两种方式。

（1）直腿式：面对来球，弯腰时两膝伸直，两腿分开，距离不得超过球的直径，两手掌心向上，前迎触球后将球抱于怀中（图5-25）。

（2）跪撑式：多用于向侧移步接球。接左侧球时，左腿屈，右腿跪撑于左脚附近，距离不得超过球的直径，其余动作与直腿式接球相同（图5-26）。接右侧球时，动作相同，方向相反。

图 5-25　　　　　　　　　　　　　图 5-26

2. 平空球

平空球是指膝以上、胸以下的空中球。接球时面对来球，两手掌心向上，两手小指相靠，前迎接球。上体前屈，当手触球时微后撤以缓冲来球力量，将球抱于胸前（图 5-27）。

图 5-27

3. 高空球

面对来球，两臂上伸，两手拇指相对呈八字，其余 4 指微屈，手掌对球。判断球路，纵身起跳，在最高点触球瞬间，手指、手腕适当用力，缓冲来球并将球接住，顺势转腕屈肘、下引将球抱于胸前（图 5-28）。

图 5-28

足 球

（四）扑球

扑球技术是在守门员来不及移动正对来球时使用。常用的有倒地扑侧面的低球、鱼跃扑球等。

1. 扑侧面球

异侧脚用力蹬地，双手快速向侧伸出，一手置于球后，另一侧手置于球的侧后上方。同时身体向同侧脚方向倒地，落地时以小腿、大腿、臀、肘外侧依次着地，落地后即团身（图 5-29）。

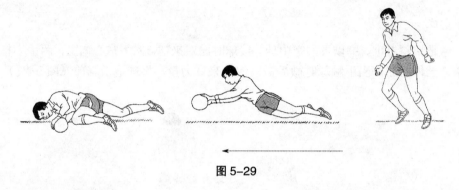

图 5-29

2. 扑平空球

完成这一动作时应注意空中展体，手指用力抓住球，接球后以球、肘、肩、上体、臀、腿外侧依次着地并迅速团身（图 5-30）。

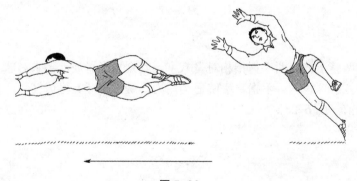

图 5-30

（五）托击球

在守门员没有把握接住球或在对方猛烈冲门的情况下，为了避免接球脱手造成被动，常采用拳击球或用手将球托出界的方法，以避免球入球门。拳击球有单拳或双拳击球；托球也有单掌或双掌托球（图 5-31）。

（六）拳击球

准确判断来球运行路线，及时移动到位，握紧拳，在接近球的刹那迅速出拳击球。拳击球有单、双拳击球，单拳击球动作灵活，摆动幅度大，击球力量大（图 5-32）。双拳击球接触球面积大，准确性高。

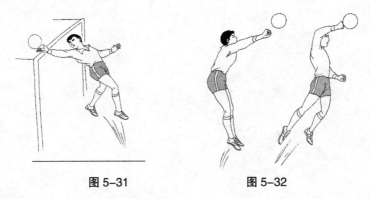

图 5-31   图 5-32

（七）发球

发球技术是守门员接球后组织进攻的手段。常用的发球方法有手抛球和脚踢球两种。无论采用哪一种发球方法，都要求及时、准确、战术目的明确。

1. 手掷球

（1）侧身勾手掷球：掷球前，由于球从异侧经头顶后将球掷出，作用力距离长，又能较好地借助腰腹力量，故出球速度快，距离远（图 5-33）。

（2）单手肩上掷球：充分利用后腿蹬地、持球手臂后引、转体挥臂和甩腕力量将球掷出（图 5-34）。

图 5-33   图 5-34

2. 脚踢球

（1）踢空中球：将球置于体前，在球自由下落过程中踢球。它多用于远距离或雨天场地泥泞时。

（2）踢反弹球：体前抛球，球落地后反弹起来的瞬间将球踢出。它比踢空中球准确性要高，速度较快，出球弧度低，隐蔽性强。

第六章　足球运动的基本战术

学海导航
XUEHAI DAOHANG

在足球运动中，足球战术的应用是为了在比赛中战胜对手，比赛实践证明，足球战术的成功组织与巧妙运用是夺取比赛胜利的重要因素。本章对足球运动的基本战术进行介绍，包括足球运动战术概述以及进攻和防守战术。通过本章的学习，学生要了解足球运动战术的基本知识，掌握足球运动的战术要求，培养足球战术意识，在实践中根据主客观实际采用合理的个人和集体配合手段，提高战术运用能力。

第一节　足球运动战术概述

一、足球运动战术的构成

现代足球战术内容丰富，主要构成要素包括 4 个方面，即战术观念、战术指导思想、战术意识、战术知识等。各要素具体如下。

（一）足球战术观念

足球战术观念具体是指对比赛战术概念、战术价值功效及运用条件等进行认识和思维后产生的观念。

足球运动实践表明，在训练和比赛过程中，战术观念的形成同运动员、教练员所具有的竞赛经验、知识结构、认知特点和思维方式等密切相关。教练员、运动员的战术观念对一切战术活动有着重要的导向意义，它直接影响教练员和运动员进行战术思考、制订战术计划、组织和实施战术训练。

（二）足球战术指导思想

足球战术指导思想受足球战术的影响较大，在足球运动比赛或训练过程中，足球战术指导思想具体是指个体（教练员或运动员）根据比赛具体情况提出的战术运用的活动准则。它是基于对战术规律认识基础之上，指导战术行动的规范或模式，明显地体现出战术运用者的战术观念。

在现代足球运动中，战术指导思想是足球战术活动的核心。战术指导思想正确与否决定

了战术的运用是否具有很强的针对性和实效性。

（三）足球战术意识

战术意识是运动员在比赛中按照一定的战术目的，正确合理地运用技术和战术的、自觉的心理活动（包含运动员战术运用方面的感知、记忆、思维、想象等心理活动）。它是运动员对比赛客观现实的有目的的、自觉的反映，是运动员根据比赛场上的攻守态势，自觉选择与运用技术战术行动的瞬时决断能力的体现。将战术意识看成运动员的一种自觉的心理活动，强调了思维的作用，因此，战术思维是战术意识的核心。

从心理学认识的角度来讲，足球战术意识包括对比赛客观现实认识的感性阶段和理性阶段。具体如下。

首先，足球战术意识的感性阶段是指运动员对赛场上各种情况的感知，如对攻守态势、比分、裁判、观众等的感知。这种感知，主要取决于观察这一特殊的知觉形式。观察是运动员对赛场现实客观事物感性认识的一种主动形式。比赛场上正确的行动来源于正确的思维，正确的思维判断依赖于精细的观察，全面、准确、敏锐的观察是决定战术意识水平的基础因素，其中，观察敏锐度是决定运动员战术意识水平的重要因素。

其次，足球战术意识的理性阶段是指在意识指引下的思维活动。思维活动是意识的主要成分，运动员在比赛中将感知到的比赛情况及有关比赛的各种信息通过思维活动进行全面的分析、综合、比较、抽象和概括，从而作出决断并采取相应的行动，思维活动的过程是在瞬间完成的，成为一种自觉的活动，是足球运动员借助于已有经验来完成的。

在足球运动中，可以简单地将足球战术意识分为个人足球战术意识和集体足球战术意识两大类。

（四）足球战术知识

足球战术知识指关于比赛战术理论及实践运用的知识，有经验性知识和理论性知识两种形态，主要是指足球运动员对足球战术运用原则与战术形式、战术的发展趋势、比赛规则对战术运用的制约等方面的了解与把握程度。

在足球比赛过程中，教练员、运动员制定的战术方案是否合理，运用得是否灵活、机动和有效，往往取决于他们掌握战术知识的广度和深度。可见，足球战术知识是足球教练员或运动员参与足球运动的必备能力要素之一。

二、足球运动战术的分类

根据不同的分类标准，可以将足球运动战术划分成多种不同的战术，主要的分类方法及内容具体如下。

（一）根据表现特点分类

根据足球运动战术的表现特点，可将足球运动战术分为体力分配战术、参赛目的战术、阵型战术和心理战术等。

1. 体力分配战术

体力分配战术指通过体力的合理分配而谋取胜利的战术行动。在足球比赛中，根据比赛日程的实际情况，通过对队员的调整来合理分配队员体力；或根据敌我双方的实力情况，在一场比赛中合理分配队员的体力。

2. 参赛目的战术

并非所有的足球比赛都是为了取得胜利，尤其是足球运动日益职业化的今天，各种利益争夺一直存在，因此，双方所采用的比赛战术会因参赛目的不同而不同。如在联赛中根据客观情况采用不同的战术，争取取得理想的成绩。

3. 阵型战术

阵型战术指在足球比赛中以一定的阵型，使每名运动员有一个相对的位置分工，并按一定的要求相互配合，从而构成一个相对完整的阵营形式去战胜对手的战术行动。常见的足球战术主要有进攻的阵型战术、防守的阵型战术、定位球战术等。

4. 心理战术

和其他战术相比，心理战术的主要目的是确立自己的心理优势，使对手在心理上处于劣势。具体来说，心理战术是指通过一些特定的方式和措施，给对手心理上施加影响，使对手不能顺利完成其预定的战术决策和战术行动。心理干扰是心理战术的核心。

在足球比赛战术的运用中，心理干扰常用的手段有制造假象、形成错觉，可使对手摸不清本方战术意图，从而导致对手采用错误的战术行动。具体手段包括对对手进行威慑、麻痹、迷惑等，目的是使对手产生心理压力过重、烦躁不安、心理过程紊乱、盲目自信或丧失信心等消极情绪，诱使对手在错误的心理活动支配下进行错误的战术行动。

总的来说，在足球的训练中、比赛前和比赛中，运动员个人或集体任何微小的变化都会给对方以心理影响，扰乱对方的预先战术部署，从而达到破坏其正常技术发挥的目的，最终取得理想的比赛结果。

（二）根据适应特性分类

足球战术按战术的适应特性主要分为两类，即常用战术和特殊战术。具体如下。

1. 常用战术

常用战术又称基本战术或常规战术，是在长期的足球竞赛实践中总结出来的、具有较大普适性的战术。例如，短传配合进攻战术等。

2. 特殊战术

特殊战术是指运动员在足球比赛中针对特殊对手而专门制定的战术，该战术的显著特征主要表现为"一次性效应"。在现代化激烈的足球比赛中，特殊战术能力是衡量一支球队实力的重要指标，也是衡量教练员水平的重要标志。在争夺名次、出线权等关键性比赛中，

特殊战术的有效性是非常重要的。

（三）根据攻防性质分类

根据攻防性质，可以将足球运动战术分为进攻战术、防守战术和相持战术。

1. 进攻战术

进攻战术是指足球运动员利用掌握主动权的机会，通过个人的努力和集体的配合，向对手发动主动进攻所组成的战术行动。

2. 防守战术

防守战术是指足球运动队中，由个人、小组或集体协同配合采取的，以阻碍对手进攻为目的的战术行动。

3. 相持战术

相持战术是指足球比赛中双方攻守态势相对均衡时，为争得主动、力求场上形势向有利于己的方向转化而采取的战术行动。

通常，在势均力敌的比赛中，大量存在着"相持现象"。相持阶段是介于主动与被动的过渡环节。在相持环节，运动员对战术的运用是否得当，是比赛过程中能否争得主动、避免被动的主要因素，这一特点在高水平的比赛中表现得尤为明显。

（四）根据参加人数分类

根据运用某项战术时参加人数的多少，可以将足球运动战术分为个人、局部（小组）和整体（全队）战术。比赛中，个人、小组（局部）、整体（全队）战术是紧密联系在一起的。

1. 个人战术

个人战术是指在比赛中，个人所完成的战术行动。在足球比赛中，个人战术是整体战术的组成部分。个人战术是小组战术和全队战术的基础。

2. 局部（小组）战术

小组（局部）战术是指足球比赛中2、3名运动员共同完成的战术行动。如边路的传切配合、中路的二过一配合等。

3. 整体（全队）战术

整体（全队）战术是指赛场上同一运动队中所有运动员按统一的战术方案所进行的战术行动。只有当一个队伍是团结的集体，队里的分工既符合全队的目标、又符合每名运动员的个人能力特点时，整体战术才是行之有效的。

总之，在现代足球比赛中，合理有效地运用战术往往是球队获得胜利的关键。本书中所提到的足球运动战术的分类体系只是相对而言。在实践中战术的运用很可能出现交叉，如个人战术又可分为个人进攻战术和个人防守战术等。

三、足球运动战术应用的原则

（一）足球运动战术应用的一般原则

1. 灵活机动，掌握节奏

首先，足球运动赛场情况变化多端，没有某种固定的比赛模式或套路，更没有绝对一样的比赛情景能够反复重现。因此，刻板、教条的战术打法在比赛中很难奏效，战术的应用应该是灵活机动的，要求运动员必须在比赛中审时度势，机动灵活地运用各种攻防技战术，以实现战术目的。为了适应比赛需要，充分发挥本队的特点和优势，掌握比赛的主动权，造就比赛时各种态势的发展变化，在技术、战术等方面应具备各种变化并灵活机动地加以运用。具体操作如下。

（1）进攻队员通过积极主动、快速多变的有球和无球活动，不断变化进攻的节奏、方向、位置、区域、距离和高度等，使防守一方顾此失彼、防不胜防。

（2）运动员在进攻中根据各种比赛情况，随机地、创造性地采用有效的技战术动作，合理地应对复杂的比赛情况。例如，调动兵力，造成局部地区的以多打少、以多防少的有利形势；变换战术，扰乱对方的进攻或防守部署，使对方顾此失彼，陷于被动的局面等。

（3）运动员必须在最短的时间内，在实施攻击的多个可能中随机应变地筛选出最佳方式轰击对方球门，或为同伴制造杀机。

（4）运动员必须具备运控球或过人突破过程中的假动作和无球跑动中摆脱对手的能力。

（5）运动员必须具备良好的体能、全面而娴熟的技巧、丰富的比赛经验、优秀的战术意识、稳定的心理状态。

总之，现代足球比赛竞争激烈，运动员必须掌握全面的技术、战术，具有良好的身体素质及观察、思考、应变能力是一支球队始终保持灵活机动的基础。在比赛中，队员充分发挥主观能动性、善于思考、善于根据对手的特点和具体情况灵活机动地运用和调动各种进攻手段和防守力量。在足球比赛实践中，一名优秀的运动员和一支成熟的球队，任何时候都不能拘泥于位置和固定套路的束缚。所以应该在训练中培养运动员根据临场情况灵活机动地贯彻攻守战术的能力。

其次，掌握比赛的节奏，使全队进入最有效的比赛状态具有十分重要的作用。当代足球比赛的实质是运动员之间时间的争夺和空间的抢占。而快攻与快守是掌握节奏的主要因素，是争夺时间、抢占空间的主要战术手段。一场高水平的足球比赛在双方都想快攻，同时又都想防止对方快攻的情况下，快攻的次数总是有限的。足球比赛的规律表明：快与慢是客观存在的。如何在快的前提下做到当快则快，当慢则慢，有机结合，合理转换，这是掌握攻防节奏原则的难点所在。

2. 创造优势，力争主动

一场激烈的足球比赛过程中，双方都力图通过限制和反限制，扬长避短，变劣势为优势，变被动为主动，从而在一场比赛中改变双方实力对比。足球比赛一般来说是攻守双方综合实力的较量，但以弱胜强的例子也很多见。

在足球比赛中，可以通过以下途径创造优势争取主动。

（1）利用比赛开始和结尾掀起高潮，非常自信地猛攻稳守，给对方施加心理上的压力。

（2）精心组织罚球区的攻守，与此同时，重视在局部地区形成以多打少，防守时组成围抢的局面。

（3）力争掌握中场控制权，有意识地在战术安排和人员使用上加强中场的争夺，使3条线有序衔接，形成进可攻、退可守的有利局面。

（4）锋线安排精兵强将，善于捕捉战机，敢于突破拼射。

（5）卫线则密集稳守，要求明确对手，紧逼盯抢，自由人移动补位要快，不给对手可乘之机。

3. 攻中寓守、守中寓攻

高水平的足球比赛攻守双方转换迅速，激烈对抗的足球比赛场上局面千变万化。因此，比赛过程中，任何一方在进攻时既要加强渗透和提高传球的威胁性，又要攻中寓守，主要包括以下几个方面。

（1）进攻时无球队员主动接应控球队员。

（2）由攻转守时，从前锋反抢到前卫对口平衡，以至后卫收缩保护，实现有纵深、多层次的整体防守体系。队员要时刻观察和判断形势变化，选择有利位置。

（3）由守转攻时，快速发动与组织进攻，做到守中寓攻。

（4）当中后场队员插上助攻时，其他队员要注意弥补其防守空当，做到守中寓攻。

4. 攻守平衡

现代足球运动对抗的激烈性要求运动员技术更加全面，既能进攻又能防守，适应高速度、高强度的争夺。比赛中既要创造进攻优势，增加本方进攻次数和成功率，又要尽力减少和破坏对方的进攻，确保本方球门的安全。

首先，要根据不同对手，确定不同的战术打法。在敌强我弱的情况下，一般应在牢固防守的基础上伺机反击，做到以多防少时求稳，以少攻多时求快。在敌弱我强的情况下，我方既要大胆强攻，又要谨慎稳守。力争控制中场主动权，掌握好攻防节奏。

其次，尽量做到全队一动全动、协调行动，进而达到有层次地进攻，始终协防的、动态平衡的全攻全守战术最高境界，即进攻时能够快速反击和全队阵地进攻；防守时要把防止对方快攻和半场阵地防守有机结合，形成比赛过程中始终严密稳妥的、攻防人员相对平衡的位置态势。

5. 安全、冒险

一个成熟的球队在比赛中要善于处理好安全与冒险的关系。具体来说，应做到以下几点。

（1）要根据不同场区选择不同的战略战术。

（2）在后场30米内要坚持安全第一，不允许冒险。

（3）在后场处理球要果断，不要盲目运球、横传球。

（4）在进攻前场30米内要提倡大胆突破，敢于拼射，不失时机地传威胁球。

（5）在中场有进攻的机会应坚决冒险，或者通过有组织的行动寻找进攻的机会。

（6）尽量不让对手在后场区域自由活动，构成突破、威胁以至射门。

（二）足球运动进攻战术的应用原则

在足球比赛中，任何一支球队都必须在共同遵循的进攻原则指导下，统一认识、统一行动。在比赛当中，守方队员从对手脚下夺得球或攻方队员将球踢出场外、攻方队员犯规使守方队员获得控球权的瞬间，进攻就开始了。进攻时，应遵循以下原则。

1. 宽度原则

比赛中，当运动员不能迅速创造有效进攻纵深时，必须在确保本队控球权的前提下，充分利用球场宽度，通过有意识地向两侧跑动散开或不停地交叉换位将对方向两边拉开。以实现使防守方被迫移动防守重心，扩大防守面积，松散其防线的左右联系，为实施纵向的渗透突破增大进攻的时间和空间创造有利条件的目的。

足球运动员在比赛过程中遵循战术应用的宽度原则，必须具备准确的横斜向传球，尤其是中、长距离传球的技术能力，具有良好的向两边做转移性传球的意识，具备不失时机地拉开和占据场地两侧空当的跑位意识和跑动能力。

2. 纵深原则

足球比赛中，对抗双方进攻的主要方向和目的是突破对方防线，向对方球门区快速推进，迅速地攻击对方球门。在足球运动实践中，准确、快速、简练的技术动作，良好的跑动意识和能力，全队默契的局部与整体的进攻配合是获胜的关键。

因此，足球比赛由守转攻的瞬间，首先应迅速创造和利用有效的进攻纵深，然后以最快的推进速度兵临对方球门，创造机会得分。具体来说，比赛过程中，在组织进攻时，运动员要敢于并善于向防守者身后空当运球突破、传球、切入、插上。

3. 渗透原则

足球运动进攻的渗透原则主要表现在拉开对手防区的基础上，运动员应做到以下几点。

（1）进攻队员必须通过传球、带球等技战术手段渗透突破对方防线。

（2）前锋队员要频繁跑位，带动防守队员移动，迅速地传球切入空当，加快进攻的速度，使对方措手不及，及时进攻空当。

（3）相邻位置的进攻队员在扯动、传球、切入等方面要默契配合。

（三）足球运动防守战术的应用原则

对于足球运动员来讲，在比赛中，成功的防守是确保本方球门不失的重要保证和积极进攻的必要前提。实践证明，进行有效防守必须遵循以下战术原则。

1. 延缓原则

快速构筑本队有效防守体系必须最大限度地延缓对方进攻的推进速度。因此，当失去控球权后的由攻转守瞬间，有球区域的防守队员必须就地、就近阻截，尽可能阻碍对方传球，迫使对手横传或回传，以减缓其进攻速度，粉碎其快攻企图，从而使其他防守同伴迅速回防

到位，赢得形成以多防少有利局面的宝贵时间。

2. 收缩原则

有效运用防守收缩的一般原则，应做到以下两点，即在整体防线向球场的中轴线和本方门前的方向呈"漏斗型"收缩靠拢；向有球区域一侧收缩靠拢，形成纵横交错、相互保护和补位的紧密防守队形，压迫威胁本方球门的空间。

3. 控制原则

具体来说，在足球比赛防守战术应用过程中，要遵循控制原则，应做到以下几点。

（1）运动员要对进入本方门前30米区域的有球进攻队员和插上的进攻队员进行严密控制，盯紧逼牢，不给对方任何突破和射门机会，同时避免不必要的犯规。

（2）运动员随着对手向本方球门的逐渐接近，尽快收缩门前防区，形成人数上的优势和有组织的密集防守。

（3）运动员要重点防守罚球区的中路咽喉地带和对手有可能射门的区域。对进入这些区域或在有效射门距离内的有球进攻队员实施贴身紧逼防守，最大限度地限制其行动自由，有效控制进攻队员、球和场上空间。

（4）运动员要随时注意保护本方球门的安全，对手一旦形成射门，必须及时、果断地上前封堵，并加强对守门员的保护。

4. 平衡原则

对于足球比赛过程中的防守方来讲，运动员应快速回防到位，尽快抢占对手与本方球门之间的防守要害区域及防守位置，力求与对方进攻人数的对等均衡，或超过对方进攻人数，以保证本队安全、稳固的有利防守局面。

在足球比赛过程中科学、有效地运用平衡原则，要求足球运动员必须具备强烈的、整体的由攻转守角色意识和快速回防的奔跑能力。

四、足球运动战术的发展趋势

（一）单纯的机械分工消失

传统的足球运动中，各运动员有着明确的分工，而且这种分工缺乏灵活性，随着足球运动技战术的不断发展、竞争的日益激烈，现代足球运动中，以往单纯的机械分工逐渐消失。具体表现在以下两个方面。

1. 位置分工消失

发展到今天，足球运动中单凭技术或只靠体力的运动员已经基本消失了，足球比赛需要的是全攻全守的全面化的运动员。全攻全守的先驱者荷兰队教练米赫尔斯说："全面化的队员必须具备敏锐的机智，根据场上攻守情况，需要他到哪里起什么作用他都能承担，这样把所有的力量加起来才是总体战术。"因此，运动员在技术和战术意识、身体素质及心理品质等诸方面获得全面的发展，是实现现代战术打法的基础。

2. 锋卫分工消失

现代足球比赛中，由于全攻全守战术打法的运用与发展，足球运动已经发展到全攻全守、攻守结合的全面型阶段。锋卫职责机械分工已经消失。比赛中常常可以见到队员上下、左右大范围机动跑位十分频繁，后卫插上助攻直至射门得分、前锋退居门前积极防守的战术配合。此外，退守门前解围的现象也屡见不鲜。

需要明确的是，队员位置机械分工的消失并不等于比赛场上队员没有位置职责分工，只是要求队员跑到哪个位置上，就能胜任哪个位置的职责。实践证明，全面化的队员仍然首先是本位置的"专家"，其次才是其他各位置的"能手"，根据比赛实际情况，出色地、创造性地完成比赛任务。

（二）合理组合阵型与队形

在足球比赛中，阵型和队形有机组合的核心是要利于制造和利用空间，或控制和封锁空间。

首先，足球阵型是运动员在场上的具体位置排列和职责分工，目的是为了适应区域防守、节奏控制、无球跑动的需要，并在每名队员明确基本位置和主要职责的前提下，高度灵活、机动合理地调配攻守力量，充分发挥个人的智慧和集体的攻守特点，克敌制胜。阵型是战术的重要组成部分。

其次，足球比赛队形是指比赛场上队员的位置分布，是球队攻守力量搭配和职责分工的形式，它是战术的一个组成部分，是一个队攻守战术效应的重要基础。其目的是使每名场上队员在明确基本位置和主要职责的前提下，充分发挥个人的智慧和全队的攻守特点，争取取得比赛的胜利。队形分为整体与局部两大类。在快速的攻防转换中，为了夺取对球的控制权，比赛中整体队形压缩在 40 米左右，前、中、后 3 条线应保持紧密的衔接，在局部区域队形多为"三角形"。合理的队形进攻中利于支援，防守中利于保护补位。在比赛中，队形是阵型在不同比赛场合下更具体、更严谨、更灵活的运用，需要周密组织、随机变化的人员组合，凡不能保持良好队形的队，攻必乏力，守必漏洞。

（三）快速争夺时空主动权

快速争夺时空主动权是足球比赛取胜的关键。快速争夺时空主动权的目的是争夺对球的支配权。

足球比赛中，足球比赛的时间与空间都有其特定的含义，其中，时间是指进攻或防守队员在完成技战术过程中在时机、速度、节奏变化方面具有时间性的特征。空间是指攻守双方在距离、方位、角度方面具有空间性的特征。时间和空间是攻守双方对球控制能力的综合反映，主要体现在时间、空间上的限制与反限制、控制与反控制间的矛盾与争夺。

运动员做到敏锐观察和准确判断是夺取时空主动权的重要前提，足球意识和经验是基础，快速的行动、高超的技术和同伴支援是保证。足球比赛过程中，双方运动员时间与空间的争夺主要体现在运动员高速运动与激烈对抗中对球速与落点、对手与同伴的位移速度和方向的观察与判断，完成技术动作时对时间与空间掌握的程序，以及充分利用场地发挥本队技战术水平，争取射门得分等方面。

因此，足球运动员视野开阔，对时空判断能力强，就能更早地作出预测与决断，从而快速主动地争夺时空主动权。

（四）球星与集体完美结合

球队是由若干队员组成，每名队员的竞技水平直接影响整体成绩。球星是球队的核心，拥有特长或绝招比同伴高出一筹，在比赛中起到了别人无法替代的积极作用，教练员往往围绕球星制定攻防战术打法。

足球是集体性球类运动项目，取胜需要发挥整体力量，球星离开了同伴的支援，单枪匹马难以取得比赛的胜利。因此，足球比赛最终取胜需要发挥整体力量，应将集体的力量和球星的作用完美结合起来，只有实现训练有素的整体和出类拔萃的球星完美地结合，才能夺取世界杯的冠军。

第二节　足球运动进攻战术

一、足球运动个人进攻战术

个人进攻战术是指在比赛中为了战胜对手而采取的符合整体进攻目的的个人行动。

个人进攻战术包括传球、射门、运球突破和摆脱跑位等。

（一）传球

传球是比赛中运用最多，也是最重要的技战术手段。它需要球员及时把握传球机会，在进行中距离传球时，可以加快进攻推进速度，应尽量避开对方的抢截半径进行传球。

在传球时，运动员应注意以下几点要求。

（1）传球运用要及时把握传球机会。

（2）球的弧线一般要与接球者跑动切入的方向一致，而与冲顶射门的同伴的跑动方向相反。

（3）中距离传球可以加快进攻推进速度，失误又相对较少，所以多采用中距离传球。

（4）传球路线应尽量避开对方的抢截半径和断球的可能。

（5）顺风进攻时少传直传球和长传球，传球力量适当小些；逆风进攻时多采用短传球和低球，力量适当大些。

（6）在下雨地滑时，应多传脚下球，场地泥泞时则要少传地滚球，多传空中球。

（二）射门

射门是一切进攻战术配合的最终目的和进攻得分的唯一手段。足球运动员应敏锐观察、及时判断，选择合理的射门方法。整个射门过程具体如下。

首先，要具有强烈的射门进球意识和欲望，捕捉一切射门的机会是进球获胜的前奏。现代足球比赛中出现的射门时机稍纵即逝。因此，在罚球区内要力争抢在对手行动之前抢点直接射门。

其次，运动员在射门时，应通过快速的观察作出及时正确的判断，射门前要观察守门员所处的位置和移动情况，选择好射门角度，这直接影响射门的效果。如果守门员已封住了射门角度，就不要硬射，而要机智地进行摆脱，闪开角度再起脚射门。

再次，根据来球的速度、落点和防守队员及守门员所处位置的情况采用有效的射门方法射门。

最后，要敢于在激烈对抗中完成射门行动。另外，要注意射门尽量射低平球，必须准确、突然、有力。

（三）运球突破

在进行运球突破时，最重要的就是要找准突破的时机。现代足球比赛中，通常在以下这些情况中运用运球突破。

（1）控球队员在没有射门、传球可能时，可运球突破对手，创造射门和传的机会。

（2）同伴处于越位位置而又没有其他更好的传球选择时，应果断运球突破，直接攻门。

（3）控球队员在对手贴身紧逼，失去传球和射门的角度时，应采用运球突破摆脱其逼抢，寻找更好的进攻机会。

（4）在攻守转换过程中，控球队员在进攻三区内，面对最后两名防守队员，而且防守队员身后又有较大空当时，应大胆运球突破其防守。

（四）跑位

足球运动中的跑位是指比赛中队员在无球的情况下，通过有意识的跑动，为自己或同伴创造进攻机会的行动。跑位作为整体进攻战术的基础，是本队获得球权的准备行动，也是拉开对方防线，获得必要进攻时间和空间的重要手段。为了保证有限的有球活动顺利、高效地完成，进攻队员就必须通过积极、快速、多变的无球活动来摆脱防守，创造控制、支配球的必要时间和空间。

运动员在跑位时要有明确的目的，目的是创造获得球的时间和空间。一般来说，正确的跑位可达到摆脱、接应、拉开、切入、插上、套边、包抄、扯动和牵制等目的。跑位的应用具体如下。

（1）摆脱。队员通过变速或变向跑动甩开对手的紧逼防守，获得有效的接球时间和空间。

（2）接应。当控球队员被防守队员逼抢时，无球队员在避开防守队员封堵角度的前提下，跑向控球队员，为控球队员创造一条传球路线。通常情况下，接应持球队员的时候，要考虑到与持球队员的距离、角度、呼应。接应距离的远近取决于场上防守压力和个人习惯。一般接应角度是靠内侧，与持球队员构成45°角。比赛呼应用语应简练、洪亮，以便为持球者提供信息和技术提示，增强同伴的信心和勇气。

（3）拉开。控球队员没有对手逼抢，或以多打少时，无球队员应及时拉开空当，扩大防守面，使进攻获得更大的空间。

（4）切入。当控球队员有传球可能时，进攻队员应快速通过防守的结合间隙跑向防守

者的身后空当接球。

（5）插上。插上是指位于后方的无球队员突然跑向球前空当接球进攻，或向前跑位接回传球射门。

（6）套边。一般是在中、前场的边路实施套边，无球队员利用边路队员向内线扯动时，吸引边路防守队员拉出的空当，适时沿边路跑位并从边路突破防守的方法。

（7）包抄。当一侧队员下底传中或射门时，另一侧无球队员要及时包抄到位，以免使球漏过而失掉进球良机。

（8）扯动。无球队员通过跑动或与同伴交叉换位，拉乱对方的防守位置和部署，为同伴创造传接空当。

（9）牵制。比赛中，当一侧开展进攻时，另一侧的无球队员不要过早地向中间跑位，以牵制和吸引防守队员，削弱另一侧队员的进攻压力和拉开中路防守空当。当对方进攻到本方后场时，本方中锋不要过多后撤，应站在中圈附近牵制对方的中后卫，以减轻本方队员的防守压力。

二、足球运动局部进攻战术

比赛中，以局部区域 2、3 人的配合作为局部战术。

（一）"二过一"配合

1. 传切"二过一"配合

传切配合是局部进攻战术中运用最多的方法，是指控球队员将球传给切入的进攻队员的配合方法。

按传切的线路可分为直传斜切、斜传直切。斜传直切二过一如图 6-1 所示；直传斜切二过一如图 6-2 所示。

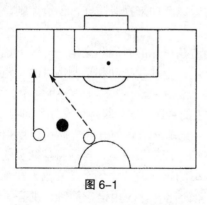
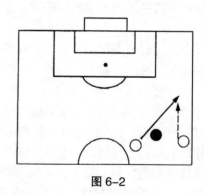

图 6-1　　　　　　　　　　　　　　图 6-2

2. 交叉掩护"二过一"配合

交叉掩护配合是指在局部地区两名进攻队员在运球交叉换位时，以自己的身体掩护同伴越过防守队员的配合方法（图 6-3）。

比赛时，运动员在交叉掩护配合时要注意以下两点。

（1）运球队员要用身体护住球，并挡住防守队员，将球传给同伴后，要继续向前跑动。

（2）接球队员必须主动迎面跑向运球同伴，交叉距离贴近，接球后快速向前运球。

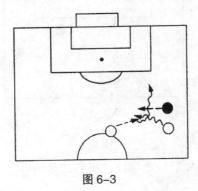

图 6-3

3. 其他"二过一"配合

所谓"二过一"的配合，是在比赛中，通过局部区域的两个进攻队员传球与跑位的配合，突破防守队员的配合方法。

（1）斜传直插二过一。如图 6-4 所示，⑥运球前进并吸引对手上前逼防，⑥斜线将球传给⑨，⑥直线插入接⑨斜传球。

（2）直传斜插二过一。如图 6-5 所示，⑤将球斜传给⑦，⑦再直传球给斜线插入的⑤。

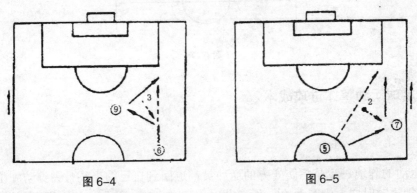

图 6-4　　　　　　　　　　　　　　　图 6-5

在足球比赛过程中，斜传直插二过一和直传斜插二过一都是只通过一次传球和穿插就越过一名防守队员。配合十分简捷和实用。在进行配合时，两名进攻队员要保持适当的距离。控球队员可采用运球或其他动作，诱使防守者上前阻截。插入的队员必须突然、快速起动，同时应避免越位。

（二）"三过二"配合

"三过二"是在比赛中局部地区 3 个进攻队员通过连续配合突破两个防守者的防守。这里简单举例说明如下。

（1）如图 6-6 所示，⑦持球，⑥假接应，⑨斜插把防守支开，⑥插上至⑨制造出的空当接⑦的传球，突破防守。

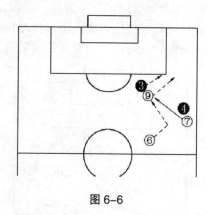

图 6-6

（2）如图 6-7 所示，⑨向后跑动接球，再将球传给⑥，⑦假动作并伺机从内线切入接⑥的传球突破防守。

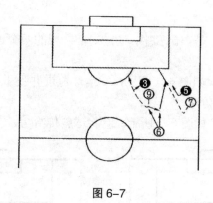

图 6-7

三、足球运动整体进攻战术

（一）阵地进攻战术

足球运动的阵地进攻是指防守方的运动员都退回到自己的半场且占据防守位置时对其的进攻。阵地进攻时守方没有大的空当，攻防人数基本平衡，要求进攻者用不断的跑动、穿插、策应来打乱守方的防御体系，在局部地区打破攻守双方人数上的平衡，造成以多打少的局面。

在足球运动比赛过程中，阵地进攻的关键是要利用场地长度和宽度进行机动跑位，不断调动防守者的位置。

1. 中路渗透

中路渗透一般有后场发动进攻、中场发动进攻、前场发动进攻 3 种形式。各种中路渗透进攻的整体战术打法具体说明如下。

（1）后场发动进攻：后场发动进攻主要包括守门员发动进攻（图 6-8）和后卫发动进攻（图 6-9）。

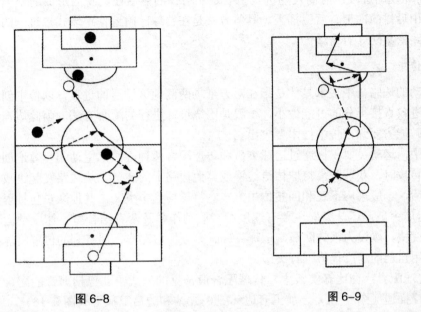

图 6-8　　　　　　　　　　　　　　　　　　图 6-9

（2）中场发动进攻：中场发动进攻主要是由中场发动，前卫队员担负着组织核心的重要角色。常常采用短传配合的方法来进行，并以各种二过一来摆脱对方的防守。具体打法如图 6-10、图 6-11 和图 6-12 所示。

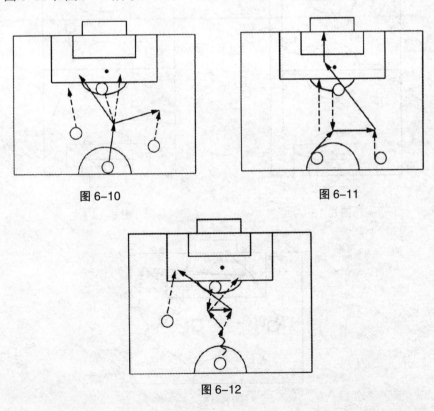

图 6-10　　　　　　　　　　　　　　　　　图 6-11

图 6-12

（3）前场发动进攻：前场发动进攻主要是靠前锋回撤后在其身后形成的空当，由其反切插入；或由后排的前卫、后卫插入。具体方法是在罚球区附近作踢墙式二过一的配合，对突破对方中路密集防守有奇效。

2. 边路传中

足球运动的边路传中战术具体是指在对方半场两侧地区发展的进攻，以传中创造射门为目的。边路进攻直接得分的可能性小，一般是围绕边锋进行的配合方法，因此边锋的速度要快，个人突破能力要强，传中技术要突出。

在比赛中，运动员要积极通过运球突破和传球配合两种方法，主动、有效地创造出传中机会。由守转攻时，获球队员将球传给边锋或其他边路上的队员，从边路发起进攻，经过局部配合突破后，一般采用下底和回扣传中方式，将球传到中央，由其他队员包抄射门。

（1）运球突破：运球突破主要有速度型、假动作型及两者结合型。速度型运球突破者均为起动速度快、爆发力强的队员，运球突破时无须做假动作，用有利的位置将球推向防守者身后，利用自己的速度优势强行突破。

（2）传球配合：在比赛实践中，传球配合最常见的形式主要包括前锋的配合突破（图6-13）、前锋插边（图6-14）、前卫套边（图6-15）和边后卫插上（图6-16）。

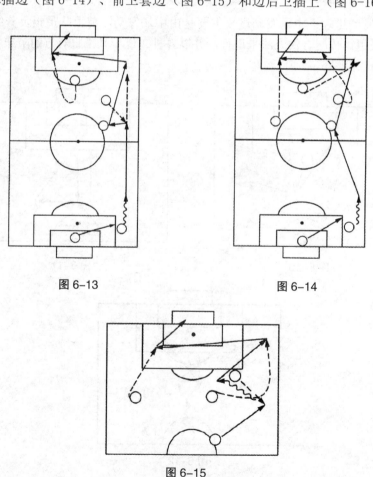

图6-13　　　　　　　　　　图6-14

图6-15

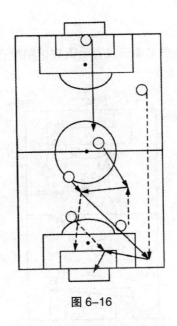

图 6-16

3. 中边转移

一般地，足球比赛中中路都聚集着攻守双方大量的兵力，常使得单一的中路渗透取不到效果。那么在比赛中，中路进攻一旦受阻，应及时往边路转移，以分散中路守方的注意力，然后由边路突破，再将进攻方向转到中路。具体战术如图 6-17 所示。

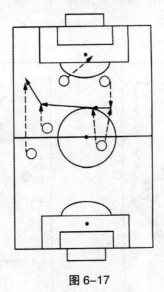

图 6-17

（二）快攻战术

足球运动的快攻战术是指场上比赛形式由守转攻时，本方运动员乘对方来不及组织防守，通过简便快速的传递配合创造射门机会的战术。

1. 中路突破

在比赛实践中，中路突破快攻主要形式有个人突破和配合突破两种。配合突破是通过整体进攻完成的，具体如图 6-18 所示。

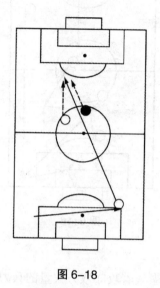

图 6-18

2. 边路传中

一般来说，足球比赛的快攻中，通过边路的进攻主要有个人突破（图 6-19）及边路队员快速插上到防守者的身后接球突破（图 6-20）两种形式。

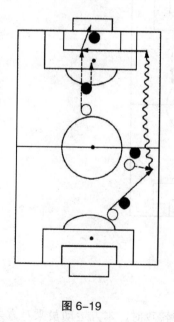

图 6-19

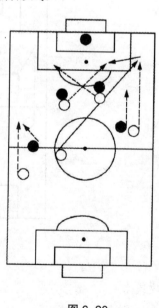

图 6-20

3. 中边转移

快攻中的中边转移的主要形式是中后场得球后一次性直接将球长传至边路，由边路队员突破（图6-21），或者经过中场的一两次传递后再将球分到边路，由边路队员突破。

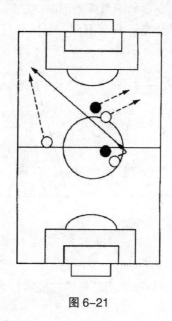

图6-21

第三节　足球运动防守战术

一、足球运动个人防守战术

足球运动的个人防守战术是指为了控制对手所采用的个人战术行动。个人战术行动体现着整体战术的特征。在比赛中，个人战术行动是整体战术的基础，主要包括选位与盯人、断球、抢球等行为。

（一）选位与盯人

选位是指防守队员根据位置职责和临场情况，选择适当的防守位置。盯人是指在正确选位的基础上，对防守的对手实施监控或严密控制其进攻行动。选位与盯人时，进攻队员、防守队员和本方球门中点三点成一线，并保持适当距离，球员组成纵横交错的三角或菱形网络队形，同时，要注意根据具体情况和任务目的灵活选位。

足球比赛过程中，选位与盯人具体操作如下。

（1）原则：基本原则是进攻队员、防守队员和本方球门中点三点成一线，并保持适当距离。

（2）及时：选位要先于进攻队员（图6-22）。

（3）兼顾：选位以盯人为主，同时兼顾球和空间情况的变化。

（4）灵活：以多防少或以少防多时，要根据具体情况和任务目的灵活选位。

（5）队形：选位要组成纵横交错的三角或菱形网络队形。

（6）盯人：在正确选位的基础上，根据不同的场区和任务，对进攻队员实施紧逼盯人或松动盯人（图6-23）。

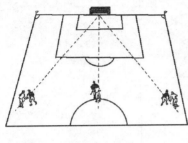

图6-22

图6-23

（二）断球

断球是指将对方的传球从途中截下来或破坏掉的战术行为。断球是转守为攻最主动、最有效的战术行动。

足球比赛过程中，合理实施断球应明确以下几点。

（1）正确判断：判断持球队员与接应队员的意图，预测传球的时间和路线。

（2）位置合理：偏向有球一侧移动，并"松动"防守。

（3）时机恰当：对方传球的一刹那，先于接球队员快速插向传球路线，将球截断下来。

同时断球时还要着重注意以下几个要点。首先，断球前应隐蔽断球意图，不要紧逼盯防接球队员，这样既可防止对方传切自己身后空当，又可诱使对方向自己身前的对手传球，陷入自己断球的圈套。其次，断球过程中，应顾全防守全局：断球前要分析攻防全局的态势，以少防多时，断球一旦失误，将造成全局的被动，所以要慎重。最后，断球后应及时、合理、有效地反击。断球后要抓住时机，发动快速反击。

（三）抢球

足球运动的抢球战术是指将对方控运的球抢过来或破坏掉的战术行动。抢球是重要的个人战术，是个人防守能力的重要标志。

足球比赛中抢球动作的实施要快捷，准备要充足，具体如下。

（1）正确站位：选择在持球对手与球门中点之间站位，这是对方运球突破的必由之路。

（2）距离合理：通过移动与持球对手保持最适宜的距离。

（3）时机准确：在对手接控球未稳或控、运球两个触球动作之间的时机，将球抢下来或破坏掉。

断球过程中，运动员要掌握如下要领。首先，不要受对方假动作的迷惑，盲目出脚而被对方突破。其次，抢球动作要勇猛，既抢球又卡位。再次，抢球后衔接动作要快，及时控球发动进攻。最后，如果抢球不成功，要快速转身及时换位，进行回防。

二、足球运动局部防守战术

足球运动的局部防守战术是指两个或两个以上防守队员之间的配合方法。

（一）补位

补位是指防守队员弥补同伴在防守中出现漏洞时所采取的相互协助的战术配合。

1.补位的方式

（1）补空当：如图 6-24 所示，前卫或后卫队员因插上而退守不及时，邻近的队员应暂时弥补其空位，以防对方利用这一空当进行快速反击。

（2）邻近队员相互补位：如图 6-25 所示，当同伴被对手运球突破或对手突然快速插入同伴背后，同伴来不及盯防时，保护队员要及时补位防守。

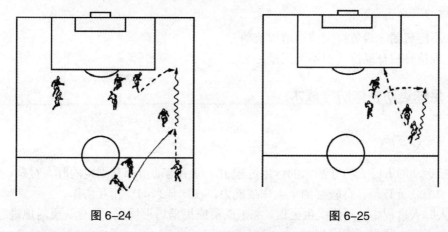

图 6-24　　　　　　　　　　图 6-25

（3）补守门员位置：如图 6-26 所示，守门员出击时，后卫队员要及时回撤到球门线附近，弥补守门员的位置。

图 6-26

3.补位的要点

（1）比赛中，防守队员能追上自己的对手时，一般不要交换防守和进行补位。

（2）需要补位时，在邻近位置的两名队员之间进行相互补位，尽量避免牵动更多的防守队员交换位置。

（3）补位时，保证罚球区及附近的危险区域不出现空当。

（二）围抢

围抢是指两个以上的防守队员从多方位夹击对方的控球队员，把球抢夺回来或破坏掉的战术配合。

1.围抢的原则

（1）围抢时，其局部的守方人数要占有优势，而且要思想一致。

（2）一般应在边、角场区，对方身体方向和观察角度较差时或在守方门前接球、运球、射门时，坚决展开围抢封堵。

2.围抢的要点

（1）不能疏漏，避免被突破而造成被动。

（2）围抢时贴身逼抢，但不可犯规。

三、足球运动整体防守战术

（一）人盯人防守

在足球运动的人盯人防守战术的运用过程中，每个运动员都有固定的盯人对象。这种防守需要每一个队员必须具有较强的个人作战能力，在同伴之间要相互协作。

如果人盯人过程中，同伴产生失误，邻近队员应根据场上情况，迅速、灵活地进行补位，以保全整体人盯人防守的严密性。

（二）区域盯人防守

足球运动的区域盯人防守的基本含义是每一防守队员占据一定的活动区域，当进攻者进入该防区时，区域防守队员实施严密盯人，以控制进攻者在此区域的一切有效行动。

一般来说，实施区域盯人打法时，每一个防守者都有明确的任务，同时同伴之间也要协作。当某一区域盯人防守失败时，邻近队员应及时补位，被突破防守队员应及时地与他换位，以求整体防守的有效性。

（三）混合防守

混合防守是指盯人防守与区域防守相结合的防守方法。它是目前在比赛中普遍采用的一种防守方法，集中了盯人防守和区域防守的优点，从而在防守中能根据场上情况进行逼抢、盯人、保护与补位，以达到防守的目的，提高全队防守的效益。

混合防守通常选择体力好、个人作战能力强的队员以人盯人防守盯住对方的核心队员，其他队员采用区域盯人防守。

（四）制造越位

制造越位是利用足球运动规则而展开的一种防守战术，是一种以巧制胜的省力打法，因而成为足球运动比赛中一种重要的防守手段。由于其配合难度较大，配合不好会适得其反，让对手钻空子，因此，这种战术往往是为水平较高的球队所采用。

第七章　足球运动身心素质训练与意识培养

学海导航
XUEHAI DAOHANG

身心素质是足球技战术水平和临场发挥的前提和基础，足球运动的顺利开展，要求参与者必须拥有一定水平的身心素质。本章对足球运动身心素质训练与意识培养进行介绍，包括足球运动身体素质训练、心理素质训练以及意识培养。通过本章的学习，学生要掌握身心素质的基本知识，并掌握身心素质训练的方法，通过实践不断提高自身的身体与心理素质，并培养良好的意识。

第一节　足球运动身体素质训练

为了应对高对抗和高强度的比赛与训练，需要足球运动员全面发展自身的身体素质。这里主要以身体的 5 大身体素质作为主要研究对象，即力量素质、速度素质、耐力素质、灵敏素质和柔韧素质。这 5 种身体素质对于足球运动员来说缺一不可，如果某项素质出现短板，则会给其在从事足球运动过程中带来一定程度的阻碍。由此可见，运动员掌握并参与足球运动身体素质训练的意义是重大的。下面就主要针对足球运动每种身体素质训练的理论和方法进行研究。

一、足球运动力量素质训练

（一）力量素质训练的内容

力量素质，是指肌肉运动时克服外部阻力和内部阻力的能力。其中外部阻力多指物体（如器械、器材等）的重量、摩擦力和空气阻力等；内部阻力常用来指来自机体内的阻力，如个体肌肉的黏滞性、肌肉间的对抗力等。

力量素质是足球运动员获得运动技能、提高运动水平的必备条件，是发展其他体能素质（速度、耐力、灵敏性和协调性）的基础。

（二）力量素质训练的影响因素

1. 肌肉的初长度

肌肉的初长度越长，肌肉在收缩时所产生的张力就越大，因此力量就越大。

2. 肌糖原含量

肌糖原储存于肌肉内，是肌肉运动时的供能物质。肌糖原含量的多少与肌肉收缩力量的大小有关，肌糖原储存量越大，肌肉收缩的力量就越大，且持续的时间越长。

3. 肌肉的纤维类型

肌肉的纤维可以分为白肌纤维（快肌纤维）和红肌纤维（慢肌纤维）两种，白肌纤维收缩速度快、产生的张力大，而红肌纤维则与之相反。若运动员的肌纤维组织中白肌纤维的含量大，则肌肉收缩速度快、产生的力量大。

4. 大脑皮层的灵活性

大脑皮层指挥运动的神经过程灵活性越高，则肌肉收缩的速度越快，速度性力量越大。

5. 运动技术水平

个体运动技术的水平越高，完成动作的技术越熟练、协调，其发挥的速度性力量的能力就越强。

（三）力量素质训练的方法

1. 对抗力量练习

在足球力量素质练习中，如跑动中为争夺控球权的合理冲撞，运用合理冲撞中的连续跳起争顶球，贴身紧逼对抗，利用身体挤压动作发展足球运动所需的力量素质。

2. 非对抗类力量练习

在训练中充分利用球发展力量素质。

3. 负重练习

采用负重沙袋、沙衣的方法，增加训练中的运动负荷，以发展力量素质。

力量素质训练方法示例如下。

（1）发展颈部、上肢和肩背力量。

①大力掷界外球或超重球、实心球。

②两手扶头，在颈部转动时给予一定的抵抗力。

③双杠双臂屈伸、单杠引体向上、杠铃推举。

④俯卧撑向侧、前跳移。

⑤重叠俯卧撑。一人保持俯卧姿势，另一人在甲的背上做俯卧撑，或两人同时做俯卧撑。

⑥推小车。一人俯卧，两臂伸直。另一人两手抬起其双脚，俯卧者用两手向前"行走"。

⑦两人面对坐地，两腿分开做抛、传球练习。

（2）发展腰腹力量。

①仰卧起坐、仰卧举腿、仰卧快速屈体。

②侧卧体侧屈、俯卧体后屈。

③原地或行进间收腹跳、向后展腹跳。

④俯卧撑收腹收腿，单杠悬垂举腿、悬垂双腿画圆圈。

⑤肩负杠铃体前屈、体侧屈、体转。

⑥仰卧，两脚夹球离地约 20 厘米，然后以腰为圆心画圆。

⑦展腹跳。充分展腹，爆发起跳并向后屈膝，两手触脚跟。

⑧做起跳后空中转体或收腹用力顶球练习。

（3）发展腿部力量。

①立定跳远、多级跳远、蛙跳、助跑跳远。

②双脚连续跳台阶、单腿交替跳台阶、向两侧跨跳、单腿连续跳。

③单腿或双腿起跳摸高或用头触球练习。

④多球的连续跳起空中头顶球、空中敲球、空中传球练习。

⑤连续向前并腿或单腿跳练习。

⑥利用不同高度的凳子、桌子或跳台依次做杠铃深蹲、半蹲、提踵、壶铃蹲跳等练习。

⑦远距离传球和大力射门练习。

⑧做仰卧小腿屈伸：通过髋关节和膝关节使重物平台下降，膝关节屈曲 90°后还原。

⑨腿部伸展：通过伸展膝关节使小腿上举至全腿伸直，还原后再做。

⑩斗鸡。若干人一组，用大腿撞或挑、压对方大腿，用肩冲撞对方或闪躲对方撞击。

（四）力量素质训练的注意事项

（1）训练前做好充分的准备活动，训练过程中高度集中精神和注意力，训练后做好充分的放松活动。

（2）力量素质训练应安排在训练课的基本部分的最后阶段进行。如果在力量训练课上需要练习几种力量，练习顺序应该是先练习速度力量（爆发力），再练习重量性力量，最后练习耐力性力量。

（3）力量素质训练应按照身体各部位（如上肢、下肢、腰腹）交替进行，以免在训练中造成局部肌肉负担过重而引发运动损伤。各部位练习之间应安排牵拉、按摩、颠球等放松活动。

（4）青少年时期，身体、骨骼、肌肉等生长发育较快，因此在安排力量训练时应掌握科学、合理的运动负荷量和运动负荷强度。一般不采用大负荷量训练，不安排专门性力量训练，可采用中小负荷量，安排克服外部环境阻力、克服自身阻力（体重）、克服弹性阻力等的练习，以充分发展快速、灵活、富有弹性的力量素质。

（5）训练一段时间后可安排发展力量的专门训练，采用负重抗阻力训练或力量训练器械、器具进行训练。

（6）力量素质增长较快，训练停止后消退也快，因此，为了保持和发展力量素质，应在训练计划中安排每周不少于两次的力量练习。

二、足球运动速度素质训练

（一）速度素质训练的内容

速度素质是足球运动的主要专项素质，是足球运动的生命线。速度素质包括反应速度、

位移速度和动作速度 3 部分。其中，反应速度，是指机体对各种刺激信号（声觉、视觉、触觉等）发生反应的快慢程度；位移速度，是指机体在周期性运动（跑动、跳跃、游泳等）中，单位时间内位置移动的快慢程度；动作速度，是指机体完成某一个（套）动作的快慢程度。

（二）速度素质训练的影响因素

1. 反应速度训练的影响因素

（1）神经感受器的敏感程度：神经感受器越敏感，人体的反应速度越快。

（2）中枢神经系统的兴奋性：中枢神经系统的兴奋性高时，人体的反应速度快；中枢神经系统的兴奋性降低，如身体疲劳时，人体的反应速度慢。

（3）肌纤维的兴奋性：肌纤维的兴奋性高，人体的反应速度快；肌纤维处于疲劳状态时，人体的反应速度慢。

2. 动作速度训练的影响因素

（1）肌纤维的组成：快肌纤维的纤维粗，且在肌肉组织中所占的比例大，则动作速度快。

（2）肌纤维的兴奋性：肌纤维的兴奋性高，动作速度快；肌纤维疲劳时，动作速度慢。

（3）肌肉力量：肌肉力量越大，肌肉克服内外阻力的能力越强，肌肉的收缩速度就越快。

（4）条件反射：条件反射建立得越牢固，说明个体的运动技术越熟练，动作速度就越快。

（5）体温：充分的热身活动能使人体的体温适度升高，从而减小身体内部的阻力，因而动作速度就会加快。

3. 位移速度的影响因素

足球运动员的位移速度由步频和步幅决定。而步频和步幅又分别受其他因素的影响。足球技术要求跑动时重心低、步频快、步幅小，因此发展步幅受到局限，提高步频是足球位移速度的主要发展方向。

（1）影响步频的因素

①大脑皮层运动中枢兴奋与抑制的转换速度。

②各中枢神经间的运动协调能力。

③肌肉组织中快肌纤维所占比例及肌纤维的粗细程度。

（2）影响步幅的因素

①肌肉力量。尤其是腿部力量、脚踝力量、髋关节力量、腰腹肌力量等。

②关节的柔韧性。尤其是髋关节、踝关节的柔韧性。

③下肢的长度。

（三）速度素质训练的方法

1. 位移速度训练方法

利用各种跑步练习提高运动员足球位移速度，提高步频。

2. 反应速度训练方法

利用在各种不同身体姿态状况下的起动练习，发展反应速度和起动快跑能力。

3. 动作速度训练方法

运用下坡跑、顺风跑、牵引跑等提高动作频率，运用短距离、方向不规则的绕（或不绕）障碍的变向、变速跑提高运动员重心转换速度和快速变向跑能力。

4. 综合速度训练方法

利用场上规律性较强的足球运动的局部战术配合套路的演练发展运动员的专项速度素质。也可利用场上局部攻守练习或小场地比赛发展运动员的专项速度素质，使起动、反应及动作速度得到全面的锻炼。

速度素质训练方法示例如下。

（1）各种姿势的起跑练习：采用蹲踞式、站立式、坐地、俯卧、仰卧、滚翻后、原地跳跃等姿势做起跑练习，起跑 10 ～ 30 米即可。

（2）在活动情况下做突然起动练习：在颠球、顶球、传接球、慢跑、侧身跑、高抬腿跑等情况下做快速起动跑，跑 5 ～ 10 米即可。

（3）快速跑练习：反复练习小步跑、全速跑、加速跑、顺风跑、下坡跑、牵引跑、高抬腿跑等，促使运动员突破"速度障碍"，提高位移速度。

（4）在快速跑练习中看既定的各种手势，相应地做急停、转身、跳跃、变向、翻滚等动作。

（5）在约 20 米的距离内，设置有不同距离间隔和有方向变化的标杆，让练习者以尽可能快的速度做绕杆跑，发展速度能力。

（6）两排队员相对站立，相距 20 米，在两排队员中间画一条线，每隔 2 米放一个球，队员依次面对球站好。听或看教练员发出的信号，快速跑上抢球。

（7）两人一组，也可分为若干组在中圈外的中线两侧站好，利用两个球门同时练习。球集中于中圈教练员脚下，教练员将球向一个球门方向踢出并发出口令时，两翼队员快速起动追球射门。未拿到球的队员必须紧追持球队员，并在持球队员射门后跑至球门线处，以发展速度，同时增强补门意识。

（四）速度素质训练的注意事项

（1）速度素质训练应在练习者身体状态良好、兴奋性高、情绪饱满的状态下进行。多安排在训练课的准备部分的后半段，热身、牵拉练习结束后或在训练课的基本部分的开始阶段。

（2）速度训练针对性强，在训练中应突出个人特点和位置需要。

（3）速度训练是以大强度的无氧代谢为主的训练，但以有氧代谢的能力为基础，因此要加强运动员有氧代谢能力的训练。

（4）足球运动具有要求运动员在跑动时重心低、步频快、步幅小的特点，以便完成各种急起、变向、转身、急停、起跳等动作，因此在训练中应注意结合有球技术动作练习。

三、足球运动耐力素质训练

（一）耐力素质训练的内容

耐力素质，是指人体持久性进行肌肉活动的能力。耐力素质是足球运动中十分重要的体能素质，是足球运动员在比赛中能够在较长一段时间内始终保持相对高速度和高质量竞技状态的基础。

耐力素质可分为一般耐力素质、速度耐力素质、力量耐力素质和静力性耐力素质。其中，速度耐力素质是足球运动员重要的耐力素质之一。

（二）耐力素质训练的影响因素

1. 有氧供能

有氧供能是足球运动的主要供能形式，有氧供能能力的提高是提高耐力素质的基础。有氧供能能力的提高受以下几个因素的影响。

（1）肺活量，即肺的通气机能，肺的通气量越大，吸入的氧气越多，可供利用的氧气就越多。

（2）心输出量，单位时间内血液循环越快，肌细胞的供氧量就越高，有氧代谢的能力就越好。

（3）肌组织中氧化酶的活性，肌组织中线粒体数量的增加能改善和提高肌肉组织中的氧利用率。

（4）肌肉组织中肌糖原的储备量，肌肉组织中肌糖原的储备量越多，供应机体运动消耗的能力就越好。

2. 无氧供能

（1）非乳酸无氧供能

非乳酸无氧供能又称磷酸能系统供能，是将肌细胞内的高能磷酸化合物迅速分解以释放供给肌肉运动所需能量的供能方式。

①脑细胞抗乳酸能力。血乳酸浓度大，会加速脑细胞的疲劳。脑细胞抗乳酸能力的提高，会提高机体的无氧能力，延缓脑细胞的疲劳，从而保障机体的运动能力。

②肌糖原含量。肌糖原含量的1/3可被用于非乳酸无氧供能，肌糖原的含量越高，机体的无氧耐力就越高。

③血液中缓冲物质的含量。血液中的缓冲物质能够中和肌肉运动时产生的酸性物质，缓冲物质含量越多、活性越大，血液酸碱度的变化就越小，机体的无氧能力越强。

④血液中乳酸活性酶的活性。血液中乳酸活性酶（乳酸脱氢酶）活性越大，越有助于无氧供能，即机体的耐力水平越高。

（2）无氧糖酵解系统供能

无氧糖酵解系统供能又称乳酸能系统供能。当氧供应量不足的程度达到有氧氧化系统供能所需供氧量的两倍时，且三磷酸腺苷（ATP）和磷酸肌酸（CP）已被消耗到原储量的50%时，无氧糖酵解系统才开始供能。肌糖原大量分解供能，产生乳酸，机体无氧糖酵解系统供能能力越强，运动员在场上保持高强度运动的时间越长。

（三）耐力素质训练的方法

1. 有氧耐力训练法

首先，一般的有氧耐力训练法主要有 3 种：持续训练法、小强度间歇法和个体乳酸阈训练法。其中，持续训练法包括长距离的各种跑练习；小强度间歇法主要为连续跑动的距离短，强度稍大，且练习中有一定的不充分的间歇，以通过调整运动强度来达到间歇恢复目的的练习；个体乳酸阈训练法是以个体乳酸阈值为强度，通常以血乳酸含量在 2 ～ 7 毫摩尔 / 升为最佳耐力训练强度的练习。

其次，有氧耐力专项练习可结合球或基本技战术组织安排。只要训练时间、训练强度遵从有氧耐力发展的基本原则，任何形式的练习都可以改善有氧耐力素质。

2. 发展无氧耐力训练

间歇训练法是发展无氧耐力的有效练习手段。在运用该方法时，应注意掌握合理的运动时间、间歇时间及运动强度。

不管是哪一种间歇训练方式，只要能满足产生高乳酸值这一基本准则，就都可以在发展耐力的训练实践中采用。

耐力素质训练方法示例如下。

（1）有氧耐力训练

①进行 3 000 米、5 000 米、8 000 米、10 000 米等不同距离的定时跑或越野跑练习。

②进行 12 分钟跑练习。

③进行 100 ～ 200 米的间歇跑练习和 400 ～ 800 米的变速跑练习。

（2）无氧耐力训练

①进行重复多次的 39 ～ 60 米冲刺跑练习。

②进行 100 ～ 400 米高强度的反复跑和 1 ～ 2 分钟的极限动作练习。

③进行 5 米、10 米、15 米、20 米、25 米折返跑练习。

④做原地快速跳绳练习。

⑤往返冲刺传球练习。甲往返冲刺在限制线之间，在限制线附近回传乙、丙分别传来的球。

⑥做规定时间的不同人数的传抢球练习。

⑦编组练习。如做以下组合练习：折线快跑 20 米—仰卧屈体 5 次—冲刺 10 米—突停转身铲球—向左右做旋风腿各 1 次—快跑中跳起头顶球 3 次—冲刺射门两次—三级蛙跳。

（四）耐力素质训练的注意事项

（1）耐力素质训练是建立在有氧训练的基础上的，因此在进行耐力素质训练的同时要加强和提高运动员的有氧能力。

（2）耐力素质训练应放在训练课的后半部分进行，以便在耐力素质训练后进行恢复性

训练。

（3）足球运动员的耐力素质训练应区别对待，因人而异，遵守循序渐进的原则，不可急于求成、盲目进行。

四、足球运动灵敏素质训练

（一）灵敏素质训练的内容

灵敏素质，是指足球运动员面对各种复杂、变化的情况，能够适应比赛需要，随机应变、灵活自如地快速变换体位、改变动作、完成动作的能力。

足球运动是一项激烈的对抗性运动项目，因此，灵敏素质对于运动员有着非常特殊的意义。

（二）灵敏素质训练的影响因素

1. 中枢神经的转化能力

足球运动员需要在赛场上进行激烈的时空争夺，因此需要不断地进行动作的选择与变化、体位的选择与变化、速度的选择与变化等，而动作、体位、速度的选择和变化都取决于机体中枢神经系统（大脑皮层）的转化能力。

中枢神经的转化能力的提高需要遵循运动训练的基本规律，以技术训练为基础，有目的、科学、循序渐进地发展和提高中枢神经系统的转化能力，从而发展和提高个体的灵敏素质。

2. 观察能力和反应能力

观察能力和反应能力是影响灵敏素质的重要因素，观察能力是运动员赛场意识的基础，反应能力是运动员完成动作的前提。改善和提高足球运动员的观察能力和反应能力应遵循从小抓起的训练理念，即从基础的训练抓起，逐渐培养运动员观察与反应的意识和能力，尤其是在赛场上结合球的提前观察能力、预判能力和即时反应能力。

3. 运动技能的熟练程度

足球运动中所需的灵敏性动作通常是由若干个动作技能组合而成的，这种动作组合是无序的、无规律的。因此，足球运动员所掌握的足球运动技能越多、越熟练，就越能提高大脑皮层的灵活性，提高即兴组合技能动作的能力，以及提高机体的灵敏素质水平。

在足球灵敏素质训练中应坚持由浅入深、从简到繁、循序渐进的训练原则，不断强化和提高运动员对各种技术动作技能的合理、熟练运用，通过量的积累逐步达到质的提高，从而有效地发展机体的灵敏素质。

4. 综合运动素质的水平

灵敏素质是与力量素质、速度素质、柔韧素质等相辅相成的，只有使各种综合素质不断提高，才能使灵敏素质得到良好的发展并得以完美展现。因此，在足球运动的体能训练中必须科学、合理、全面地发展各项素质，只有综合素质的提高才能真正促进个体灵敏素质的提高。

（三）灵敏素质训练的方法

足球运动员的灵敏素质具有鲜明的运动项目特点，因此灵敏素质训练应结合足球比赛的特点来设计训练方法。

足球运动的一般性灵敏素质的训练可采用各种形式的躲闪、晃动、滚翻、急停、急转、绕杆、翻或穿越障碍等练习来进行。还可以进行连续的变向跑或摆脱跑动以及模仿各种假动作。

足球运动的专项灵敏素质训练应该以足球技术、战术练习的形式和特点为根本依据开展，在练习时还可以与球结合进行。

灵敏素质训练方法示例如下。

1. 发展一般灵敏素质。

（1）进行交叉步前进、后退练习。

（2）进行前、后交叉步加侧出步侧向移动练习。

（3）进行快速转身跑、后退跑、快速跑动中看手势改变方向、快速跑动中连续绕障碍等练习。

（4）进行各种滚翻与起动跑练习。听或看既定手势或信号完成相应的滚翻动作和起动跑。

（5）喊号追人。分若干组，每组若干人，给每个人都编号，全部练习者坐在中圈内，教练员喊某一编号，则各组该号队员沿中圈快速跑，并以最快的速度返回自己的位置。

（6）躲闪摸杆。两人一组，防守队员站于杆前，进攻队员用假动作骗取防守队员的重心偏离，然后绕过防守队员用手摸杆。

（7）冲撞躲闪。两人一组，在慢跑中双方均可冲撞对手，同时应尽可能运用躲闪，避免被对手撞到。

（8）过障碍。在场地内设若干障碍物，要求练习者做跑、跳、爬、滚翻等多种动作并尽可能快速地绕过所有障碍。

2 发展专项灵敏素质

（1）进行身体各部位的颠球及各种接反弹球练习。

（2）将球踢向身后，然后迅速向前绕过障碍折回接反弹球练习。

（3）距墙约 10 米远，利用两个球，快速、连续地向对墙踢。

（4）带球跑。做带球跑练习，并在运球的过程中做各种颠耍、虚晃、起动、拨挑、回扣等动作。

（5）虚晃摆脱。3 人一组，甲传球，乙盯防，丙利用左右虚晃动作突然摆脱乙或利用前跑反向要球。练习中甲与丙相距 5 米左右，乙紧逼丙，3 人轮换职能。练习中丙要注重动作的突然性以及身体在各种姿势下的控制能力。

（四）灵敏素质训练的注意事项

（1）灵敏素质训练要与力量素质、速度素质、柔韧素质等训练结合进行；无球训练与有球训练相结合。

（2）灵敏素质训练要在练习者身体状态良好、兴奋性高的情况下进行。

（3）灵敏素质训练一般安排在训练课的准备部分，在热身、牵拉后进行。

（4）灵敏素质训练的方法应该多样化，富有趣味性、游戏性和竞争性。

（5）针对不同年龄段的练习者，应安排不同比重的灵敏素质训练。尤其是运动员正处于青春发育的末期，应该非常重视训练的针对性。

五、足球运动柔韧素质训练

（一）柔韧素质训练的内容

柔韧素质，是指肌肉、韧带的伸展长度以及关节的活动幅度。足球的柔韧性训练发展运动员肌肉、关节、韧带的灵活性、柔韧性与弹性，这些素质对增大运动的幅度、提高动作难度有重要作用，有利于运动员掌握运动技术，尤其是高难技术动作。另外，这类训练还有助于提高运动员髋关节、踝关节的活动幅度和灵活性；改善下肢和腰腹的肌肉、韧带的伸展度、弹性等。

（二）柔韧素质训练的影响因素

1. 骨关节结构

骨关节结构是依据人体的生理和生长规律的需要形成的，骨关节结构装置是被限定的，关节运动的幅度被限定在一定范围内，很难通过训练改变。骨关节的活动范围是根据关节头及关节窝两个关节面之差决定的，两个关节面之差越大，关节活动幅度越大。但每个人的骨关节结构会因人而异，如肘关节中的肱尺关节可使肘屈伸幅度被固定在140°范围内。有差异的骨关节结构虽然难以通过训练改变，但通过训练可以使各关节达到其最大的活动范围，充分挖掘骨关节的潜力。而没有经过训练的人，其各个关节具有的活动潜力非但不能发挥，反而还会消退。

2. 跨过关节的肌肉、肌腱、韧带

关节的加固及关节的柔韧主要是肌腱、韧带以及肌肉从关节外部补充，从而加固了关节的力量，决定了关节活动的幅度。

韧带本身具有很强的抗拉性，其主要作用是加固关节，限制关节在一定范围内运动，保护关节不致超出解剖允许的限度。

关节的伸展和活动受到限制，通常是因为与运动方向相反的对抗肌伸展不足造成的限制所致。如屈膝伸膝，当举腿在水平面时可任意活动，但当大腿贴胸时，屈膝自如，伸膝就会感到困难，这是因大腿后侧肌群和韧带伸展不足所致。因此，为力求达到关节肌肉解剖的最大限度，就必须克服对抗肌的限力后仍然拉伸，从而牵拉到肌腱，增强肌肉、肌腱的弹性和伸展性。

因此，发展足球运动员的柔韧素质时，应主要发展控制关节屈、伸肌的伸展性和协调能力，增加跨过关节的韧带肌腱及皮肤的伸展性是提高柔韧素质的重要途径。

（三）柔韧素质训练的方法

柔韧素质训练通常采用拉长肌肉、韧带、肌腱等为主要方式，并且可以将之分为静力伸拉和动力伸拉两种。

首先，静力拉伸通常是通过缓慢用力拉长肌肉、韧带和肌腱，拉到一定程度静止不动的方法。特点是肌肉、韧带的拉长和伸展能得到较长时间刺激，练习强度小，动作幅度大。

其次，动力拉伸通常是通过有节奏的伸展或牵拉来拉长肌肉、韧带。特点是主动拉伸，肌肉拉伸强力相当于静力拉伸的两倍，可引起肌肉的牵张反射。提高肌肉的弹性和训练效果。

在实践中，应将静力拉伸训练和动力拉伸训练结合起来，在不同的情况下采取不同的训练方法。

柔韧素质训练方法示例如下。

（1）跪坐踝关节。

（2）纵、横劈腿。

（3）颈前屈、侧屈、后屈并绕环。

（4）体前屈、侧屈、后屈并振动。

（5）前踢腿、后踢腿、侧踢腿和腿绕环。

（6）前弓步、侧弓步压腿，纵劈腿和横劈腿。

（7）两腿交叉做各种跨步、转身。

（8）单腿跪地，前腿伸直前压。

（9）单腿站或后跪地，双手在身后握另一腿脚面向后拉伸。

（10）体前屈，双手触地面或双脚面。

（11）脚尖、脚内侧、脚外侧行走。

（12）以膝关节为轴，小腿用力向后踢、内踢、外踢。

（13）正面或背向肋木前、后压腿；平直仰卧，一只腿越过异侧腿异侧侧伸。

（14）跪压正脚背（上体后仰、轻轻振压）及全脚背着地的俯卧撑，以拉长脚背韧带和小腿前肌群。

（15）站立（或靠墙站立）体前屈下压，做背伸、展腹屈体、腿肌伸展练习。

（16）模仿内、外侧颠球动作，单、双腿连续做内翻、外翻。

（17）模仿内扣、外扣动作，单腿连续做内转、外转。

（18）模仿各种踢球、顶球和抢截球等技术动作。

（19）模仿和结合球的大幅振摆腿、铲球、倒勾射门等练习。

（四）柔韧素质训练的注意事项

（1）柔韧素质训练应在运动员身体状态良好且无伤病的情况下进行。

（2）柔韧素质训练前要做好充分的准备活动，防止拉伤。

（3）足球柔韧素质训练一般安排在训练课的准备部分，在做好充分的热身、牵拉之后进行。

（4）柔韧素质训练应长期坚持，因为柔韧训练较易见效，且较易消退。

（5）柔韧训练应动与静结合、快与慢结合、紧张与放松相结合。

（6）提高机体的柔韧素质以一定的力量素质为基础，因此应注意发展个体的力量素质，将柔韧素质和力量素质结合训练。

第二节　足球运动心理素质训练

一、足球运动心理素质训练的概念

足球运动员心理素质训练，是指通过各种方式和手段有意识地对运动员的心理过程及个性特征施加影响，意图使之学会对自我心理进行调节的各种方法，并能更好地参加足球运动训练和比赛。[①] 从足球运动心理素质训练的实践来看，通常心理素质训练者是足球教练，或者是足球队中配备的心理咨询师（学校中可以由心理辅导教师担任，专业队可以由德高望重的老队员、领队和领导担任）。

一般情况下，人们对足球运动训练更关注其技战术和体能方面的训练，对于心理训练只有在一些非常顶级的职业俱乐部或需要参加大型比赛的专业队中才会占有一定的比重。而实际上，足球运动员的心理素质训练是足球运动员的 4 大训练内容之一，即技术、战术、身体、心理。这 4 项训练内容缺一不可，尤其是在现代足球运动越发激烈和高对抗的趋势下，球员们只有练就稳定的心态和面对挫折快速调整的能力，才能在与实力相当的对手的竞赛过程中占据上风，从而取得比赛的胜利。

二、足球运动心理的影响因素

通过长期研究发现，有多种因素可以对足球运动心理造成影响，它们分别为动机、态度、自信心、意志力和注意力。下面重点对这几项影响因素作进一步分析。

（一）动机

动机是个体自身行为的驱动力，是激发、维持或抑制自身行为朝某一具体目标的心理倾向和动力。心理学理论指出，所有人类的行为都是某些内部动机的结果，动机可以影响一个人的行为选择、投入程度和持久性。

1. 动机的特征

（1）定向特征：行为的目的力图达到某一特定目标。

（2）程度特征：为达到某一既定目标而努力的程度、投入的程度。

（3）变化特征：动机随时间、环境等内部或外部条件的变化，其水平也随之呈现出动态的变化过程，一般表现为高—低—较高。

① 体育院校成人教育协作组《运动训练学》教材编写组.运动训练学 [M].北京：人民体育出版社，1999.

2. 动机的类型

（1）内在动机

①兴趣、爱好：做自己想做、爱做的事。

②愿望、追求：自己有能力成为事业或职业成功的人，能胜任自己热爱的事业或职业。

③精神：具有强烈的进取心和奋发向上的精神。

④情感：不辜负家人、教练、队友等对自己的期望，用好的结果回报他们。

（2）外在动机

①为了获得精神或物质奖励而努力奋斗。

②为了在某些场合中或某些人物面前获得表彰和奖励。

③展现自我才华，实现个人的自我追求和自我价值。

（二）态度

态度通常决定一个人的行为。态度是一种复杂的心理过程，受个体的观念、感觉、印象等的影响，并能使个体对所处的环境作出选择性的反应。态度可以决定个体对某项心理目标作积极性的反应（赞同）或消极性的反应（反对）。态度具有以下几种性质。

（1）态度必须有既定的心理目标。

（2）态度具有一定的方向性。

（3）态度具有一贯性和一致性。

（4）态度具有强弱性。

（5）态度是后天习得的。

态度不仅仅表现在技术动作的学习上，还表现在个体的道德素质上。对于一个没有良好的动机及态度的足球运动员而言，不管教练员多么尽心尽力，其竞技水平和竞技能力都不会获得很好的发展。

（三）自信心

1. 自信心的概念

自信心是运动员对自我所具备的能力在足球运动中获得成功的信念和确信程度。自信心是主观的，是以个人能力为基础的，是理智的。自信心是运动员对获取足球比赛成功的现实期望，是运动员的各种不同成功体验的积累，是对取得成功的一种特殊向往。

足球运动员的自信心并不包括运动员盲目希望做什么，而是建立在现实的训练基础及运动技能所能实现的基础上的期望。具有良好的自信心的运动员总是能设立与自己能力相符合的目标，自信的运动员能清楚地认识到足球比赛不仅仅是与对手比赛，更重要的是在与自己比赛，他们知道自己的能力极限，并能在这个极限里获得最大的成功。

2. 自信心的影响因素

一个人的自信心是其个性特征的一部分，具有倾向性和相对稳定性，同时又是一个动态变化的过程，受多种因素的影响，主要包括以下几方面。

（1）内部因素

影响运动员自信心的内部因素来自其自身，如参加比赛前和参赛中的身体状况、竞技状态、技战术水平、情绪状态、思维活动等的成败，另外，饮食、睡眠等情况也会引起运动员自信心的变化。

（2）外部因素

影响运动员自信心的外部因素主要是指来自外部的客观因素，如比赛前或比赛时的同伴、对手、裁判员、天气、场地、观众等，甚至场内外的一些偶然突发事件的变化，都会影响运动员自信心的变化。

3.自信心的培养策略

对于足球运动员来讲，拥有理想的自信心是一个基本的人际能力。但是，单有自信心并不意味着就一定能在训练或比赛中做得很好，因为运动员还必须具备良好的身体素质和运动技能，即自信心和个人能力必须同时发展，相辅相成，相互促进，避免盲目自信。

健康的自信心能使一个运动员理智地处理错误。当运动员的自身价值受到怀疑时，他们就会努力改正错误。为了一点错误就惩罚运动员的教练员可能会阻碍运动员正确认识错误。教练员在足球心理素质训练手段的安排上，应合理地运用反馈和激励技巧，使运动员在结束训练前能够"感觉"成功，增强其成就感。对于失利和困难，教练员应给予正确的评价和分析，帮助运动员以积极的态度面对错误和失败，尽早走出阴影，重塑自信心。

（四）意志力

1.意志力的概念

意志力，也被称为"意志品质"。它是足球运动员最重要的品质之一，是运动员主观能动性的集中体现。良好的意志力能使运动员自觉地确定个人目标，并为实现这个既定的目标而投入切实的行动。意志力是足球运动员竞技能力和球队整体实力的重要组成部分。良好的意志力可以使运动员和球队发挥超常的凝聚力和战斗力，在训练和比赛中做到不畏艰难、英勇顽强、奋勇拼搏，做到"胜不骄、败不馁"，勇往直前地去实现个人以及整个球队的既定目标。

现代足球运动是高强度、高对抗的竞技运动，且比赛时间较长，因此意志力的训练成为足球心理素质训练最重要、最普遍的训练内容之一。在足球心理素质训练中，意志力是指运动员能自觉地确定目的，并根据既定目的合理支配和调节自己的行动，克服各种困难，最终实现目的。

2.意志力的特点

（1）主动性

意志力的主动性指运动员在赛场上能独立自主地思考和积极主动地采取行动。具体表现为：在进攻上，积极主动、先发制人、争取得分，极富攻击性；在防守上，不断地向对手主动施加压力、实施压迫防守、争取主动、剥夺对手自由，舍身忘己力保球门，极富防卫性。

（2）自觉性

意志力的自觉性来源于个体的目的与动机，一般来说，动机价值越大、目的越明确、运动员投入程度越深、越自觉，行为动力的能量就越大。

（3）勇敢性

现代足球运动的特点决定了运动员必须具备勇敢的精神，意志力的勇敢性在足球心理素质训练中占据重要位置，尤其是在训练和比赛的关键时刻，勇敢者的作用尤为突显，没有勇敢的品质再好的个人能力也很难有大的作为。

（4）顽强性

顽强性是运动员为实现既定目标，坚持不懈、坚持到底、不屈不挠的精神，足球比赛时间长、强度大、竞争激烈，运动员必须能够克服身体疲劳、体能下降的状况，拼搏到底。

（5）果断性

意志力的果断性主要表现在运动员在训练或比赛中能够独立思考、当机立断，行为果断。足球比赛场形势万变，运动员必须独立决断、果断行为。

（6）自制性

自制性是指运动员控制自我的情绪、言行的能力，又称自控能力。足球运动具有争夺激烈、复杂多变的特点，运动员在赛场上能够控制自己的情绪、言行，并以积极的态度投入比赛，充分甚至超水平发挥个人的实战能力，是极其难能可贵的。

（五）注意力

1. 注意力的概念

注意力，是指人的心理活动对一定的客体对象的指向与集中。而对于从事体育运动的运动员来说，注意力则特指在比赛和训练中注意的指向与集中。

注意力的集中分为两种，即瞬时集中和持久集中，如运动员在一场 90 分钟的足球比赛中能够自始至终全神贯注，即为注意力持久集中；运动员在比赛中的射门、过人、拼抢瞬间能够集中注意力，即为瞬时集中。两种注意力的集中对于运动员充分发挥技术水平，争取比赛胜利具有重要作用。

在足球心理素质训练中，注意力被誉为影响竞技成功的致命的心理技术之一。当个体的注意力高度集中时，主动心理能量很高，运动员会体验到意识的警觉状态。注意力处在强度和集中状态时，就意味着正在走向成功。

2. 注意力的特点

（1）注意力的稳定

注意力的稳定，是指个体对某一事物或某一活动注意力所能持续的时间。人的任何心理活动都跟注意力有关，注意力能使大脑皮层产生兴奋，是运动员完成技战术行为的生理基础。只要运动员能把注意力始终集中在比赛进程中，不受任何因素的分散和干扰，就能充分发挥自我的运动潜能。

足球运动中，运动员的注意力集中属于振动式的集中，它类似于钟摆，具体表现为集中—放松—再集中—再放松。

（2）注意力的转移

注意力的转移，是指运动员有意识地把注意力从一个对象转移到另一个对象的过程。这种转移不是分散注意力，而是有目的地、自觉地进行转移。足球比赛场上形势瞬息万变，只有训练有素的运动员才能够根据情况的变化，自觉地将注意力迅速、恰当、及时地转移到下一个技战术行为。

注意力的转移在足球运动中是复杂多变的。就足球运动中的进攻来说，运动员需要根据比赛的发展情况以及对手的打法特点、战术特点，有意识地变换战术和技术动作，使对手防不胜防。

需要提出的是，注意力转移的快慢主要应看运动员对足球运动的整体认识情况如何。

（3）注意力的分配

注意力的分配，是指个体在同一时间内，将注意力分配到两种或两种以上的事物或对象上。

在足球运动中，运动员需要边控球边观察场上情况的变化，如同伴的接应点、对手的防守漏洞等，以选择有威胁的传球或个人突破；再如在防守时边盯人边观察赛场形势、球的动向，以决定是否上前断球、紧逼或退守选位、协防保护。

足球心理素质训练过程中，坚持长期注意力分配的训练，使运动员建立正确的条件反射，就会使其注意力的分配得心应手、运用自如。

（4）注意力的范围

注意力的范围，是指个体在同一时间内（约 1/10 秒）所能感知的对象数量。对于足球运动员来说，注意力的范围越大，对场上的情况越清楚，采取的技战术行为越合理。注意力与技术水平、比赛意识、经验等成正比。

注意力的范围在足球运动中十分重要。通常所说的"某人视野很好"，就是指他的注意力范围较大。长期刻苦训练与经验积累是获得较广的注意力范围的基础与保证。

三、足球运动心理素质训练的目的及分类

（一）心理素质训练的目的

足球运动员心理素质训练的目的在于发展运动员训练和比赛所必需的心理品质，使运动员能适应高强度的训练和激烈的比赛，有良好的心理准备，并形成相对稳定的训练和比赛心理。具体包括以下几方面。

（1）培养运动员在足球训练和比赛中所需要的个性心理特征，完善运动员的心理品质，提高运动员的心理能力，促进运动员最佳竞技状态的形成。

（2）加速养成运动员良好的训练态度，创造适宜的心态，使其学会在千变万化的足球比赛中保持积极稳定的心理状态，提高其适应比赛的能力，促进其最佳竞技状态的形成。

（3）改善运动员的知觉过程，发展运动员的注意力、记忆力、想象力和思维能力，加速运动员的运动技能的形成，提高运动员的技术熟练程度和战术运用水平。

（4）促使运动员掌握和运用具体的心理素质训练方法，促使其合理地控制和调节自己的心理状态，以克服各种心理障碍，正常地参与训练和比赛。

（5）激发运动员的比赛动机，树立其取胜的信心。

（6）促使运动员的运动疲劳尽快消除。

（二）心理素质训练的分类

足球运动员接触足球的两种方式为日常的训练和参加比赛。面对这两种参与形式，就必然会有不同的心理。因此，在进行足球运动心理素质训练时，应该根据参与方式的不同选择相应的心理训练手段。

足球运动员的心素质训练大致可分为以下两类。

（1）一般心理素质训练。一般心理素质训练，又称为"长期心理素质训练"，它主要针对提高运动员与专项运动有关的心理素质，在运动训练全过程均可安排。

（2）赛前专门心理素质训练。赛前专门心理素质训练主要是针对具体的比赛而进行的心理准备和训练，一般在比赛前2、3周开始，并一直持续到比赛前。

四、足球运动心理素质训练的重要性及作用

（一）心理素质训练的重要性

随着体育运动的广泛开展，人们发现在比赛过程中，并非实力占优的一方就绝对能获得比赛的胜利，如果运动员在局面不利的情况下不能很好地调整心理状态，那么可能造成他对场上局势的把控失效，进而快速落败。对于足球运动也是一样，只不过在足球运动中个人的心理素质被团队放大化了，甚至表现得更加明显，因此，人们开始对足球运动员心理素质训练给予更多的重视。起初是足球水平较高的欧美足球人认识到了心理素质对足球运动的重要性，然而最终却是巴西足球人在这方面的研究和实践走在了世界前列。20世纪80年代，巴西就配备了心理医生随足球队参加世界杯比赛。随着我国足球运动的发展，足球运动员的心理素质训练也日益得到了重视。

心理素质训练是运动训练的重要组成部分，如果运动员没有良好的心理准备状态，就难以达到足球运动训练的高要求，更不能在重大的足球比赛中取得预期的运动成绩。现代足球比赛竞争日益激烈，在双方运动员身体、技术、战术等训练水平相当的情况下，运动员的心理素质因素往往对比赛的胜负起着决定性作用。

足球比赛形势瞬息万变，有许多突发情况是赛前难以预料的，因此，教练员应在平时通过心理素质训练来调节运动员的心理状态，以使运动员能有效地应对赛场上各种复杂的、突发的、难以预测的情况的发生和变化。

（二）心理素质训练的作用

足球心理素质训练的主要作用就在于不断完善运动员的心理过程，形成良好的个性心理特征，获得较高水平的心理能量储备，使运动员的心理状态适应足球训练和比赛的要求，为提高运动员的运动技战术水平，形成最佳竞技状态奠定心理基础。

心理素质训练对足球运动领域的作用具体表现在以下几方面。

（1）良好的心理素质训练可以使运动员获得赛前最佳心理状态，能够使运动员在比赛中充分展现技战术、体能的训练水平，赢取比赛胜利。

（2）良好的心理素质训练可以提高运动员在比赛中的综合能力。足球比赛过程不仅仅是比技术、战术和体能，还是双方运动员心理层面的较量，是斗智斗勇的过程，是一场心理战。良好的心理状态能够在关键时刻决定比赛的胜负。运动员通过心理素质训练能获得良好的心理状态，在比赛场上情绪稳定、心态平和，注意力集中，思维迅速、敏捷，提高比赛能力，进入最佳的比赛状态。

（3）良好的心理素质训练有利于运动员的心理特点发展。心理能力对人一生的心理发展的影响主要有两方面，即遗传与生理因素影响和环境与教育影响，后天的环境与教育是影响运动员的最主要的方面。

（4）良好的心理素质训练有利于运动员人格的健全与完善。在足球心理素质训练中要善于发现运动员的个性心理品质，如性格取向、兴趣爱好、意识倾向、认识能力、知识积累等，要有意识地发展不同运动员的不同心理品质。抓住运动员的兴趣爱好，循循善诱，使其通过心理素质训练得到全面发展。

五、足球运动心理素质训练的内容及方法

（一）心理素质训练的内容

在前面的文章中也提到了足球心理素质训练可以分为一般心理素质训练和赛前心理素质训练两种，这里则主要对其具体内容和任务作进一步的阐述。

1. 一般心理素质训练

一般心理素质训练是培养和发展运动员必备的各种基本心理品质和心理能力的过程。

（1）一般心理素质训练的主要内容

一般心理素质训练的主要内容包括集中注意训练、意志训练和生物反馈训练 3 个方面。其中，生物反馈训练是借助现代化的仪器把运动员机体的生理信息传递出来，使运动员能有针对性地经过反复练习，学会调节自己的生理机能。生物反馈训练可以提高个体的运动感知觉能力，有利于促进运动员的动作技能的形成和校正技术动作，还可以调整运动员的情绪，消除运动疲劳，改善机体各器官系统的功能。

（2）一般心理素质训练的主要任务

①培养足球运动员专项运动所需要的兴趣、能力、气质、性格等个性心理特征。

②发展足球运动员专项运动所需的感知觉、形象思维、运动表象、想象力、情感和意志品质等心理过程。

③培养足球运动员的注意品质，包括注意的集中、稳定、转移、范围、分配等。

2. 赛前心理素质训练

赛前心理素质训练主要是指足球运动员准备具体比赛的心理状态的训练。赛前的心理准备是在较短时期内使运动员学会自我调节心理状态，在赛前形成最佳竞技状态。这种赛前的心理准备包括两方面，即赛前的心理训练和比赛过程中的心理调控，前者一般在比赛前 2 至

3周进行，根据比赛的目的、任务、对手的水平和实力、比赛环境和场地、气候等条件及运动员的心理状态具体安排；后者可在赛前、比赛中、两次比赛间隔甚至比赛后进行。

（1）赛前心理素质训练的主要内容

赛前心理素质训练的主要内容包括表象重现训练、控制情绪训练和模拟训练3个方面。其中，模拟训练是利用接近比赛情况而进行的实战训练，是提高运动员的比赛适应能力的心理训练方法。模拟训练必须对比赛的对手、比赛场地、气候、观众、裁判员等作深入的了解，这些情况越详细，模拟训练的内容与比赛实景越接近，训练效果越佳。

（2）赛前心理素质训练的主要任务

①使足球运动员明确比赛任务，激发其良好的比赛动机，建立赢取比赛的心理定向，形成良好的自信心。

②使足球运动员掌握各种具体的心理训练方法，使其能合理地调节和控制自己的心理状态，消除不良情绪和心理障碍，形成最佳竞技状态。

③使足球运动员学会在瞬息万变的比赛情况下始终保持积极、稳定的心理状态，以良好的心态参加比赛，充分发挥技战术水平。

（二）心理素质训练的方法

1. 树立正确动机

（1）设立训练目标

设立训练目标是激发动机的有效方法。教练员带领球队参加训练和比赛，首先要设立目标，只有具有挑战性、可行性的目标才能激发个人甚至全队的动机。训练目标可以使教练员和运动员对实现目标的动机和行为具备高度的责任感，使教练员和运动员之间实现良好的交流与沟通，达到彼此之间相互了解、相互信任和相互促进。

首先，心理素质训练目标的设定要建立在对个人和整体全面、深入了解与沟通的基础上，设定的目标应既具有难度和挑战性又具有实现的可能性。

其次，心理素质训练的目标要对个人和整体有明确、具体的标准，且设定的目标应便于检查和总结，有适当的灵活性，同时必须明确目标实现的阶段时间和完成时间。

再次，心理素质训练的目标可分为短期目标、中期目标和长期目标。设定的目标应符合运动员的实际运动能力和适应比赛赛期安排。具体为：短期目标要专门化、具体化，设定实现目标的期限；中期目标是短期目标的延伸，应包含各阶段的短期目标，并以各阶段的短期目标的实现、积累为实现标准；短、中期目标是长期目标的分期阶段目标。

最后，心理素质训练目标的设定应包括个人能力目标，整体实力目标，团队的精神、赛风赛纪、战术纪律、队风队纪等。

（2）激发、诱导个人动机

只有使足球运动员的个人动机达到最佳水平，才能使其在训练和比赛中的运动效率达到最高值。因此，激发、诱导个人动机是足球运动员的正确动机训练的主要任务之一，是教练员进行心理素质训练的主要任务之一。

（3）唤起、凝聚团体动机

在足球心理素质训练的动机训练中，唤起、凝聚球队的整体动机关系到球队整体训练水平和比赛成绩的提高。因此，树立球队的整体意识、团队精神及集体荣誉感，是心理素质训练的重要组成部分。

（4）重视调控参赛前动机

调控参赛前的动机是教练员对运动员进行心理素质训练的重点，对运动员参赛动机的调控应注意以下两方面。

①对运动员的现实动机作出准确判断，帮助运动员明确方向、树立信心、稳定情绪、提高斗志，尤其应重视对环境的变化和能够引起运动员心理变化的各种因素作出正确判断。

②注意运动员心理适应方面的调整，使其及时做好充分的准备，卸下思想包袱、排除干扰，使运动员的参赛动机调控到最佳水平。

2. 培养良好心态

运动员良好的比赛心态应是不过分注重比赛结果，不能有赢了什么都好、输了什么都不好的心态。具体训练方法如下。

（1）控制不良情绪

让运动员学会控制不良情绪，始终保持积极性和乐观态度是足球心理素质训练中良好心态形成的有效训练方法之一。

当球员对某一种情景感到忧虑或缺乏安全感时会产生焦虑情绪。这种焦虑表现在心理方面为：运动员会有比平常更大的精神压力，头脑中会出现自我否定的话语，会担心自己表现不好而产生失误。控制紧张和消极情绪需要一个长期的、逐步改变的过程。在帮助运动员克服紧张情绪的心理训练过程中，会受许多可变因素的影响。长期、有意识地对不良情绪进行控制是运动员在心理素质训练中需要掌握的一种重要方法。

（2）理性分析

在足球心理训练中，教练员要帮助球员认真分析比赛形势，引导球员在赛场上产生不安情绪时做深呼吸，排除杂念，尽量做到享受比赛过程，而不是只看重比赛结果。

（3）放松身心

放松身心是心理素质训练中培养良好心态的有效方法之一，运动员可以仰卧在草皮、沙滩上，结合呼吸节奏，对心率、血压等植物性神经系统机能产生良好的影响，使自我的思想和意念集中到安静、轻松、愉悦的感觉上来，达到放松身心的效果。

（4）自我暗示

自我暗示心理训练法是借助思想或语言的暗示，对自己施加影响。如运动员在训练或比赛前，采用语言、默念、提示等方法对心理施加影响，以调整和控制自我的情绪、注意力、意志等心理活动。如用"我准备好了，我的状态很好！""要沉住气！""我有能力打好比赛！"等语言和默念提示自己，从而调节植物性神经系统机能，加强自我的心理调控能力，使运动员保持最佳心理状态。

3. 树立自信心

在足球运动中，运动员的自信心是在长期的训练和比赛实践中培养和获得的，帮助球员认真分析胜负的原因，使运动员的个人能力得到进一步的提高，并在这一过程中逐步树立自信。训练过程中应针对每个人的具体情况，循序渐进，不能对运动员要求过高，以免挫伤其自信心。具体训练方法如下。

（1）鼓励法

当运动员出现失误、受到挫折、运动技术停滞不前时，不要挖苦、讽刺、训斥、处罚，而要耐心帮其分析主客观原因，找出解决问题的方法，对其刻苦的努力和良好的表现给予充分的肯定和鼓励，以使其重新树立自信心。

（2）念动法

念动法又称"心理回忆训练"，指运动员在训练或比赛前，对即将运用的技战术的要领、方法、要求、技巧等作系统的回忆。可以采用默想的形式，也可以借助图片、影像资料等进行。在回忆过程中，把完成动作的感觉和体验结合起来，以达到强化动作、改进技战术、提高自信心的目的。

（3）正向思维法

思维是个体自我想象空间的自我对话，用积极的话语和心态进行自我对话，对增强个体的自信心十分有益。

在足球训练和比赛中，每个运动员都有成功的体验，这种因成功的体验而深藏于内心的喜悦和美好回忆是激励其自信心的动力。在赛前用成功的经历和体验激励自信心是非常有效的。

4. 提高意志力

足球运动员意志力的培养和提高是一个潜移默化、渐进积累的过程，培养运动员的意志力需要教练员在日常生活、训练、比赛中随时注意对运动员意志力的培养。

（1）在日常生活中培养意志力

在日常生活中，教练员要善于通过一些困难、矛盾的启发、诱导使运动员克服困难、解决问题，并帮助运动员提高和积累解决困难和矛盾的能力和经验，使其逐步形成坚强不屈的品质。

（2）在训练和比赛中培养意志力

①在艰难的环境中进行训练，如在严寒、酷暑、大风或雨雪环境中进行训练和比赛，磨炼运动员的意志品质。

②在困难的情况下进行训练，如在运动员感到疲劳的情况下，仍鼓励其坚持完成训练和比赛任务，特别是大负荷和高强度的训练任务，或是对抗激烈、拼抢凶猛的比赛。再如在运动员身体带有伤病时，在教练（或医生）的指导下，进行有助于伤病恢复、保持体能状态的训练。

③在模拟比赛环境中进行训练，足球比赛的环境复杂多变，运动员会受到多种因素的影响和干扰，如观众的喧闹、起哄、嘲讽或谩骂，对手粗野的语言或恶意的犯规，裁判员的错判、漏判或偏袒，同伴间的矛盾、误会、抱怨或指责等。有意识地对以上这些干扰因素进行模拟训练，有助于运动员正确地认识和对待比赛，从而提高其意志力。

5. 集中注意力

在足球心理素质训练中，可采用多种方法提高运动员的注意力水平，主要有以下几种。

（1）在讲解方法上培养注意力的集中

在足球心理素质训练中，教练员应在运动员平时的训练中或比赛前、中场休息、比赛后作及时的总结，并在总结讲解中注意培养运动员的注意力集中。如利用准确、简练、形象生动的语言，使队员感到有趣和新鲜，吸引和集中其注意力。

（2）在训练方法上培养注意力的集中

①结合技术训练法

结合技术训练法，主要是利用提高技术动作的难度来培养运动员注意力的集中，如 3 人颠 2 球，要求逆时针轮转，一次触球；6 ～ 10 人站成圆形，同时用两球做传球练习，要求用脚内侧一次触球，球不能互相碰撞，也不能两球同时传到一人脚下；10 ～ 20 人在中圈运控球、过人，要求不能碰到其他人的球或身体。

②结合战术训练法

结合战术训练法很多，以后卫线制造越位战术和攻方制造反越位战术为例。

A. 后卫线制造越位战术：当对方持球队员即将传空当或传身后球时，后卫线听口令统一前压越位；或本方防守中当球被向前踢出时，后卫线听口令统一前压，迫使对方后撤。

B. 攻方制造反越位战术：在上述两种后卫线制造越位时，由附近一名不处于越位位置的队员听口令快速插上接球，制造反越位战术。

③游戏法

A. 在放松跑时听教练员喊数字结组，教练员喊"3"就 3 人结成一组，教练员喊"4"就 4 人结成一组等。

B. 在一臂间隔列队，要求按教练员口令反意执行动作，教练员喊"立正"，队员做稍息动作，教练员喊"起立"，队员做下蹲动作。

C. 队员练习运控球，听教练员的哨声或看教练员的手势做出各种运控球动作。

④模拟比赛法

在足球心理素质训练过程中，教练员要注意培养运动员对比赛注意力的集中能力，要求运动员在比赛中把注意力始终集中在贯彻教练员意图、完成技术动作、完成战术配合上，而不受对手、同伴、裁判、观众、环境、场地等因素的影响和干扰。

总之，足球心理素质训练的方法多种多样，不同的运动员在不同的训练阶段有各自特有的方式，其心理素质训练所要达到的目的也各不相同，因此，教练员应该结合运动员的实际情况，有针对性地采取不同的训练方法对运动员进行心理素质训练。

六、足球运动心理素质训练的注意事项

（一）心理素质训练要注重与培养团队精神相结合

足球是一项团队运动，身处这个团队中的每名球员都要拥有出色的心理素质。每名球员的心理构成了整支球队的心理氛围，它是足球队最终能够成为一个统一整体的最为重要的标

志之一。

球队的心理氛围，主要是指全体队员以及个别运动员的情感状态，队员之间的关系、队员之间的冲突等。良好的心理氛围是与整个球队有目的的活动，球队克服各种困难，分享获胜的喜悦等情况紧密联系的。不良的心理氛围则是有球员与集体目标和意向不相符的心理，在关键时刻不能做到与集体协同一致。因此，这就要求在足球队中的每个运动员都应为建立自己球队的良好心理气氛作出贡献。球队中呈现一种占优势的、朝气的、活泼愉快的气氛，会感染和作用于每一个运动员，并在一定程度上决定运动员的自我感受和行动的效果。注重球队心理氛围的维持主要包括以下几方面。

1. 确立球队的道德准则

球队准则规定了足球运动员在集体的行动，并得到大部分队员的赞同和遵守。球队准则的主要作用是调节运动员的行动。在足球运动中，每个球队的准则的总和就表明了它的行动定向和情感反映。

2. 保持良好的球队情绪

球队的情绪状态是球队心理气氛的特殊形式。一般地，好的成绩和胜利能使每个运动员和整个球队都产生一种满足感，进入情绪的高涨状态，坚信自己的成功。这种高涨的情绪带来的一股新的力量，能提高队员为争取新的成绩而更有效地训练和比赛的愿望。失败也同样可以起到一种促进作用，同样可以增添力量。但是，前提是需要分析失败的原因，找出减少失败的途径，汲取教训，克服消极情绪，提高自信。

3. 减少球队冲突与竞争

球队中队员之间的冲突往往会导致整个球队出现极大的情绪波动，委屈、悲伤、愤怒、动武，甚至是仇恨敌视的情绪，这些情绪都会产生一种潜在的矛盾。经受了挫折的运动员在冲突时会产生一种特殊心理（如情感上的紧张、焦虑不安等）。这种不良的心理状态往往会伤害运动员的自尊心，不利于其训练和比赛。

球队冲突对于一个球队活动的心理气氛起着消极作用，因为冲突者多考虑自己的矛盾而不去想整个团队。虽然冲突常常只发生在少数人之间，但要吸引很多人讨论、调解，有时冲突会形成集团，甚至导致分裂和公开冲突。

球队竞争尖锐化会引起冲突。防止球队竞争变为冲突的最有效的途径，是在球队里进行超前的和预防性的心理疏导。根据运动员在活动职能上的联系特点及心理上的和睦性，通过正确和适时的心理咨询工作促进球队良好道德心理气氛的形成。

总之，重视球队心理气氛的建设能使足球心理素质训练效益扩大化，促进良好的团队意识的形成，提高运动员的综合心理能力。

（二）重视团队之间的人际沟通

队员之间的关系和整个团体的形成水平密切相关。在足球运动中，人际沟通既可以是口头的，也可以是非口头的，这两种形式都存在于运动活动中，对运动活动产生巨大的影响。影响人际沟通的要素主要包括球员与球员、球员与教练之间的情绪表达、信息传递、沟通

网的性质等，这些要素对于教练员了解运动员在比赛、训练和其他社会接触时的沟通情况有着十分重要的意义。实验表明，失败球队中队员间的沟通会逐渐变为消极的沟通。口头的和非口头的沟通方式是教练员从事球队间人际沟通时应考虑的两个重要指标。另外，球队沟通有质与量的问题，如教练员给予队员的沟通程度和关心程度不同，会影响到整个团队和团队的心理结构。球队中受到忽略的队员到后来会被认为是没有价值的。由于教练员在球队中总会喜爱某些队员，从而使这些队员因缺乏与球队中其他队员的沟通而感到孤立。这些沟通中的消极方面对运动员的心理训练会产生负面影响，不利于运动员个人及整个团队运动技能的提高。因此，在足球心理素质训练中，应重视球队之间人际关系的沟通与协调，使队员之间相互信任和相互鼓励，以团结整体团队，提高团队的作战士气。

第三节　足球运动意识的培养

在研究这一问题前，首先要明确的是所谓足球运动的意识，在这里主要指足球运动的战术意识。之所以将战术意识的内容归纳到本章来研究，主要原因是战术意识的培养问题并不是单纯足球战术领域中的问题，而是应该将其纳入到一种足球运动相关训练的部分中进行研究，如此显得更为合理。

战术意识这一特殊思维活动过程由战术信息选择与战术行为决策两个前后为序、紧密相连的部分组成。其具体内容体现在：技术运用的目的性、战术行动的预见性、判断的准确性、攻防转换的平衡性、战术变化的灵活性、战术配合的协同性、战术行为的隐蔽性等。

培养足球运动员的战术意识，具体方式通常有系统地了解足球比赛基本规律与战术特征，了解比赛中战术变化的规律及正确的应变措施，以及了解足球战术的发展趋势；积累足球战术理论及经验知识；大量而熟练地掌握足球基本战术等。

战术意识的培养与运动员的思维活动密切相关。从某种意义上讲，战术思维是战术意识的核心。因此，足球运动员的战术思维能力水平决定了其战术意识水平。具体而言，足球运动员思维的灵活性、预见性和创造性等是其战术意识的决定因素。

一、重视足球战术意识特性的培养

要想培养球员拥有足球战术意识，首先就要把握培养足球战术意识的本质规律。为此，对于足球战术意识的特性就要进行深入的了解。

足球战术意识的特性主要通过球员在场上的战术行动体现，这些行动的特点包括其显现出来的目的性、实效性、预见性、应变性、创造性和隐蔽性，另外还需要加上球员之间配合的协调性。各特性的培养具体分析如下。

（1）行动的目的性。足球运动员在比赛中的任何一个行动都应该具有明确的目的，其在全场比赛的任何时刻的任何行动都与全队的攻防行为有着直接的关系。足球战术意识好的运动员，在该出现的地方总能出现，在该行动的时候总能看到他适时果断的行动，目的明确，作用突出。

（2）行动的实效性。足球运动员在比赛中的一举一动，要追求简洁实效，以便对全队的进攻和防守发挥应有的作用。足球战术意识好的队员其行动效果突出，进攻时传球、射门、运球突破、摆脱、跑位合理而且有效，并具有很大的威胁性。防守时盯人、选位、抢断、补防、呼应适时而合理。

（3）行动的预见性。足球比赛瞬息万变的战况要求运动员必须具有良好的预见能力。预见性好的运动员总能在比赛中最危险、最有威胁的区域预见下一步可能发生的情况，并先行一步，占据有利的位置，拥有时空的优势。

（4）行动的应变性。足球比赛双方攻防的激烈对抗，进攻与防守的快速转换要求运动员必须善于根据临场情况的变化，迅速作出应变和调整，切不可千篇一律、死板教条。

（5）行动的创造性。足球比赛中即兴发挥地采取非正常的行动或动作的情况很少见，但有时一些创造性的行为能够起到出其不意、攻其不备的效果，优秀运动员往往能够在比赛中时有即兴创造的表现。

（6）行动的隐蔽性。行动的隐蔽和诡秘，是足球比赛战术的需要，也是运动员战术意识优越的表现之一。直来直去、意图明显的打法和行动显然不能适合足球赛场上瞬息万变的赛况。

（7）配合的协调性。足球比赛是一项集体同场对抗的项目，场上既有位置分工，又要强调协同配合。相互配合的意识对发挥全队集体的竞技能力是至关重要的，能否根据临场情况与其他队员协调配合，是衡量一个队员战术意识好坏的重要标志之一。

二、重视足球战术意识运用的培养

足球战术意识要在足球比赛中表现出来，而运用的时机都是经过认真考量的。大多数时候，球员在场上执行赛前或赛中布置的战术时往往要结合场上的实际情况，而不是铁板一块似的不加以任何变通地使用。那么，既然谈到了灵活使用战术，就一定需要良好的战术意识。只有战术意识到位，球员们才知道在何种情况下选择何种战术带来的效果最好。下面就主要以个人和集体攻防战术为例，来研究对球员足球战术意识运用的培养。

（一）个人进攻战术意识

1. 传球意识

传球时机、传球目标和传球力量的选择是传球战术意识的重要内容。良好传球意识的重要表现是队员在多个传球线路的选择上，及时、准确地将球传至最具进攻威胁的区域或进攻同伴。

2. 运球及运球过人意识

合理掌握运控球时机，在确保本队球权的前提下寻找或创造有利的进攻时机。

3. 跑位意识

积极跑位，对比赛的发展有预见性，做到比对手抢先一步行动；能根据比赛需要预先占领空当或留出空当，做到球到人到；能利用突然的起动抢占预先留出的空当；掌握在活动中

接球、射门等技术。

4. 射门意识

能否迅速、准确地作出判断，并及时见之于正确的行动。射门意识好表现为有强烈的射门欲望，射门的时机、角度、方向、方式等运用恰到好处。

（二）个人防守战术意识

1. 盯人意识

能够根据自己和不同对手的跑动速度、技术水平、球所处的区域等因素与对手保持适宜的盯人距离，采用合理的盯人方式。

2. 抢球意识

能根据对手的控球水平和自己的抢球能力、攻防双方在局部地区的力量对比、抢球的区域及地点，以及场地、气候等因素迅速作出判断，采取果断行动。

抢球意识好的队员能及时作出正确的反应，准确地把握抢球时机，善于根据全队的防守战术和自己的抢球能力，最大限度地发挥抢球技术。

3. 保护意识

能准确判断攻守局面的发展变化，即抢球同伴与对手争夺球的可能结果；能根据不同的防守区域、抢球同伴与对手的特点和类型，及时、合理地保持与抢球同伴的保护距离和角度，随时可迅速转换职能成为第一防守者（即抢球者）；善于采用语言呼应，及时提示抢球队员的站位与行动。

4. 补位意识

根据比赛的需要合理选择补位的方式（弥补防守同伴未及时到位或与邻近同伴之间的相互补位）、时机和路线，另外，补位及时果断。

（三）集体进攻战术意识

1. 纵深意识

进攻时积极地向前或向防守队员身后跑动接应、回拉切入、插上突破；及时果断地向前、向防守队员身后纵深空当跑位或传球。

2. 宽度意识

根据进攻的需要，及时、合理而有纵深层次地拉开进攻宽度，并不失时机地向边路空当进行转移性传球以创造进攻战机，是进攻宽度意识的良好体现。

3. 合理的进攻队形的意识

队员能根据本队进攻推进的速度和球发展的区域，及时合理地调整进攻重心，保持相邻位置队员之间和锋、卫 3 线之间紧密衔接，使进攻队形能有效地承上启下。

4.有效的进攻节奏的意识

进攻时，全队上下在进攻的各个环节都能围绕比赛的不同时段和实现某种战术目的的需要，采用各种比赛方式及技战术行为，合理地改变和控制进攻速度的快慢。

（四）集体防守战术意识

1.快防意识

常指由攻转守的快速性，即全队攻完立即就守、阻止对方发动快攻的快速性。具体表现为：在由攻转守的瞬间，防守队员封锁进攻持球队员与有球局部的进攻通道的快速性；抢占有利防守位置，紧逼限制对方尖刀队员的及时性；回防到位，形成攻防人数对等平衡局面的快速性。

2.协防意识

转为防守时，全队每一名队员都能根据自己当时所处的不同场区、不同位置和球发展的情况，以不同的技战术行动方式在同一时间内进行积极有效的防守，从而形成全队统一的、协调有序的立体防守体系。

3.合理的防守队形的意识

根据对手进攻的发展态势和球所在场区的转换，及时合理地移动和调整防守重心，组成紧密衔接、纵横交错、有利于相互进行保护和补位的防守队形。

4.有效的防守节奏的意识

能最大限度地延缓对方进攻推进速度，并能根据比赛形势和对手进攻速度的变化，进行快慢相宜、松紧有度的防守。

第八章　足球运动游戏教学与训练

学海导航
XUEHAI DAOHANG

　　足球运动游戏在足球运动教学中得到较为广泛的应用，是一项重要的教学手段，具有娱乐性和趣味性的特点。本章主要介绍足球运动游戏教学与训练，包括足球运动技战术与身体素质的游戏教学训练方法。通过本章的学习，学生要掌握足球技术、战术和综合素质游戏的具体方法，在教学训练中运用游戏手段，在欢乐中提高足球运动水平。

第一节　足球运动技术游戏教学与训练

一、足球运球类游戏

（一）猴子运桃子

　　游戏目的：对学生快速、准确的运球能力进行培养。

　　游戏准备：一个边长为6米的等边三角形场地，足球若干。将球平均放在猴子家中。

　　游戏方法：哨音响后"猴子"迅速跑向其他"猴子"家中，将其他"猴子"家中的"桃子"运回到自己的家中。在一定时间内家中"桃子"多者为胜。家中"桃子"少的"猴子"接受相应的惩罚（图8-1）。

图8-1

　　游戏规则：运回的"桃子"必须放稳在家中。

　　教学建议：以练习的人数为依据，可以采用四方形的场地或五角形的场地，还可以适当调整球的数量。

（二）蚂蚁搬家

游戏目的：对学生快速准确的运球能力进行培养和提高。

游戏准备：直径为 10 米左右的圆圈，圆圈周围分布若干个"窝"，足球 30 个。

游戏方法：队员站在自己的"窝"内，等哨音响后开始向场地中间的球跑去，拿到球后迅速将球运到自己的"窝"内。队员尽可能多地把场地中间的球运到自己的"窝"内。运回"窝"中球多者为胜。球少的队员根据情况受相应惩罚（图 8-2）。

图 8-2

游戏规则：学生不能抢其他"窝"内的球，中间的球被运完，游戏就结束。

教学建议：以学生年龄为依据，将圆圈的大小相应地确定下来。大、中学生可以大一些，小学生可小一些。

（三）"猎人打老虎"

游戏目的：在有效提高学生的运球控制能力的同时，使其奔跑能力和灵敏素质也得到有效的发展。

游戏准备：足球场半个，足球 10 个。

游戏方法：在场地上画一个 20 米 ×20 米的正方形游戏区，选出 2～3 人为"猎人"。准备，"猎人"持球，其他游戏者扮演的"老虎"分散于场地内。开始，"猎人"在场内运球，伺机用球踢中"老虎"，被击中的"老虎"退出游戏。并罚做俯卧撑 10 次（图 8-3）。

图 8-3

游戏规则：

（1）全体游戏者均不得跑出游戏区。

（2）追击时，只准用球击对方的腿部。

教学建议：

（1）"老虎"被击中后，也可以成为"猎人"，以增加"猎人"的数量。

（2）最后被击中的"老虎"要受到表扬或奖励。

（3）该练习强度大，要向学生提出明确的要求。

（四）运球通过封锁线

游戏目的：使学生运球、控制球以及变换方向运球的能力得到有效提高。

游戏准备：足球场半个，足球 20 个。

游戏方法：在场地上画一个直径为 15 米的圆圈。所有学生持球，围圆圈运球，听到哨声以后，迅速运球穿过圆圈中心。穿过圆圈时注意避免碰撞（图 8-4）。

图 8-4

游戏规则：出现碰撞的队员罚做俯卧撑 2 个。

教学建议：开始练习时，通过圆圈的速度可以慢一些，随着练习者熟练程度的提高，要求加快通过圆圈的速度。

（五）运球追捕

游戏目的：使学生随意运球的能力和技巧水平有所提高。

游戏准备：标出一块 30 米 ×30 米的游戏区域，足球 20 个。

游戏方法：学生分成人数相等的 2 队，每人一球，其中有一个队为追捕方，另一队为逃跑方。游戏开始，追捕方的学生运球并设法用手捕捉逃跑方的同学，逃跑方的学生则尽力躲避。被捕捉到的学生要离开场地，到场外练习颠球，直到本方所有同学都被捉到为止。然后互换角色再进行游戏（图 8-5）。

图 8-5

游戏规则：按照捕捉逃跑方全部学生的时间长短来决定胜负，时间短的一方为胜。

教学建议：

（1）开始运球时可以不限制运球的方法，只要控制好运球即可。

（2）以运球掌握的情况为主要依据，对运球的脚法进行限制。

（六）运球接力

游戏目的：使学生的运球技术及集体合作的能力得到有效提高。

游戏准备：足球场地半块；足球2～5个，标志旗4～8个。

游戏方法：在场地上画两条相距20米的平行线，分别为起、折点线。将学生分为人数相等的2～4队，各队间距2米，在起点线外与各自的折点对应站立。各队排头脚下持球。游戏开始，用左右脚交替运球的方法前进，绕过折点小旗返回，在起点线上交第2名队员，第2名队员按此方法做，依次类推。先完成规定轮次的队为胜（图8-6）。

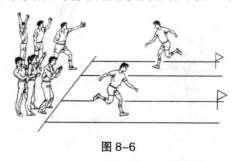

图 8-6

游戏规则：

（1）必须采用脚背外侧（或脚内侧、脚背内侧）运球技术运球，且每次运球均为左、右脚交替。

（2）必须绕过折点标志旗，返回时在起点线外交球。

教学建议：

（1）以学生人数为依据，对游戏的方法进行适当的调整，比如，人数多时，可以安排为迎面接力。

（2）以学生掌握技术动作的水平为主要依据，运球线路上可以摆放1～2个障碍物，从而对运球的节奏进行适当的调节，对运球的速度进行有效控制。

二、踢球类游戏

（一）穿裆射门

游戏目的：在锻炼和提高学生脚下控制球的能力的同时，对其踢球的准确性进行培养。

游戏准备：小足球场地1个，3人一个足球。

游戏方法：学生2人面对面站成两列横队，间距8～10米，一人中间站立，面对的2人进行游戏，中间的一人两腿叉开，另外2人试图将球踢出，并穿裆而过。中间的队员不得挡球。若球未能穿过胯下，传球失误的队员替换中间的队员（图8-7）。

图 8-7

游戏规则：两边踢球的队员不得把球踢高，避免伤害中间的队员。

教学建议：开始练习时，中间的队员要主动配合，两腿叉开的距离稍大一些；随着技术水平的提高，距离逐渐缩小。

（二）"围猎打狼"

游戏目的：在使学生踢球的准确性得到提高的同时，有效发展和提高其奔跑能力和灵敏素质。

游戏准备：小足球场地 1 个，足球若干。

游戏方法：在场地上画一个直径为 15 米的圆圈游戏区，根据学生人数情况分为 2 组。一组为"狩猎者"，另一组为"狼群"。准备，"狩猎者"持球，站在圆圈的外围。另一组"狼群"分散于圆圈场地内。开始，"狩猎者"在场外踢球，伺机用球踢中"狼"，被击中的"狼"退出游戏。并罚做俯卧撑 5 次（图 8-8）。

图 8-8

游戏规则：

（1）被围猎的"狼群"均不得跑出游戏区。

（2）踢球时，只准用球击对方的腿部。

教学建议：

（1）开始练习时，圆圈场地可以小一些，随着技术水平的提高，圆圈逐渐加大。

（2）脚法可以从脚内侧过渡到脚背内侧，然后逐步过渡到脚背正面、脚背外侧。

（三）足球打靶

游戏目的：使学生踢空中球的能力得到有效提高。

游戏准备：小足球场地 1 个，足球若干，球筐 1 个。

游戏方法：画一个直径为 1 米的圆圈，作为踢球点。在踢球点前方 15～30 米处，画 3 个直径分别为 3 米、6 米、9 米的同心圆，圆心上放一个装球的筐，作为足球靶。将学生分成人数相等的 2 队，分别站在踢球点的两边。游戏开始，2 队的队员轮流将放在踢球点上的足球踢向足球靶，踢进 9 米圈得 1 分，踢进 6 米圈得 2 分，踢进 3 米圈得 3 分，踢进球筐得 10 分。得分多者获胜（图 8-9）。

图 8-9

游戏规则：

（1）只有从空中落入靶中才算，地滚球滚入靶中不算。

（2）球入筐后跳出，仍算进筐；球落地后跳入筐则不算。

教学建议：此练习的主要目的是使学生控制踢球力量和方向的能力得到有效提高，开始练习时中间的圈可以大一些，提高学生的自信心，随着技术动作的熟练，逐渐缩小。

（四）踢小足球门

游戏目的：对学生脚部的控球能力进行锻炼，使其有所提高。

游戏准备：小足球场地 1 个，标志旗 4 面，足球若干。

游戏方法：在场地上画一个 30 米×15 米的长方形游戏区，再画一条中线。在中线两侧等距离处用旗子标出 2 个球门。将学生分为人数相等的甲、乙 2 队，相对站立在各自场地的端线上。准备，双方游戏者每人各持一球。开始，双方可任意选射一个球门，在规定的时间内，以进球多的一队为胜（图 8-10）。

游戏规则：

（1）必须等甲队踢完后，再换乙队踢，不准同时踢射。

（2）只准用脚背正面和脚内侧的踢球方法进行。

（3）一队踢球时，另一队积极供球。

教学建议：足球门的大小随学生技术水平情况而定，开始练习时，可以大一些，随着水平的提高，逐步缩小。

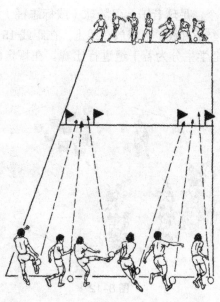

图 8-10

（五）"网式足球"比赛

游戏目的：对学生处理空中球的能力进行训练，提高能力水平。

游戏准备：小足球场地1个，足球5～10个，网球网3～5张。

游戏方法：将学生分成5人一组的8个队，每4队在一个网球场地上。每块场地上先上2队，在各自的半场内按位置站立。一个队开球，用脚踢球的方法按照排球的规则进行比赛。游戏也可以在排球或羽毛球等其他场地进行，人数可多可少（图8-11）。

图 8-11

游戏规则：比赛采用一局10分制，先得10分且超出对方2分的一个队为胜，失败队即被淘汰。然后场外另一个队上场，与胜队继续比赛，依次类推。

教学建议：开始练习时，场地可以考虑小一些，人数多一些；随着技术水平的提高，人数逐渐减少，场地逐渐加大，难度也会逐渐加大。

（六）踢"保龄球"比赛

游戏目的：使学生踢球的准确性得到有效提高。

游戏准备：小足球场 1 个，足球若干，保龄球（或标志桶）若干。

游戏方法：在场地上画一条直线，把球放在线上。在距线 15～20 米的地方按"保龄球"的要求摆放 10 个标志桶。把学生分为若干组进行比赛。在规定的踢球次数或组数下，得分多的球队获胜（图 8-12）。

图 8-12

游戏规则：根据技术情况提出要求，踢地滚球或者半空球。违反要求者受罚不能计入成功的次数。

教学建议：根据学生的水平，踢球的距离可以考虑逐渐变化。开始时可以是 5 米，然后逐渐增加到 10 米、15 米、20 米。

三、传接球类游戏

（一）运输队

游戏目的：使学生传接球的技术水平得到有效提高。

游戏准备：足球场地半块，足球若干个。

游戏方法：画定一条传球线路，在距传球线 25 米处，平行画两个半径为 2.5 米的圆圈，两圈间距为 10 米。将学生分为人数相等的两队，每队选出一名学生站在各自的圆圈里，圈外的学生每人持一球。游戏开始，站在传球线后的学生依次把球放在传球线上，将球传给本队圆圈里的学生。站在圆圈里的同伴运用除手臂以外的任何部位接球，并将球放在圆圈里。全队的球全部放在了圆圈里，游戏结束。率先完成游戏的队获得胜利（图 8-13）。

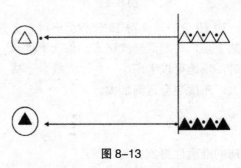

图 8-13

游戏规则：

（1）圆圈里的学生，可以出圈接球，但接球后必须再将球运回圆圈里放好。

（2）站在传球线后的学生所传出的球必须是长传球，不能用地滚球传给接球的学生。

（3）站在传球线后的学生必须等接球的学生将前一个球放在圆圈里后，才可以继续给接球的学生传球。

（4）两队学生不能运用任何方式干扰对方的传接球。

教学建议：

（1）教师可以以学生的性别、能力等因素为依据对传球的距离进行适当的改变。

（2）为提高学生长传球的技术，可再设置一条限制线，学生所传出球的第一落点必须越过限制线。

（二）看谁传得快

游戏目的：使学生快速准确传球的能力得到发展和提高。

游戏准备：足球场地半块，足球若干个，标志物若干个。

游戏方法：画定两条间距为 5 米的平行线，将每两名学生分为一组，一名学生持球，两人分别相对站在两条线上。在两名学生的中间放置两个间距 0.5 米的标志物。游戏开始，两人迅速连续传球，每位学生每次所传出来的球必须穿过与两人相对应的两个标志物的中间。先完成 50 次传球的一组学生获胜（图 8-14）。

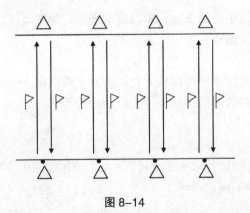

图 8-14

游戏规则：

（1）学生传球的脚法不限，但每次传球必须穿过与两人相对应的两个标志物的中间，而且球的高度不能高过标志物的高度。

（2）学生击球点不能越过事先画好的平行线，否则视为无效。

教学建议：

（1）教师要以教学的实际要求为依据对游戏规则进行适当调整，比如，可以要求学生必须只用某一个部位连续传球。

（2）教师在分组时应考虑到学生的实际技术能力，人员搭配要均衡。

（三）巧妙传球

游戏目的：使学生传球的准确性得到提高，同时也使其责任感得到增强。

游戏准备：小足球场地 1 个，标志旗若干，足球若干。

游戏方法：在场地上画一个直径为 20 米的圆圈，圈内不规则地插数面旗子。将学生分为人数相等的 2 队，2 队交叉站立在圈外，一对一等距站立。准备，各队一半人脚下持球，且记准与自己对应的同伴。开始，全体按逆时针方向绕圈跑动，并伺机传球通过圆的直径，各队每 2 人顺利传球通过 1 次得 1 分。在规定的时间内，总分多的一队为胜（图 8-15）。

图 8-15

游戏规则：

（1）传球时必须从旗子中间穿过，不得碰倒旗子，如果碰倒旗子，由传球者负责竖起。

（2）传球者不准进入圈内。

教学建议：

（1）要以游戏者的实际水平为依据来将场内旗子数确定下来。

（2）根据学习内容对传球的脚法分别提出相应的要求。

（四）逗猴

游戏目的：使学生传接球技术和相互接应的意识都得到相应的提升。

游戏准备：足球场地半块，足球 1 个。

游戏方法：将 6 名学生分为一组，4 名学生站成一个正方形，2 名学生站在正方形内。站在正方形顶点的 4 名学生连续传接球，站在正方形内的两名学生利用合理的动作阻截球。传接球的学生若出现传接球失误，就按顺序替换抢球的学生继续游戏（图 8-16）。

游戏规则：

（1）学生围成的正方形面积不能无限地扩大，传接球的学生可以车轮式地不断变换位置来接应同伴，避免球被抢到，但不能采用扩大场地面积的方式防止球被抢走。

（2）如果学生在相互传接球的过程中，因为失误没有将球传到位或接好球，是谁的失误，谁就与抢球的学生互换位置。

教学建议：

（1）教师要以学生的实际水平为依据来变动传抢球学生的人数，从而达到增加或降低游戏难度的目的。

（2）教师可以对传接球学生每人的触球次数进行限制，从而增加游戏的难度。

（3）教师为避免抢球的学生消极游戏，可以设定传接球学生连续传接球多少次后，传接球的学生出现第一次失误，不用与抢球学生交换位置。

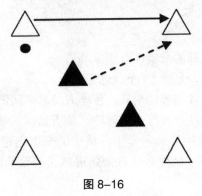

图 8-16

（五）火车穿山洞

游戏目的：使学生传地滚球的准确性得到有效提升。

游戏准备：足球场地半块，足球 2 个。

游戏方法：将学生分为人数相等的两队，每队第一名学生持球，与本队其他的学生相对站立，各队剩下的学生两腿开立，自动排成一列。游戏开始，每队第一名学生迅速将球从同伴的裆下传过，然后迅速站在队列的前面。队列最后一名学生接到从同伴裆下穿过的球后，迅速运球到排头，像第一名学生一样继续游戏，学生按此规则依次进行游戏，所有学生都完成一轮游戏后，游戏结束。率先完成游戏的队获胜（图 8-17）。

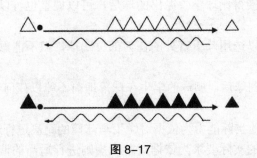

图 8-17

游戏规则：

（1）学生可以用任何方法将球踢出并穿过同伴的裆下，同伴也可以尽量地扩大两腿间的距离，但不能用手帮助同伴让球从自己的裆下穿过。

（2）如果球没有穿过所有同伴的裆下到达站在队尾等待接球的同伴处时，应重新传球继续游戏。

（3）如果哪一队率先完成游戏，最先开始游戏的学生接到球后应迅速跑到队首，并高举足球，先举起足球的队获胜。

教学建议：

（1）此项游戏最好用脚内侧传球，从而使传球的准确性有所增强。

（2）排成一列的学生尽量相互贴近，并努力放宽双腿之间的距离，以使球更快地从裆下穿过。

（六）投篮比赛

游戏目的：使学生踢凌空球的准确性有所提高。

游戏准备：足球场地半块，足球 20 个，球筐 2 个。

游戏方法：将学生分为人数相等的两队，各排成一列纵队站好。每队选出一名负责抛球的学生。在与本队间距 7 米的地方放置一个球筐，负责抛球的学生站在球筐后。游戏开始，抛球的学生迅速将球抛向本队的第一名学生，接球的学生迅速将球踢向球筐，然后迅速排到队尾，等待下一轮游戏。哪一队先将球直接踢进球筐的数量达到 10 个，就获得游戏的胜利（图 8-18）。

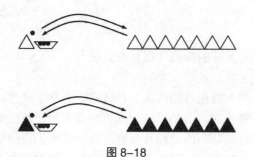

图 8-18

游戏规则：

（1）踢球的学生在接得抛球学生抛出的球后，可以调整也可以直接将球踢向球筐，但球不能落地。

（2）踢球的学生可以选用除手臂外的任何部位踢球，但不能颠球靠近球筐，可以在原地调整球后将球踢向球筐。

（3）踢球的学生触到球后，抛球的学生在球落地前不能以任何理由触球。

教学建议：

（1）教师要以学生的实际能力为依据对学生与球筐的距离进行适当调整。

（2）教师要以教学的实际要求为依据对游戏规则进行适当的调整，比如，可以要求学生必须只用某一个部位将球踢进球筐。

四、顶球类游戏

（一）迎面顶球

游戏目的：使学生迎面顶球技术的准确性得到提高的同时，对头顶球的基本动作方法有所掌握。

游戏准备：小足球场 1 个，足球若干。

游戏方法：在场地上画两条相距 2 ～ 4 米的横线。学生分成人数相等的 2 队，各队排头手持一接力棒，2 队分为甲、乙 2 组分别排成一路纵队，在横线外对面站立，各队排头手拿一个足球。发球后，排头将球抛给对面乙组的排头，球一出手自己马上跑到本队的排尾去，乙组排头用头将球顶到甲组的第 2 人，球一顶出马上跑回本队的排尾，依次进行。最后先顶完球的一组为胜（图 8-19）。

图 8-19

游戏规则：

（1）顶球时可以前后左右移动，但不得踏线。

（2）必须依次顶球。

（3）顶球失误后，要从失误者抛球开始。

教学建议：

（1）练习的队形距离可以随着学生掌握动作的熟练程度缩小或者增加。

（2）练习过程中注意强调动作的规范。

（二）跳起顶球

游戏目的：使学生跳起顶球技术的规范性和准确性都得到有效提高。

游戏准备：网兜、吊绳若干，足球场地 1 个，足球若干。

游戏方法：在场地上画一条起跑线，线前 5 ～ 8 米处架起一条横绳，高 1.8 ～ 2 米。把球放在网兜里，吊在横绳上，间隔 50 厘米。将学生分成人数相等的 2 队，各队排头手持一接力棒，站在起跑线后。发令后，各队排头手持接力棒迅速跑到吊球处，双脚原地起跳，用头顶球，共 3 次。然后返回，把接力棒交给本队第 2 人。依次进行，以先完成的队为胜（图 8-20）。

游戏规则：

（1）必须顶本队的吊球，否则无效。

（2）跳起顶中 3 次，如只顶中 2 次，其中一次未顶着，应取消名次。

教学建议：

（1）要根据学生掌握技术动作的情况对足球的高度进行适当调整。

（2）在练习时，注意强调学生顶球动作的规范性。

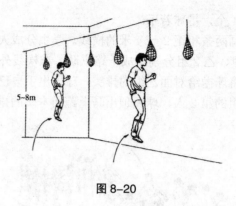

图 8-20

（三）头顶足球接力

游戏目的：使学生体会跑动中球触前额的部位。

游戏准备：足球若干，标志杆 4 根。

游戏方法：将学生分成人数相等的 2 个球队，成纵队站在起点线后，各队间隔 3 米，正前方 15 米处放一个标志杆作为回转点的标志，各队第一个人头顶平放一个足球，教师发令以后，各队的排头迅速稳当地向前跑，在跑动中不使足球从头上掉下，跑到回转点处，绕过标志杆再跑回本队，将足球交给第 2 人继续做，直至全队做完为止，先完成的队为胜。

游戏规则：足球中途掉下，可以原地捡起放好后继续做，记分时扣去 1 分。如果捡起后边跑边放在头上，则判该同学犯规。

教学建议：

（1）开始练习时，足球的充气可以不要太足，主要对顶球的部位进行体会。

（2）跑动的距离可以由短到长。

（四）"足排球"比赛

游戏目的：对学生头顶球的能力进行训练并使其有所提高。

游戏准备：排球场地 1 个，排球网一张，可以随意升高、降低。

游戏方法：在一个排球场地上，将学生分成人数相等的 2 队，在各自的半场内按位置站立。一个队用手抛球，同伴用头顶球的方法按照排球的规则进行比赛。根据学生掌握动作的技术水平，游戏时排球网可以调整为不同的高度，人数也可以有多有少（图 8-21）。

图 8-21

游戏规则：可参照排球比赛的方法进行。

教学建议：要以学生的技术水平为主要依据对球网的高度进行适当调整。

（五）头颠球比赛

游戏目的：使学生前额正面头顶球的感觉和能力得到提升。

游戏准备：小足球场地1个，每人1个足球。

游戏方法：每人手持足球1个，听教师发令后，用前额部位顶球，足球不得落地。

游戏规则：

（1）单位时间内（一般用1～2分钟），比较顶球的次数。失误可以继续进行，记累计次数。

（2）单位时间内（一般用1～2分钟），比较在不失误的情况下顶球的次数。

教学建议：在头顶球练习中，可以让每一个学生自己设定目标，互相比赛，每堂课记录下头颠球的次数。

（六）头顶球射吊环

游戏目的：使学生头顶球的准确性得到有效提升。

游戏准备：吊绳1～2根，呼啦圈2～3个，2人一个足球。

游戏方法：在室内设法用吊绳悬挂一些直径为1米的吊环（用呼啦圈即可），高度要适中。准备，学生2人一组，一人持球。开始，持球同学用手抛球，另一人用头顶球的方式使球穿过吊环，也可以自己抛球后顶球（图8-22）。

图8-22

游戏规则：

（1）自己抛球顶进吊环得1分；顶同伴抛的球进吊环得2分。

（2）可以分队进行比赛，得分多的一方为胜。

教学建议：随着学生技术水平的高低，吊环的大小也要有所变化。另外，要以练习的不同要求为依据来确定吊绳的高低，并可以进行适当调整，顶低平球时可以把吊环放低一些，顶高球时，可以把吊环提高。

五、射门类游戏

（一）吊门比赛

游戏目的：使学生的射门技术水平有所提高。

游戏准备：足球场地一块，足球 20 个。

游戏方法：将学生分为人数相等的两队，每人持一球站在中圈里。每队选派一名学生充当守门员。当游戏开始后，任意一队先开始游戏，每名学生依次将球从中圈运向球门区，在球门区外射门，争取将球越过守门员射进球门里。射进球门的得 1 分，没有射进球门的不得分。所有学生完成射门后，游戏结束，得分总和高的队获胜（图 8-23）。

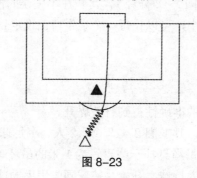

图 8-23

游戏规则：

（1）学生开始游戏时可以运球到罚球区外的任意区域射门，射门方法不限。

（2）守门员不能跑出罚球区防守，对手在射门前，守门员必须站在球门区以外罚球区以内的任意位置防守，对手将球射出后，守门员可以在罚球区内任意位置防守。

（3）射门的学生射出的球必须离开地面，允许射出的球离开地面后两次弹地再进入球门。

（4）学生射出的球击中球门立柱弹回场内的可以重新射门，弹出场外的视为射门失败，不得分。

教学建议：

（1）教师在游戏开始前应提示学生尽量将球踢出抛物线以便球越过守门员进入球门。

（2）教师在游戏开始前应该向学生强调射门前应先注意观察守门员的位置，再选择射门角度起脚射门。

（二）远射比赛

游戏目的：使学生快速运球及跑动中大力射门的能力得到有效提升。

游戏准备：足球场地半块，足球 20 个。

游戏方法：将学生分为人数相等的两队，每队分别选派一名学生充当本队的守门员，剩下的学生每人持一球站在中圈里。游戏开始后，任一队先开始游戏，依次运球至罚球区外大力射门，进球即得 1 分。两队都完成游戏后，哪一队得分高，哪一队即获得游戏的胜利（图 8-24）。

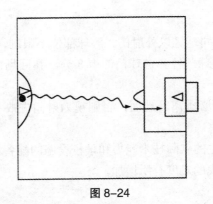

图 8-24

游戏规则：

（1）学生必须在 2 分钟内完成射门，时间从学生第一次触球开始计时。在规定时间内未完成射门者，视为失败。

（2）学生可以在规定的时间内，在罚球区外任意运球，但不能在罚球区内射门，否则即为失败。

（3）守门员可以站在罚球区内的任意位置防守，但不能跑出罚球区防守。

教学建议：

（1）教师应在游戏开始前向学生提示在远射练习中，以各触球部位的踢球特点为主要依据，尽量运用脚背正面、脚背内侧、脚背外侧这 3 个部位完成技术动作。

（2）教师应对学生在射门前观察守门员站位后选择射门角度的意识进行培养。

（三）任意球射门比赛

游戏目的：使学生定位球射门的能力得到提升。

游戏准备：足球场地一块，足球 20 个，竹竿 2 根。

游戏方法：将学生分为人数相等的两队，每人持一球站在罚球区外。然后将球门进行一定的设置，从两球门立柱向内 1 米处，各绑一根与球门同高的竹竿。将竹竿到球门立柱的两侧区域划分为 2 分区，剩下的球门内区域为 1 分区。当游戏开始后，任意一队先开始游戏，每名学生将球放在罚球区以外的任意地点，依次将球射向球门。射进 2 分区得 2 分，射进 1 分区得 1 分，没有射进不得分。所有学生射门后，得分总和高的队获胜（图 8-25）。

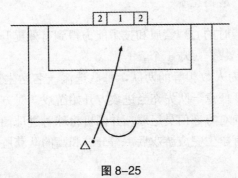

图 8-25

游戏规则：

（1）学生必须将球放在罚球区以外射门，触球部位不限制，但不能连续两次触球。

（2）学生射出的球击中球门柱弹进球门的得3分，弹回场内的可以重新射门，弹出场外的视为射门失败，不得分。

（3）射门学生射出的球必须离开地面，否则视为射门失败不得分，但射出的球离开地面后可再次落地弹进球门。

教学建议：教师要以学生的实际技术能力和学校设施的配备情况为主要依据，应当增设守门员和人墙板，从而使游戏的难度有所增加。

（四）点球大战

游戏目的：使学生罚点球的能力得到有效提高。

游戏准备：足球场地半块，足球2个。

游戏方法：将学生分为人数相等的两队，每队选派一名学生为本队的守门员。游戏开始后，所有学生都站在罚球区外，由任一队开始罚球。按照足球比赛的规则，每一轮罚球每队各出一名学生，进球得1分，不进球不得分。所有学生全部完成罚球后，得分高的队获胜（图8-26）。

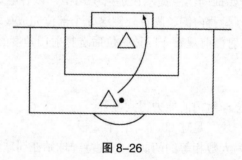

图8-26

游戏规则：除罚球人数和顺序外，按照足球竞赛规则进行游戏。

教学建议：教师应鼓励学生大声叫喊、制造紧张气氛，达到锻炼学生的心理承受能力的目的。

（五）与守门员一对一射门比赛

游戏目的：使学生射门时的心理素质和技术能力得到有效提升。

游戏准备：足球场地一块，足球1个。

游戏方法：将学生分为人数相等的两队，每队选派一名学生充当守门员，其他学生站在罚球区外。游戏开始后，任意一队先充当进攻方开始游戏。对方守门员将球传出罚球区，进攻方的学生得到球后，向对方守门员运球，并伺机将球射进球门。射进球门的得1分，没有射进球门的不得分。所有学生完成游戏后，得分总和高的队获胜（图8-27）。

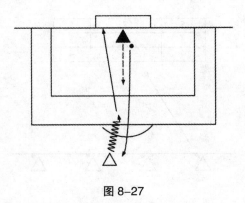

图 8-27

游戏规则：

（1）对方守门员应将球很准确地传给在罚球区外等候进攻的进攻方学生。

（2）进攻方的学生必须在罚球区外停接守门员传来的球后才能运球进入球门区。

（3）守门员将球一踢出罚球区，即为开始一轮游戏。守门员可以跑出罚球区防守，进攻的学生也可以直接射门得分。

（4）进攻方将球射进球门、守门员将球控制或球出界则视为一轮游戏的结束，换另一组进攻方开始游戏。

（5）进攻方在进攻时犯规，可直接判本轮游戏失败，不得分。守门员在罚球区外犯规，重新开始游戏；在罚球区内犯规，由进攻方的学生罚点球。

教学建议：

（1）教师应在游戏开始前向学生强调要有良好的自我保护意识。

（2）教师应在游戏开始前向学生强调所有进攻的目的是取得进球，所以在游戏过程中应注意抓住射门时机，而不是以突破守门员为目的。

（六）脚法大比武

游戏目的：使学生原地定位球射门的准确性有所提高。

游戏准备：足球墙一面，足球 20 个。

游戏方法：在距足球墙 20 米处画定一条限制线，所有学生每人持一球站在限制线后。游戏开始后，每名学生依次将球放在限制线上将球射向足球墙。并根据足球墙上画定的分数区域记分，没有踢进足球墙区域的不得分。所有学生踢完 1 轮后，开始进行第 2 轮游戏，一共踢 5 轮，积分最高的学生获胜（图 8-28）。

游戏规则：

（1）学生必须将球放在限制线上或限制线后任意位置射门。

（2）射向足球墙的球必须离开地面，以球的第一落点击中的区域为准计算得分。

（3）如果射出的球打到足球墙的边沿上，视为射中门杠，可重新再踢一次。

教学建议：

（1）教师可以根据学生的实际水平将原地踢定位球改为运球射门，以提高游戏的难度。

（2）教师可以根据学生的实际水平适当改变限制线与足球墙间的距离。

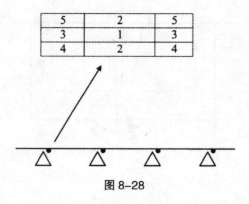

图 8-28

第二节　足球运动战术游戏教学与训练

一、看谁进得多

游戏目的：使学生进攻射门的意识与技术以及团队配合的能力与意识都得到相应的提升。

游戏准备：足球场地一块，足球 10 个，小球门 2 个。

游戏方法：设置一块 20 米 ×25 米的小足球场地，并在两边各摆放一个小球门。每 5 名学生分为一组，每轮游戏由两组学生参加。游戏开始后，两组学生在场地内进行足球比赛。在规定时间内，进球多的一队获胜（图 8-29）。

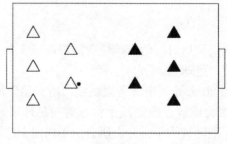

图 8-29

游戏规则：

（1）按照国际足联的 5 人制足球比赛规则执行（以下条款除外）。

（2）比赛中，两队不设守门员，任何学生不能手球，否则在原地由对方发球。如果用手阻挡对方明显的进球机会，对方不再发球，直接判进球有效。

（3）进攻方进球后，由防守方发球门球，继续比赛。

（4）每节比赛 10 分钟。比赛结束后，进球多的一队获胜。由胜方选择是否继续进行游戏，若选择休息，场下的一队换下休息的一队，继续进行游戏。

教学建议：

（1）此游戏的强度较高、对抗性较强，这就要求教师应对游戏的时间有充足的把握，从而使学生的体力得到保证。必要时，强制获胜的一队下场休息。

（2）比赛的连续性是达到此游戏练习目的的关键，教师应采用多球制进行比赛，场下的学生可一人持一球，给还在进行游戏的学生快速提供比赛用球，以保证比赛的连续性。

（3）教师应在游戏开始前提示学生要有强烈的射门欲望，有射门角度和机会时就大胆射门。

二、小比赛（边路传中）

游戏目的：使学生比赛中技战术的运用能力及边路传中进攻的能力得到有效提高。

游戏准备：足球场地一块，足球 1 个，小球门 2 个。

游戏方法：设置一个 35 米 ×50 米的小足球场地，并摆放两个小球门。在场地两边左右对称地画定两块 10 米 ×50 米的边路进攻区域。将每 6 名学生分为一组，其中一人为守门员。按照足球比赛的规则进行比赛，得分最高的一队获胜（图 8-30）。

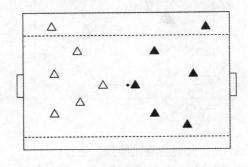

图 8-30

游戏规则：

（1）按照国际足球 5 人制比赛规则进行比赛。

（2）若进攻队员直接接得从边路进攻区域的传球射门成功，得 2 分，其他进球得 1 分。

（3）从边路进攻区域传球进攻直接造成对方犯规后，罚球直接得分的也得 2 分。

（4）比赛每 10 分钟一节，得分多的一队获胜，由胜者挑选是否继续比赛，若选择休息，再换另一队继续进行比赛。

教学建议：

（1）教师要以学生的实际人数为依据，对上场比赛的学生人数与场地的大小进行适当的调整。

（2）教师应在比赛中多鼓励学生在边路发起进攻。

（3）通过对防守方在进攻方进入本方半场的边路进攻区域后，不得进入本方的边路进攻区域防守进行限制，来达到提高边路进攻的质量的目的。

三、3 队足球赛

游戏目的：使学生快速进攻、以少打多的能力得到提高。

游戏准备：足球场地一块，小足球门 3 个，红色分队服 3 件，绿色分队服 3 件，足球 1 个。

游戏方法：设置一个 50 米 ×50 米的足球场地，并沿足球场的 4 条边线，分别设立小足球球门 3 个。每轮比赛有 3 个队参加，每队 3 人，有两队分别着红色分队服和绿色分队服。游戏开始后，控球方负责防守本方球门，并可向其他任意一个球门发起进攻。而无球方立刻变成一队，负责两队相应的两个球门的防守。比赛中，各队的攻守角色不断地随着控球方的改变而改变。任意一方在进攻中射进一球得 1 分。每轮游戏 10 分钟，游戏结束后，得分最多的一队获胜（图 8-31）。

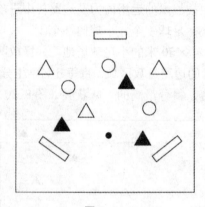

图 8-31

游戏规则：

（1）比赛规则按照现行的 5 人制足球比赛规则进行。

（2）比赛中没有越位，球出界时只能用脚发球，重新开始比赛。

（3）每队防守和进攻的角色应根据控球方的改变而迅速改变。

（4）游戏结束后，积分最少的一队被罚跑一个 400 米。

教学建议：

（1）需要注意此游戏不适合男女同队练习。

（2）游戏中教师应主动充当裁判，及时制止恶意犯规或有可能伤及学生的动作，从而使学生在游戏练习中受伤的情况得到有效避免。

四、一对一比赛

游戏目的：使学生一对一的对抗能力得到一定的提高。

游戏准备：足球场地 1/4 块，足球 1 个，小球门 2 个。

游戏方法：设置 30 米 ×25 米的场地一块。将学生分成人数相等的两组，分别站在两条底线后。每轮游戏由各组选派一名学生参加，每次参加的学生不能重复。游戏开始时，两名学生分别站在相对应的底线上。当教师发出游戏开始的口令并将球沿中线向中点踢出后，两名学生迅速向中点奔跑，争取率先获得对球的控制权。两方谁先拿到球，就先成为进攻方，另一方则为防守方。进攻方利用各种运球过人、摆脱等技术动作摆脱对手，将球射向对方的球门。如果防守方在对手进球前抢截到球就立刻变为进攻方，另一方则变为防守方，直至有一方将球射进对方球门为止，本轮游戏结束，换下一轮学生进行游戏。所有学生都完成游戏后，进球多的一组获胜（图8-32）。

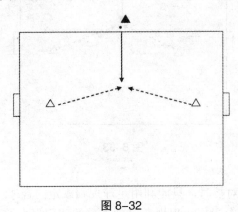

图 8-32

游戏规则：

（1）双方在相互进行对抗时，只能利用足球规则规定的合理动作进行游戏。

（2）如有一方在游戏中犯规，犯规者退到本方的球门里，发球者在原地持球，待教师发出游戏重新开始的口令后，犯规者迅速跑向对方，恢复游戏。

（3）如果球出界，踢出界的一方和犯规者一样退回本方的球门里，待教师发出游戏重新开始的口令后，迅速跑向对方，恢复游戏。

（4）防守方不能用手阻挡对方射向球门的球。

（5）如果防守方在禁区内犯规，应按规则判罚点球。

教学建议：

（1）游戏开始前，教师应向学生强调游戏中要加强自我保护与保护对手的意识。

（2）教师应要求学生有较强的意志品质，游戏未结束前，出现体力不支时仍应坚持比赛，不能放弃比赛。

五、二对二小比赛

游戏目的：使学生二对二的对抗能力及二过一进攻战术的运用能力得到有效的提高。

游戏准备：足球场地 1/4 块，足球 1 个，小球门 2 个。

游戏方法：设置 30 米 ×25 米的场地一块。将学生分成人数相等的两组，分别站在两条底线后。每轮游戏由各组选派两名学生参加，每次参加的学生不能重复。游戏开始时，4 名学生分别站在相对应的底线上。当教师发出游戏开始的口令并将球沿中线向中点踢出后，4 名学生迅速向中点奔跑，争取率先获得对球的控制权。两方谁先拿到球，就先成为进攻方，另一方则为防守方。进攻方利用各种运球过人、摆脱等技术动作及二过一等进攻战术来摆脱对手，将球射向对方的球门。如果防守方在对手进球前抢截到球就立刻变为进攻方，另一方则变为防守方，直至有一方将球射进对方球门为止，本轮游戏结束，换下一轮学生进行游戏。

所有学生都完成游戏后，进球多的一组获胜（图8-33）。

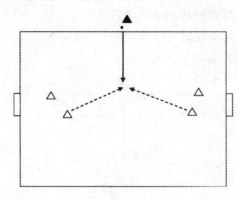

图 8–33

游戏规则：

（1）双方在相互进行对抗时，只能利用足球规则规定的合理动作进行游戏。

（2）如有一方在游戏中犯规，犯规者退到本方的球门里，发球者在原地持球，待教师发出游戏重新开始的口令后，犯规者迅速跑向对方，恢复游戏。

（3）如果球出界，踢出界的一方和犯规者一样退回本方的球门里，待教师发出游戏重新开始的口令后，迅速跑向对方，恢复游戏。

（4）防守方不能用手阻挡对方射向球门的球。

（5）如果防守方在禁区内犯规，应按规则判罚点球。

教学建议：

（1）游戏开始前，教师应向学生强调游戏中要注意两人的相互配合防守和进攻。

（2）游戏开始前，教师应向学生强调游戏中要加强自我保护与保护对手的意识。

（3）教师应要求学生有较强的意志品质，游戏未结束前，出现体力不支时仍应坚持比赛，不能放弃比赛。

六、三对二小比赛

游戏目的：使学生3人配合的进攻战术应用技能得到有效增强。

游戏准备：足球场地一块，足球1个，跨栏架两个。

游戏方法：设定一个25米×35米的小足球场，两底线各放置一个1米×2米的小球门（或跨栏架），并以3米为半径，球门线中点为圆心，在两个球门前各画一个半圆，设定为球门区。将每5名学生分为一队，其中1名学生作为自由人，另4名学生每两人为一组，开始比赛。自由人接到哪一组的传球，便与哪一组的人一起参加进攻或防守，直至接到另一组学生的传球后迅速改变相应的角色。游戏时间为10分钟，游戏结束后，进球多的一组获胜（图8-34）。

游戏规则：

（1）自由人的分组应根据接得传球的传球人的角色适时改变。

（2）进攻方带球越过本方半场前，不能射门，否则进球无效。

（3）进攻方不能进入对方球门区内射门，否则进球无效。

（4）防守方不能站在本方球门区内防守，否则进球有效。

（5）比赛中不能运用铲球防守，否则为犯规。

（6）比赛中发界外球时，只能用脚发球，才能重新开始比赛。

（7）比赛中没有越位的规定。

（8）除以上要求外，均按正式足球比赛规则进行比赛。

教学建议：

（1）学生人数较多时，教师可设定多块场地，同时开始游戏。

（2）教师应在游戏开始前提示学生注意相互之间的配合。

（3）教师在游戏过程中应及时制止一些恶意犯规或动作，以保护学生的安全。

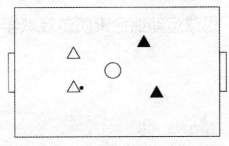

图 8-34

七、4 个球门的比赛

游戏目的：使学生在比赛中长传转移的技术和意识水平都得到相应的提升。

游戏准备：足球场地一块，足球 1 个，小球门 4 个。

游戏方法：画定 30 米 ×50 米的长方形小足球场一个，在两个底线分别对称设置两个小球门。将每 6 名学生分为一组，每两组一起进行游戏。游戏开始后，任意一队先发球，在规定时间内射进对方球门次数最多的一队获胜（图 8-35）。

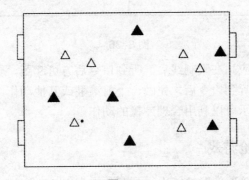

图 8-35

游戏规则：

（1）按照正式足球比赛规则进行（除了下列一些特殊要求外）。

（2）比赛中没有守门员，任何学生不能用手触球。

（3）两队各负责防守同一侧的两个球门。

（4）比赛中没有越位，球出边界用脚发球来恢复游戏。

（5）比赛中射进对方任意一个球门都可得1分。

（6）每场比赛时间为15分钟，游戏结束后由获胜的一方选择是否继续留在场上进行比赛，然后由下一队与留在场上的队重新开始游戏。

（7）如果在15分钟内两队没有分出胜负，两队同时下场，换另外两队重新开始游戏。

教学建议：

（1）教师要以学生的实际能力为依据来增加或改变参加游戏的学生人数。

（2）教师应在游戏中提示学生有意识地主动快速转移进攻方向。

第三节　足球运动综合素质游戏教学与训练

一、抢球游戏

游戏目的：对学生的反应能力和抢球技术进行训练。

游戏准备：小足球场地1个，2人一个足球。

游戏方法：将学生分成2排，左右两臂间隔，站在中线两侧10～15米处，在每2人中间的中线上放一个足球，当教师发出信号后，学生立即冲上去抢球，先用脚控制住球者为胜（图8-36）。

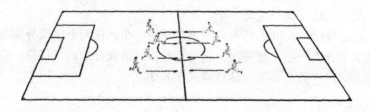

图8-36

游戏规则：每个学生应站在限制线后，听到口令后方可起跑，否则，判为失败。

教学建议：可规定在听到口令后，先做一个前滚翻或其他动作，再冲上去抢球。在练习的过程中，注意向学生提示可以利用合理冲撞的动作。

二、"3对1"传抢游戏

游戏目的：使学生传接球的对抗能力得到有效提高。

游戏准备：小足球场地1个，足球若干。

游戏方法：4人一组，在8～10米的区域内。外围3人以三角形站位，中间一人进行抢球。外围3人传球不得失误，传球失误者，替换中间的队员继续抢球，依次进行。依照此方法可以调整4对1、5对2传抢等方法。

　　游戏规则：外围的 3 人活动区域不能无限制地扩大，在规定的范围进行传接球。传球失误，传球过程中被中间的队员碰到，要替换中间的队员进行抢球。

　　教学建议：开始练习时，外围的人数可以多一些，5 对 1 或者 6 对 1。场地也可以大一些。随着技术水平的提高，逐渐增加对抗的难度，提高要求，中间抢球的人数逐渐增加，场地逐渐缩小，3 对 2、4 对 2 或 5 对 2 进行练习。

三、机动灵活射小门

　　游戏目的：使学生传接球的实际运用能力得到提高，同时对其比赛意识进行相应的培养。

　　游戏准备：小足球场地 1 个，标志桶若干，足球 2 个。

　　游戏方法：在场地上标出 40 米 ×40 米区域，并用标志物在区域内分散设置 5 个任意方向的 2～3 米宽的小球门。学生分成 4～7 人相等人数的 2 队。不设守门员。准备，学生分散在场地上。开始，在场地中间由一方先开球。控制球的队要争取从任何方向将球射入任何一个球门，且射进门的球被同伴接住后方能算成功一次，直到被对方抢到球为止。另一队学生要尽力阻止进攻方射门进球（图 8-37）。

　　游戏规则：

　　（1）射门成功一次得 1 分，积分多的队为胜。

　　（2）射门成功后必须换另一个球门进攻，不得连续射一个球门。

　　教学建议：球门的大小根据学生技术情况决定，开始练习时，可以稍大一些，逐渐缩小球门，提高射门的准确性。

图 8-37

四、小场地头球比赛

　　游戏目的：使学生在比赛中头顶球技术的运用能力得到提高。

　　游戏准备：小足球场地 1 个。

　　游戏方法：在小足球场地上，4 对 4 或 5 对 5 分队比赛。传球可以选择任何方式，但最后射门必须用头球射门；在球门小的情况下可以不设守门员。在规定的时间内，积分多的队为胜。

游戏规则：

（1）有守门员时，应用头、脚守门。

（2）每用头传球一次加1分。

（3）除用头攻门，其他按规则要求进行。

教学建议：该练习主要是提高头顶球的技术，在练习时，应突出头顶球技术的运用，在奖惩上突出对头顶球技术的侧重。

五、投掷接力赛

游戏目的：对学生掷界外球和接高球的能力进行有效的训练，从而使学生的协调性与快速奔跑的能力得到提升，队员的凝聚力和竞争意识得到有效的培养。

游戏准备：足球场1个，足球4个。

游戏方法：将队伍分成人数相等的4个队，要求每队排头站在起点线后，当听到哨声时拿好球冲刺到折返点，站好，用足球掷界外球的方式，将球掷给下一位队员，自己从外侧迅速跑到队伍的后面排好。接球的队员必须用大腿、胸或头等部位（脚除外）将球停到自己的手上，然后再重复上一名队员的动作。一般每队4～5名队员，这样两个轮回之后比较所用时间，以完成质量及用时多少判断胜负。

游戏规则：

（1）听到哨声才能启动。

（2）在折返点站好后方可以掷球。

（3）严格要求停球部位。

（4）成绩最差的2个队的队员，俯撑爬行，头顶球从起点到终点。

教学建议：该练习主要是提高掷界外球的技术，在技术动作要求上注意按照规则的要求进行，否则罚球违例。起点线与折返点的距离根据学生的技术水平决定。

六、双足球比赛

游戏目的：使学生快速奔跑的能力和集体配合的战术意识都得到有效提升。

游戏准备：足球场地1个，足球2个。

游戏方法：在足球场内，将学生分成人数相等的2队，分别站在各自的半场内。准备，每队在各自场区各持1球。开始，同时在中线处开2个球，分别向对方前场发动进攻，在规定的时间内，得分多的一队为胜。

游戏规则：

（1）比赛无越位限制，其他执行足球规则。

（2）如一球被对方断掉，则另一球继续比赛，如一方犯规，则2球均交对方，掷界外球。

教学建议：

（1）双足球比赛练习，主要运用于学生人数多、器材少的情况下，尤其是初学者，主要使上课的每一名学生跑动起来，积极参与到活动中来。

（2）对于有一定的专项技术水平的运动员来说，该项练习旨在提高其奔跑能力和比赛中的灵活变化能力。

七、多球门比赛

游戏目的：使学生的对抗能力和转移进攻的基本能力得到有效提高。

游戏准备：小足球场地 1 个，足球 1 个，大球门 1 个，小球门 4 个。

教学方法：在小足球场内，将学生分成人数相等的 2 队，分别站在各自的半场内。4 个小球门分别摆放在边线上，每一个球队守卫自己半场的 3 个球门。攻进对方大球门得 3 分，攻进小球门得 1 分（图 8-38）。

图 8-38

游戏规则：与足球比赛的基本规则相同，没有越位，进球以后罚球门球，继续比赛。

教学建议：开始练习时，可以采用只在中线增加 2 个小球门的练习，队员仅防守一边的球门随着队员能力的提高，再增加一个球门。在练习时，强调队员的反方向转移进攻，要求队员结合成小组，做好局部配合。

八、小场地擂台赛

游戏目的：使学生短传配合以及个人突破的能力得到提高。

游戏准备：小足球门 8 ～ 10 个，足球若干。

游戏方法：将学生分成 3 人一队的若干组，在 4 ～ 5 个小足球场地进行比赛。10 分钟为一小节，进行循环比赛，最后胜者为胜出球队。

游戏规则：参照 3 人制足球比赛规则进行。

教学建议：由于 3 人制足球比赛的强度大、比赛激烈，在比赛过程中要求学生注意配合，合理地安排体能。也可以根据学生人数，进行 4 对 4 的比赛。

第九章　足球运动的营养医务指导

学海导航
XUEHAI DAOHANG

在进行足球运动时，运动者需要了解和掌握与足球训练有关的营养医务知识，从而保证足球运动的安全性。本章主要介绍足球运动的营养医务知识，包括足球运动的营养消耗与补充、运动疲劳的产生与消除以及伤病的预防与治疗。通过本章的学习，学生要了解足球运动营养、疲劳、伤病的基本知识，并掌握营养补充、疲劳消除以及常见伤病防治的方法，避免伤害事故的发生。

第一节　足球运动的营养消耗与补充

足球运动对抗非常激烈，在高强度训练与比赛的条件下，人体会消耗掉大量的能量，这时就需要掌握足球运动营养的一般知识，以合理有效地补足营养，保证足球训练和比赛的顺利进行。

一、足球运动中营养的消耗

足球运动具有较强的对抗性，在运动的过程中总会消耗掉大量的能量，下面就重点阐述一下足球运动中各营养素的消耗情况。

（一）水的消耗

在长时间的足球训练过程中，会发生大量出汗的现象，出汗能够对机体的热量平衡起到积极的调节作用。运动时的出汗量受运动项目、气压、温度、气温、热辐射强度、单位时间运动量及饮食中的含盐量等因素影响。因此，为了避免出现缺水的状况，就需要在足球运动训练的过程中适当地补充水，以满足运动者机体对水的需求。

（二）糖类的消耗

运动者参加足球运动训练需要有一定的热能，而糖类则是热能的主要来源之一，只有热能能够满足运动中机体的需要，才能够顺利完成规定的运动强度，从而取得理想的训练效果。

一般来说，在足球运动训练的过程中，由于运动量骤然增大，而且常伴有缺氧运动，因此运动者的热能消耗要大大高于一般劳动强度者。

在足球运动训练的过程中，运动者会随时排出体内的水和二氧化碳，同时，为了满足人体的需要，还要不断地及时补充水、氧气和糖类。如果不及时补充糖类，就会导致供需脱节，出现供需不平衡的情况。在这种状况下，是不适合进行足球训练活动的。如果继续进行足球训练活动，机体对糖类的大量需要只能来自体内储备的糖原，这样，就会造成糖原枯竭。如果出现这种情况，对运动者来说，不仅会对其身体健康造成一定的影响，而且还会影响下一步的运动训练。

（三）蛋白质的消耗

在各种营养素中，蛋白质的动力作用特别强，蛋白质过多可使机体代谢率增高，并增加水分的需要量，因此，运动者在进行足球训练前，切记不要摄入过多的蛋白质，以免影响训练的顺利进行。

经常参加足球运动训练，会使运动者的器官肥大、酶活性提高、激素调节活跃，从而导致运动者体内蛋白质的分解和合成代谢有所增加，进而使得蛋白质的消耗也有一定的增加。

（四）脂肪的消耗

脂肪是热能的主要来源之一，参加大强度的足球运动训练需要补充一定的脂肪，这是由于此时机体内的糖类往往会无法满足运动对能量的需要。换句话说，就是通过脂肪的能量供应来满足机体对运动中能量的需要。因此，在进行足球训练时，应相应地加大脂肪的摄入量，特别是在冬天进行足球训练活动时，更是如此。

（五）维生素的消耗

运动者在参加足球训练的过程中，其体内物质代谢过程会有一定程度的加强，与此同时，代谢过程中机体对维生素的需要量也会有一定的增加。维生素的需要量不是固定的，而是受多方面影响和制约的，其中，运动量、机能状态和营养水平等因素对维生素的需求量影响较大。

足球属于高强度对抗的运动，训练强度也较大，因此这往往会使维生素缺乏症提前发生或症状加重，再加上运动者对维生素缺乏的耐受力比正常人差，因此，在足球训练的过程中会消耗掉大量的维生素，需要在运动后及时补充，以促使机体尽快恢复。

（六）矿物质的消耗

在运动训练的过程中，运动者体内的微量元素与矿物质的代谢都会发生一定程度的变化，尤其是在大运动量的足球训练时，运动者体内矿物质的消耗情况为：尿中钾、磷和氯化钠排出量减少，钙的排出量增加。由此可见，运动者对负荷的运动量适应程度对其体内矿物质的变动幅度有着直接的影响。比如，当运动者对负荷的运动量较为适应时，其体内矿物质的变动幅度将降低；反之，则变动幅度会升高。

二、足球运动中营养的补充

进行足球运动训练会消耗掉大量的能量，因此要合理地、及时地补足营养，并且营养的补充要科学和平衡，而要想达到营养充足并且平衡，就需要将各种食物中所含的营养素进行合理搭配，并且对机体所需要的营养进行合理而有针对性的补充。

（一）水的补充

长时间的足球训练后，人体会排出大量的汗液，体内正常的水平衡和电解质平衡遭到破坏，造成不同程度的脱水。通常情况下，如果失水量达到体重的2％时，工作能力会下降10％～15％；失水量为体重的5％时，运动员的运动能力可下降10％～30％。失水会对身体的生理功能造成各种负面的影响，严重者还会出现痉挛、昏迷等症状。因此，在长时间的足球训练后，一定要及时地补充水分。

1. 补充水分的重要意义

长时间的足球训练会造成人体发生一定程度的脱水状况，因此为了使机体尽快恢复到水分充足的状态，就需要及时地补充水分，从而进一步提高运动员的运动能力。大量的研究和实践表明，间歇性运动项目的运动者相对出汗率要高于耐力性运动项目。足球训练属于间歇性运动项目，因此，为了积极补充出汗所丢失的水分，应该在运动前和运动中及时地补水。这对于自身机体的发展和技能水平的提高都具有重要的意义。

2. 补充水分的方法和要求

运动员补充水分可以采取少量多次的饮水方法，一般来说，最为科学的饮水方法为间隔15～20分钟喝200～300毫升饮料。另外，由于接近血浆渗透压的淡盐水或运动饮料是最好的补液，因此，在进行水分的补充时，最好将水温保持在8℃～14℃。开始运动前10～15分钟要适量饮水。

关于足球训练过程中不同阶段的具体补水方法、要求以及注意事项，具体内容如表9-1所示。

表9-1 足球训练前、中、后的补水方法与注意事项

	方法	注意事项
运动前	运动前2小时可饮用400～600毫升含电解质和糖的运动饮料。也可在运动前15～20分钟补液400～700毫升，要少量多次摄入，每次100～200毫升	不能短时间内大量补液
运动中	补液的总量不超过800毫升／小时。运动中补液必须少量多次地进行，可以每隔15～20分钟补液150～300毫升	不要补液过多
运动后	补充适量含糖5％～10％和含钠30～40毫克的运动饮料	不要用盐片补钠；切忌暴饮白水

（二）糖类的补充

1. 补充糖类的意义

长时间参加足球训练也需要补充糖类，以维持运动者机体的正常工作，因此补糖对足球运动训练也具有重要的意义，这主要体现在以下几个方面。

（1）及时补糖，在优化肌肉和肝脏糖原储备、维持运动时血糖的稳定以及保障 1 小时内快速运动能力和长时间运动末期的冲刺力方面，都具有非常重要的作用和意义。

（2）及时、合理地补糖，不仅能够使糖代谢环境得到显著改善，保持运动中血糖浓度，维持高的糖氧化速率，节省肝糖原，减少蛋白质的消耗，而且还能够进一步提高运动能力。

（3）在训练的过程中及时补糖，能够使中枢性疲劳得到良好的预防和延缓。

（4）及时补糖还能维持血糖浓度，减少应激激素，稳定免疫功能。

（5）运动训练后及时补糖，在肝糖原和肌糖原的合成与储存的加强、疲劳的消除和体能的恢复等方面都具有重要的意义。

2. 补充糖类的方法及要求

足球训练是一个长期的过程，在不同的训练阶段，人体对能量的需求是不一样的，因此，应该以不同阶段的特点为主要依据，有针对性地进行科学合理的糖类补充，以满足机体对能量的需求。足球训练过程中糖类补充的方法和要求如表 9-2 所示。

表 9-2　足球训练过程中补充糖类的方法及要求

	时间	数量	备注
运动前	在大运动负荷前一周或数日内，也可采用在赛前 1～4 小时	大运动量前数日内按 10 克 / 千克体重补糖；或在赛前 1～4 小时补糖 1～5 克 / 小时	应补充低聚糖，主要以果糖和葡萄糖为宜
运动中	每隔 20 分钟补糖一次，少量多次饮用含糖饮料	一般不大于 60 克 / 小时或 1 克 / 分钟	
运动后	理想的是在运动后即刻、运动后 2 小时内以及每隔 1～2 小时连续补糖	0.75～1.0 克 / 千克体重，24 小时内补糖总量达到 9～16 克 / 千克体重	开始补糖时间越早，效果越好

（三）蛋白质的补充

1. 补充蛋白质的意义

补充蛋白质对足球训练具有重要的意义，这主要体现在以下几个方面。

（1）合理补充蛋白质，不仅能够快速修复损伤的组织，而且对于其再生也意义重大。

（2）对于体液平衡、酸碱平衡、营养素的输送等许多代谢过程，具有很好的调节作用。

（3）对于肌肉蛋白质的合成和力量的增强具有积极的促进作用。

（4）有利于形成抗体、补体和白细胞，提高免疫机能。

2. 补充蛋白质的方法及要求

长时间进行足球训练或比赛的人，当食糖和 / 或能量摄入充足时，每日蛋白质的正常需要量是 1.0～1.8 克 / 千克体重。随着运动水平的不断提高，机体对蛋白质的需求量也会有一定程度的增加。如果连续数天进行大负荷长时间的足球运动技战术训练，每日补充的蛋白质为 1.0 克 / 千克体重，身体仍然出现负氮平衡，这表明体内蛋白质分解多于补充；但是，如果以 1.5 克 / 千克体重摄入蛋白质时，则身体处于正氮平衡。由此可以看出，应该以足球训练的时间和负荷量为主要依据，来适当调整蛋白质的摄入量，使其满足机体对蛋白质的需求。

（四）脂肪的补充

如果长时间进行足球训练，并且氧充足，那么，这时候为其提供能量的就是脂肪。一般来说，在运动强度小于最大耗氧量55％时，脂肪酸才能氧化供能。由于足球训练的强度较大，如果进行长时间的训练或者比赛的话，就会对脂肪的供能有一定的依赖性。如果长时间进行足球训练，那么，就会导致体内三酰甘油和低密度脂蛋白胆固醇有一定程度的减少，但高密度脂蛋白胆固醇增多，这对于动脉硬化及冠心病等的预防和治疗非常有利。除此之外，长时间的足球训练，在脂肪组织中的脂肪酸游离出来参与供能以及运动造成的机体热量负平衡等方面，都能起到非常积极的推动作用。另外，在运动者体内脂肪的减少方面，进行科学合理的脂肪补充也能起到积极的促进作用。

（五）维生素的补充

人体缺乏维生素就会在很大程度上影响耐受力，在足球训练中，运动者的维生素需要量受多方面因素的影响和制约，其中，起决定性作用的因素有：运动负荷、机能状态和营养水平等。因此，在进行足球训练的过程中一定要补足维生素。

（1）长时间参加足球训练能够使水溶性维生素从汗、尿排泄，尤其是维生素C的排泄得到一定程度的加速。因此，要加强对维生素C的补充。

（2）长期参加足球训练能够增大线粒体的数量和体积，增加酶和功能蛋白质数量，从而进一步增加参与这些物质更新的维生素的需要量。因此，及时补足维生素具有重要的意义。

（3）长期参加足球训练会大大增加运动者机体的能量消耗，使物质能量代谢过程有所加速，与此同时，对于各组织更新的加快，维生素利用和消耗的增多具有积极的促进作用。因此，要及时有效地补充维生素。

（六）矿物质的补充

在进行高强度的足球运动训练时，体内不会发生电解质大量丢失而缺乏。但是在进行长时间的足球训练时人体内部化学反应加剧，许多矿物质因参与化学反应而消耗，或随着大量出汗排出体外。为了保持这些物质的代谢平衡，需要补充矿物质。

在补充矿物质时，应根据运动员的消耗特点和机体需要进行有针对性的补充。足球运动员对铁的需要量高、丢失增加，膳食中应注意加强铁的摄入；铜参与多种代谢反应，当铜缺乏时则会影响铁的动员和运输，运动员会出现小细胞性低血色素贫血；钾对人体有十分重要的影响，当血钾浓度降低时，脑垂体生长素输出下降，造成肌肉生长减慢，而口服钾可迅速恢复生长素水平和促胰岛素样生长因子水平；锌是多种酶的组成成分和激活剂，调节体内各种代谢，对运动能力有着重要影响；硒具有消除过氧化物、增强维生素E的抗氧化能力等作用，因此对运动员也有着重要的影响。

由此可见，足球训练结束后，运动者有必要多食用含矿物质丰富的植物和水果，这样能够使机体对各种矿物质的需求得到满足。除此之外，机体所需的矿物质种类繁多，因此，在补充矿物质时，为了更好地满足机体对矿物质的需求，应该遵循矿物质补充的平衡性原则，

补充多种矿物质，这样就能达到较为理想的矿物质补充效果，有利于运动能力的提高。同时，还需要强调的是，矿物质的补充不是朝夕之事，而是一个需要长期坚持的过程。因此，要长期坚持科学、合理、适当地补充矿物质。

第二节　足球运动疲劳的产生与消除

一、运动疲劳的概念及分类

（一）运动疲劳的概念

人体在长时间或者大强度的训练后常会发生一定的运动性疲劳，这是正常现象。关于运动性疲劳的研究至今已有 100 多年的历史，自 20 世纪 50 年代以来，随着生物科学技术的不断发展，运动性疲劳研究也取得了可喜的成果，一些新的理论层出不穷。

1982 年第 5 届国际运动生物化学会议将运动性疲劳定义为"机体的过程不能持续其机能在一特定水平或不能维持预定的运动强度"。力竭是疲劳的一种特殊形式，是在疲劳时继续运动，直到肌肉或器官不能维持运动。

关于运动性疲劳的概念，主要包括两层含义：一是把疲劳时组织、器官的机能水平和运动能力结合在一起评定疲劳的产生和疲劳程度；二是有助于选择客观指标评定疲劳。如在某一特定水平工作时心率、血乳酸、最大摄氧量和输出功率单一或同时改变都可作为指标来评定疲劳。

（二）运动疲劳的分类

按疲劳发生部位和机制的不同，可将疲劳分为中枢疲劳和外周疲劳两大类。

1. 中枢疲劳

由运动引起的、发生在从大脑到脊髓运动神经元的神经系统的疲劳是中枢疲劳，即指由运动引起的、中枢神经系统不能产生和维持足够的冲动给肌肉以满足运动所需的现象。凡是能限制及影响中枢神经系统向外周肌肉发放特定冲动的因素，如中枢神经系统能量供应的不足、神经递质代谢的紊乱等，都有可能是引起运动性中枢疲劳的原因。

2. 外周疲劳

运动引起的骨骼肌功能下降、不能维持预定收缩强度的现象就是外周疲劳。外周疲劳的发生与骨骼肌细胞膜特性、骨骼肌细胞内的离子代谢和能量代谢、兴奋收缩偶联和细胞微细结构的改变等都有关系。如较长时间的大强度运动后可检测到骨骼肌细胞内能源物质的大量消耗和 H^+ 浓度的增加，剧烈运动至疲劳后可检测到血清肌酸激酶（CK）的活性增加。这说明剧烈运动引起骨骼肌细胞膜通透性增加，细胞内的酶进入血清的数量也增加了。这些变化会影响细胞内能量代谢的正常进行，导致骨骼肌细胞收缩能力和机能的下降。

二、运动疲劳的产生原因及症状

（一）运动疲劳的产生原因

运动疲劳的产生是一个复杂的过程，产生的原因也是多种多样的，概括起来主要包括以下几个方面。

1. 体内能源储备的减少和身体各器官功能的降低

大量的研究和实践发现，运动导致疲劳时体内能源物质往往消耗较多。如快速运动 2～3 分钟至非常疲劳时，肌肉内的磷酸肌酸可降低至接近最低点；而长时间的持续运动中，由于糖的大量消耗，肌糖原及血糖含量均大幅度下降。能源储备的消耗与减少，会引起各器官功能的降低。加上肌肉活动时代谢产物的堆积及水、盐代谢变化等影响，机体工作能力就会下降而出现疲劳。

2. 精神意志因素

运动者坚持长时间的运动后，在主观上会出现一定的疲劳感觉，这与人的精神意志有关。运动中人体各器官、系统的活动都是在神经系统指挥下完成的，神经系统功能的降低，神经细胞抑制过程的加强都会使疲劳加深。此时，人的情绪意志状态与人体功能潜力的充分动员关系极大。事实上，人体在感到疲劳时，机体往往尚有很大的潜力，如果保持积极的心态和情绪，往往能取得意想不到的成绩和成果。

3. 运动能力与身体素质的变化

人体的运动能力和身体素质与身体各器官、系统功能紧密相关。各器官功能下降，运动能力与身体素质便会受到影响。如在耐力性运动中，如果心肺功能下降，承受耐力负荷的能力当然会降低，机体就会产生疲劳，从而降低工作能力。

（二）运动疲劳的症状

按疲劳的程度进行分类，可将运动性疲劳分为以下几类。

1. 轻度疲劳症状

轻度疲劳的主要症状为呼吸表浅、心跳加快等。当出现这种现象时，就属于轻度疲劳，运动者不需要采取过多的措施，短时间内机体即可恢复。

2. 中度疲劳症状

当负荷量增大、运动时间增长时，就会产生中度的疲劳，这种疲劳的症状表现主要分为 3 个方面。

（1）自我感觉方面，主要症状为全身疲倦、嗜睡、无力等。

（2）精神方面，主要症状为精神不集中、烦躁不安、情绪低落、经常出差错。

（3）全身方面，主要症状为面色苍白、眩晕、肌肉抽搐呼吸困难、口舌干燥、声音嘶哑、腰酸腿疼等。

中度疲劳通过采用一系列手段也能很快消除，不会对身体造成影响。

3. 重度疲劳症状

重度疲劳的主要症状表现在以下 3 个方面。

（1）神经反应迟钝、不易兴奋、烦躁、抵触等。

（2）肌肉力量下降，收缩速度放慢，肌肉出现僵硬、肿胀和疼痛，动作慢、不协调。

（3）机体抵抗或适应阶段所获得的各种能力消失，并出现应激相关疾病，表现器官功能衰退，导致重度疲劳。

需要注意的是，一旦出现重度疲劳，运动者就要及时采取必要的措施和手段来缓解和消除疲劳，否则将不利于下一步的训练，甚至有可能导致运动伤病的发生。

三、消除运动疲劳的手段

运动性疲劳是体内多种因素综合变化的结果，要想让机体迅速恢复并达到理想的状态，就要采取科学合理的手段。运动性疲劳恢复的手段很多，其中，最主要的有以下几大类，即按摩、运动性疗法、传统康复治疗、睡眠、中医药疗法、物理疗法、温水浴及冷热水交替浴、心理放松疗法等。

（一）按摩

按摩又称推拿，是消除疲劳的最常用的方法，通过手法作用于人体的皮肤表面、肌肉、穴位，以调整人体的生理、病理状态，从而起到减缓疲劳、治病、保健的作用。按摩对于身体健康有非常积极的促进作用，具体体现在以下几个方面：首先，按摩能够疏通经络，使气血周流，保持机体的阴阳平衡；其次，按摩能够使肌肉放松，关节灵活；再次，按摩能够使人精神振奋，消除疲劳。推拿、按摩经济简便，不需要特殊医疗设备，在时间、地点和气候上没有条件限制，可随时随地实施，而且平稳可靠，简单易学，无任何副作用。正由于有这些优点，所以按摩成为最受欢迎的养生健身措施。对正常人来说，它能增强人体的自然抗病能力，取得保健效果；对病人来说，它既可使局部症状消退，又可加速患部功能的恢复，从而收到良好的治疗效果。按摩是疲劳恢复的重要手段，下面我们就对按摩进行较为详细的介绍。

1. 按摩的功能

按摩作用机理与人体经络密切相关。人体的经络贯通于身体内外、上下，联络脏腑，贯通九窍，是气血运行的途径。经络受阻，人体气血不畅，阴阳失调，就会产生疲劳和病变。

从我国传统的中医角度上来说，按摩的作用主要有两大功能。

（1）按摩能够平衡阴阳，调和脏腑，疏通气血经络，活血化瘀，加强气血功能。

（2）按摩能够强身壮骨，增强人体抗病能力等。

从西医的角度来看，按摩也有两个功能。

（1）按摩具有调整内分泌，加强胃肠蠕动，拨离组织粘连和复位等作用。

（2）按摩具有调节大脑皮质的功能，使大脑神经产生冲动，进而起到兴奋或抑制神经的作用，从而产生扶正祛邪的作用。

由此可以看出，按摩的作用有很多，具体来说，按摩的功能主要表现为可以扩张血管，促进血液循环，改善心肌供氧和加强心脏功能；能清除血液中的有害物质，还可降低胆固醇和血脂；通过对穴位、经络、神经等的刺激及传导作用，影响肺的功能；按摩可提高人体的免疫力，使白细胞的数量增加，并能增强白细胞的噬菌能力；局部按摩可使周围神经产生兴奋，加速传导反射作用，从而改变内脏的活动，如刺激第5胸椎处，可使贲门括约肌扩张；按摩的刺激，可使胃肠道平滑肌的张力、弹力和收缩力增加，从而加速胃肠蠕动；同时通过交感神经的作用，可使支配内脏器官的神经兴奋，促进胃肠消化液的分泌；按摩能使肌肉纤维被动活动，松弛被牵拉的肌肉，消除疲劳，使血液循环得以加快，从而使肌肉需要的氧气和营养物质得到及时的补充，促进了乳酸等代谢产物的吸收和排泄，提高了肌肉的运动能力。

2. 按摩的基本方法

中国推拿历史悠久，流派纷呈，手法多样，各具特色，有一定的规范动作和技术要领，要想有较为熟练和稳固的按摩技巧，首先要掌握持久、有力、均匀、柔和、渗透的基本技能。以下是几种比较常见的按摩方法。

（1）推摩法

推摩法是两种按摩方法结合而成的，即推法和摩法。推法是指用指掌或肘着力于机体的一定部位，作单方向直线移动；摩法是以掌面或指面附着穴位表面，以腕关节连同前臂作顺时针或逆时针环形有节律的摩动。

操作时可以两手交替进行。在运用摩法时，为了能够达到较为理想的按摩效果，要求做到：肘关节自然屈曲，腕部放松，指掌自然伸直，动作要缓和而协调，频率为每分钟120次左右。推摩法刺激轻柔缓和，是胸腹、胁肋部常用的手法。若经常用摩法抚摩腹部，可使气息通畅，起到宽胸理气、健脾和胃、增加食欲的作用。

（2）揉法

揉法是用手指罗纹面或掌面吸定于穴位上，作轻而缓和的回旋揉动。揉法又分为指揉法、鱼际揉法、掌揉法等。指揉法是用拇指、中指、无名指指面或指端轻按在某一穴位或部位上，作轻柔的小幅度揉法环旋揉动；鱼际揉法是用手掌的大鱼际部分吸附于一定的部位或穴位上，做轻轻的环旋揉动；掌揉法是用掌根部着力，手腕放松，以腕关节连同前臂作小幅度的回旋揉动。

揉法的主要作用是宽胸理气、消积导滞、活血化瘀、消肿止痛等，适用于全身各部位，如揉按中脘、腹部，配合其他手法有助于胃肠功能的提高。

（3）捏法

捏法有两种形式，3指捏和5指捏。3指捏是用大拇指与食指、中指夹住肢体，相对用力作一紧一松挤压；5指捏是用大拇指与其余4指夹住肢体，相对用力作一紧一松挤压。在做相对用力挤压动作时，要循序而下，均匀而有节律性。

捏法具有舒筋活血的作用，适用于头部、颈项部、四肢及背脊。

（4）按法

按法是以拇指或掌根等在一定部位或穴位上逐渐向下用力按压，按而留之，不可呆板。这是一种诱导的手法，适用于全身各部位，分指按法、掌按法、屈肘按法等。指按法接触面

较小，刺激的强弱也比较容易控制，不仅可开通闭塞、散寒止痛，而且能保健美容，是最常用的保健推拿手法之一，如常按面部及眼部的穴位，既可美容，又可保护视力；掌按法的接触面非常大，刺激也比较缓和，适用于面积较大而较为平坦的部位，如腰背部、腹部等；屈肘按法是用屈肘时突出的鹰嘴部分按压体表，此法压力大，刺激强，故仅适用于肌肉发达厚实的部位，如腰臀部等。

按法操作时着力部位要紧贴体表，不可移动，用力要由轻而重，不可用暴力猛然按压。按法常与揉法结合应用，组成"按揉"复合手法，即在按压力量达到一定深度时，再作小幅度的缓缓揉动，使手法刚中兼柔，既有力又柔和。

（5）擦法

擦法是用手掌的大鱼际、掌根或小鱼际附着在一定部位，进行直接来回摩擦，使之产生一定的热量。直线往返运动时，不可歪斜，不可间歇；压力发力于臂，蓄劲于腕，动作平稳而有节奏。

擦法益气养血、活血通络、祛风除湿、温经散寒，具有良好的保健作用。

（6）点法

点法是用拇指顶端，或中指、食指、拇指之中节，点按某一部位或穴位。

这种方法常用于治疗腹痛、腰腿疼痛等病症，具有活血化瘀、止痛、调整脏腑功能等作用。

（7）搓法

搓法是用双手的掌面或掌侧夹住一定部位，相对用力作快速搓揉，并同时作上下往返移动。在使用此法时，两手用力要对称，迅速搓动，缓慢移动。

搓法可以疏通经络、调和气血、舒松肌肉和消除疲劳。

（8）抖法

抖法是用双手握住患者的上肢或下肢远端，用微力作小幅度的上下连续颤动，使关节有松动感。可分上肢抖法和下肢抖法。

抖法具有疏松脉络、滑利关节的作用，常与搓法合用。作为结束手法，能够给被按摩者一种疏松感。

3. 按摩在运动性疲劳恢复中的运用

大量的实践证明，运动按摩对运动员克服赛前机能失调、消除赛后疲劳、加速体能恢复都有非常明显的效果。

（1）运动前按摩

运动前按摩是指在运动训练和运动竞赛之前进行的按摩。它能促使人体的神经、肌肉、关节、内脏器官和心理情绪动员起来，以适应将要面对的肌体和心理的负担，从而预防伤病，提高体力。在运动前按摩是为了让运动员保持良好的身体状态，延缓疲劳时间。运动前按摩的主要作用主要体现为：使肌肉机能有所提高，肌腱、关节、韧带的柔韧性得到增强，损伤得到良好的预防，关节运动幅度有一定程度的增大，运动能力有一定程度的提高。通常情况下，运动前按摩应与准备活动结合进行，选择在训练或比赛前15分钟内进行为宜，即按摩后间隔5分钟左右即训练或比赛，按摩时间10分钟左右，要根据运动员的具体情况有针对性地选择合适的手法进行按摩。

（2）运动中按摩

运动中按摩的手法是揉捏、扣打、抖动。关节部位用擦摩，按摩时间 3 ～ 5 分钟即可。如果运用得好，进行运动中按摩往往能够达到缓解训练或比赛中出现的肌肉僵硬、疲劳或关节无力的目的。

（3）运动后按摩

运动训练或赛后机体内环境的平衡一时受到破坏，导致神经、体液、循环、呼吸、消化、代谢和酸碱平衡等方面都发生了很大的变化，主要表现在精神过度紧张、失眠、肌肉紧张、疲劳等。运动后按摩可以使内环境在短时间内达到新的平衡，恢复体力，提高运动的负荷能力。运动后按摩所用手法、按摩力量及时间等应根据运动后机体体质、运动项目等特点，并根据运动后机体的表现来决定，如运动后头昏脑涨、欲呕、四肢乏力、肌紧张、失眠等，通常采用抚摩、揉捏、推压、振动和抖动等手法。关于运动后按摩的方法，根据不同部位的不同特点，要有针对性地选用合适的按摩手法。具体来说，关节部位以摩擦为主，穿插使用按压、被动活动，按摩开始及结束时用推摩。肌肉部位以揉捏为主，揉捏时间占按摩总时间50% ～ 70%较合理；交替使用按压、抖动、扣打等手法。

4. 按摩过程中的注意事项

按摩主要通过刺激末梢神经，促进血液、淋巴循环及组织的代谢过程，来协调各组织、器官间的功能，使机能的新陈代谢水平有所提高，是一种方便而简便、安全性高的保健措施。虽然按摩的方法较为简单，但是，并不是说随便按摩就能够取得理想的效果的，而是要根据相关要求，科学、规范地进行运用。具体来说，在运用按摩时，要注意几个方面才能取得理想的按摩效果。

（1）按摩力度要适中。过小起不到刺激作用，过大易产生疲劳，且易损伤皮肤。

（2）按摩时，要心平气和，全身放松。

（3）要准确找到相关穴位。掌握常用穴位的取穴方法和操作手法，以求取穴准确，手法正确。

（4）推拿的时间要掌握好。每次以 30 分钟为宜。

（5）要循序渐进地增加按摩的次数和力度。推拿次数要由少到多，推拿力量由轻到重，推拿穴位可逐渐增加。

（6）要具有持之以恒的信念。无论用按摩来保健或治疗慢性病，都不是一两天就有效的，须假以时日才能逐渐显出效果，所以应有信心、耐心和恒心。

（7）按摩要有秩序地进行，不能随意地任意选择部位进行按摩，具体内容如表9-3所示。

表 9-3　全身按摩顺序和时间分配

卧位	顺序	部位	时间（分）
俯卧位	1	足跖	2 ～ 4
	2	小腿	3 ～ 5
	3	大腿	3 ～ 5
	4	臀部	4

（续表）

卧位	顺序	部位	时间（分）
俯卧位	5	腰背部	8
	6	上肢	3
	7	颈部	3～5
仰卧位	1	足背	1～3
	2	下肢	2～4
	3	上肢	6
	4	上下肢抖动、运拉	2～4

（二）运动性疗法

运动疗法是以运动学和神经生理学为基础，利用人体肌肉关节的运动，以达到防治疾病、促进身心功能恢复和发展的方法。在足球训练中，要想达到理想的恢复效果，就要根据运动员的实际情况，以运动处方的形式来有针对性地选择合适的运动方法，从而能够确定适当的运动量。运动性疗法主要有以下两种形式。

1. 积极性休息

用变换活动部位和调整运动强度的方式来消除疲劳的方法，也就是积极性休息。谢切诺夫在 1903 年进行测力描记实验中发现，右手握测力器工作到疲劳后，以左手继续工作来代替安静休息，能使右手恢复得更加迅速和完全。并认为，在休息期中来自左手肌肉收缩时的传入冲动，会加深支配右手的神经中枢的抑制过程，并使右手血流量增加。大量研究也充分证明，与静止状态下的休息相比较，活动性休息可使乳酸的消除比静止状态下快 1 倍。积极性休息是运动疲劳恢复的重要措施之一，运用非常广泛，其恢复效果也非常理想。

2. 整理活动

整理活动是指在正式练习后所做的一些加速机体功能恢复的、较轻松的身体练习，是消除疲劳、促进体力恢复的好方法，应给予足够的重视。如果运动员在奔跑至终点后立刻停止运动，血液会大量集中在下肢扩张的血管内，使静脉回心血量减少，因而心输出量下降，致使血压降低而造成暂时性脑贫血，会引起一系列不适感觉，甚至出现"重力性休克"。而在剧烈运动后进行整理活动的主要意义在于，不仅能够使心血管系统、呼吸系统仍保持在较高水平，而且对于乳酸的排除也有非常积极的促进作用。

一般整理活动应包括慢跑、深呼吸、体操、肌肉放松练习、静力牵伸练习等内容。肌肉静力牵伸练习对缓解运动后的肌肉紧张、放松肌肉、预防延迟性肌肉酸痛、消除肌肉疲劳、保持和改善肌肉质量都有良好的作用。总而言之，整理活动具有及时放松肌肉，避免由于局部循环障碍而影响代谢过程，因而延长恢复过程的重要作用。但是，为了能够保证理想的恢复效果，在做整理活动时需要注意，量不能太大，尽量缓和、放松，使身体逐渐恢复到安静状态。

（三）中医药疗法

中医药疗法对于运动性疲劳的恢复具有积极的辅助作用。具体的形式有内服外洗、汤剂内服、药剂熏洗3种。

1. 内服外洗

对于延迟性肌肉酸痛（DOMS）的局部病机辨证，从我国传统中医学的角度来看：筋、骨、肉形体运动负荷过大，筋脉不舒，营血郁滞，经脉不通受阻致疲，不通则酸困疼痛，筋肉发僵不舒。因此，舒筋活血、行气止痛、温通经络，是确定局部外治的法则。但是，中医十分强调整体观念，根据中医基础理论，肌肉与多脏腑功能均有关系，包括肝主筋，主疏泄，肝藏血；肺主气，主宣发与肃降，主行水；心主身之血脉和肾主藏精，主水，主纳气等。脾主肌肉，与肌肉发育和肌肉功能关系最为密切，"脾气充盛，则肌肉强健有力；脾病则气日以衰，脉气不通，筋骨肌肉皆无气以生。虚弱而不用，邪在脾胃，则病肌肉痛"等。除此之外，中医还提出了五劳致伤，形劳而倦或劳累过度则能耗气而虚的观点。因此，在研究运动性肌肉疲劳以及延迟性肌肉酸痛（DOMS）时，要想达到较为理想的恢复效果，就应该充分考虑对脾的调理，并与外治相结合，否则会导致事倍功半，对运动性疲劳的恢复产生不利影响。

2. 汤剂内服

采取汤剂内服的方法来消除运动性疲劳主要有服用复方中药和服用单味中药两种方式，通常情况下运用前者居多。按照中医基础理论，用于消除运动性疲劳和促进体力恢复的复方中药主要是以"补益"和"调理"为主要治则组方的。使用"补益"和"调理"为主要组方的复方中药进补，都是以平衡机体阴阳为宗旨，强调阴阳互根，孤阴不生，独阳不长，善补阳者必于阴中求阳，善补阴者必于阳中求阴。在治疗效果上多表现为双向调节、适应原样作用。

经过试验研究得出，许多中药的活性成分都具有抗疲劳作用，如多糖，它能够有效提高抗氧化酶活性、消除自由基、抑制脂质过氧化，从而保护生物膜。怀山药多糖、魔芋多糖、枸杞多糖、猴头菌多糖、黄芪多糖、螺旋藻多糖、当归多糖等都是常用的多糖，具体应用于运动性疲劳的恢复中时，要根据实际情况进行有针对性的选择，做到有的放矢。

根据有关学者的试验研究发现，单纯采用中药的提取物或有效成分可使中药的某些方面的作用比较突出，但这样的用法不十分符合中医理论，因此复方中药是必不可少的。复方中药是一个复杂体系，其优点在于强调辨证施治，以平衡机体阴阳为宗旨，重在对机体整体进行调节，其促进和消除疲劳的作用很可能是改善运动能力的基础。

3. 药剂熏洗

对于延迟性肌肉酸痛（DOMS），现代西方医学的观点是，它不是一种损伤，而是骨骼肌疲劳的一种表现。通过无创伤性超声对延迟性肌肉酸痛的诊断，可以显示延迟性肌肉酸痛时的肌肉水肿、炎症及肌肉厚度的变化。根据中医理论分析，延迟性肌肉酸痛的局部病机辨证是筋、骨、肉形体运动局部负荷过大，筋脉不舒，营血郁滞，经脉不通受阻致疲劳，因此，局部外治的法则应是舒筋活血、行气止痛、温通经络。中药熏洗和推拿的主要作用就是能够较为明显地恢复延迟性肌肉酸痛的肌肉组织结构、代谢和功能改变，并且消除延

迟性肌肉酸痛。

（四）物理治疗

现代物理学、生物学的快速发展，让物理治疗成为临床综合治疗的一个非常重要的部分。物理治疗基于现代西方医学基础，属无损伤手段研究范围，属于第三医学，介于预防医学和临床医学之间，是综合交叉多个学科的治疗学，主要应用按摩、牵引、机械设备等力学因素和水、电、光、声、磁、冷、热等其他物理因素预防和治疗伤病的非药物治疗方法，利用人体生理对物理刺激所做出的反应来达到治疗的目的。

1. 物理因子

物理因子分为天然物理因子和人工物理因子，不同的物理因子在理疗治疗过程中所起的作用也是有区别的。

（1）天然物理因子

天然物理因子主要包括空气、太阳光、水、地磁、矿泉、海滨、高山等物理因子。利用大自然中的物理因子进行日光浴、矿泉浴、大气浴、海水浴、沙浴等，能够使免疫功能得到增强，对机体功能的恢复起到积极的促进作用，是人类战胜自然、防病治病、延年益寿的自然物理疗法。

（2）人工物理因子

利用人工物理因子的理疗方法，主要有水疗法、电疗法、光疗法、激光疗法、冰疗法、温热疗法、药浴疗法、超声药物透入疗法、磁场疗法等。下面介绍几种常见的物理疗法。

①水疗法

水疗法就是利用水的温度、静压、成分、浮力等机械刺激的不同方式作用于人体各部位达到治疗目的的方法。水疗法的特点在于水具有较大的可塑性，可任意改变其形态，具有较大的热容量，并有较大的热传导性，易于散热和吸取热量，对机体易产生温度刺激——温热或寒冷刺激，可用以进行各种自然的和人工的矿泉水及药水浴疗。

具体来说，由于水疗的形式不同，可以将水疗法分为以下几种方法。

淋浴：这是最简单的手段，它的作用主要有两方面：一是有水温的作用；二是有水的机械作用。

蒸汽浴：将蒸汽通入特别的小屋或关闭的房间内，造成高温、高湿的环境。其作用与桑拿浴类似，但较桑拿浴易造成身体疲劳。

盆浴：盆浴或浸浴普遍受运动员欢迎，方法简单，全身放松效果也好。一般先在热水中浸浴 10 分钟，然后淋浴。热冷水交替浸浴，促进代谢的作用比热水沐浴更好。

桑拿浴：又称热空气浴或芬兰式蒸气浴。桑拿浴是在特别的小屋内用电炉加热空气，造成高温干燥的环境。桑拿浴的作用主要表现为两个方面：一方面，具有镇静、使肌肉关节组织充血的作用；另一方面，具有能够促使大量排汗的作用。由此可以看出，桑拿浴对于体重的控制也有较为有效的治疗效果。

涡流浴：这种方法如洗衣机一样搅动，强度可以调节，造成明显的水温与水流冲动刺激，也可称为水按摩。

脉冲式水力按摩浴：这种疗法是在特殊澡盆内进行的，与肢体躯干部位相对应设置多个喷头，水的压力可达 3 个大气压，能选择强度及部位，对需放松的肌肉自动喷射。这种治疗方法比较适合身体素质较好的运动员。另外，由于这种治疗方法的力度较大，应慎重选用。

②激光疗法

利用激光器发出的光治疗疾病的一种方法，就是所谓的激光疗法。组织吸收激光能量之后，可产生光化学反应、光学效应，可造成组织分解和电离，最终影响受照射组织的结构和功能。

③电疗法

用各种电流预防和治疗疾病称为电疗法。电疗法具体又可以分为直流电离子导入疗法、感应电疗法和超刺激电流疗法等。电疗法应用不同电流对神经和肌肉产生刺激，使血管扩张，血液循环改善，减轻疼痛，防治肌萎缩，治疗腰部扭伤，对神经炎、神经痛、神经根炎、颈椎病、挫伤、肌肉劳损等均有很好的治疗效果，较广泛应用于临床疾病的治疗。

④光疗法

利用阳光或人工光线，防治疾病和促进机体康复的方法，就是所谓的光疗法。根据所应用的光线不同，可以有两种方法。

第一，应用波长 0.76 ～ 400 微米红外线的不可见光线来治疗疾病的方法称为红外线疗法。

第二，应用紫外线防治疾病的方法称为紫外线疗法。在医疗中利用紫外线的生物学作用的光谱曲线，可有杀菌作用及促进维生素 D 形成作用和皮肤红斑形成的作用。另外，紫外线照射后可增强防卫功能，提高机体抵抗力和杀菌作用。

⑤冰疗法

冰疗法的应用范围比较广，不但可以用于高热昏迷患者的急救，而且还能够用于多种病症的治疗。通常情况下，冰疗具有降温、止痛、止痒、消炎、治疗烫伤的重要作用。在高热病情紧急的情况下，选择冰或冰水进行物理降温，是护理高热病人的重要措施；虫咬或皮肤发生热疮、脚癣等皮肤病，用冰袋冷敷，可迅速达到止痒的效果。另外，烫伤后，立即用冰袋放置患处，不仅能止痛，还可以防止出现水疱和红肿。

但是，冰疗法在运用时要遵循以下原则，否则会影响冰疗的效果。具体来说，其注意事项主要有以下 3 个方面。

第 1 方面，冰袋放于皮肤上的时间不宜过长，一般 20 分钟左右就应该更换一下位置，降温时最好将冰袋用毛巾包裹一层，避免患者受到过分的冰凉刺激。

第 2 方面，大片组织受损、感染性休克、皮肤青紫时，不宜用冰敷，以防加重微循环障碍，引起组织坏死。

第 3 方面，腹部不宜冷敷，以防引起肠痉挛或腹泻；在枕后、耳廓、阴囊等处忌冷敷，以防冻伤；足底冷敷要防冠状动脉收缩，引起心绞痛。

⑥温热疗法

以各种热源为介体，将热直接传至机体达到治疗作用的方法称为温热疗法。常见的方法有石蜡疗法、泥类疗法、地蜡疗法、砂疗法、铁砂疗法等。

⑦超声药物透入疗法

在超声波作用下，体表结构的通透性增加，药物溶液雾化成微小的雾滴，康复者将药物雾滴吸入呼吸道，深达细支气管，产生超声与药物的双重治疗作用。

2. 物理治疗的机理

物理治疗是一种使用物理原理的医疗方法，透过非药物的治疗来影响神经、体液和经络而使身体的创伤及病患得到康复。物理因素作用于机体会引起一系列反应，这些反应主要表现为：自由基形成、温度梯度、离子迁移、pH值变化、组织形态、生化过程酶的活化等。对于物理治疗的作用机理，先作如下几点阐述。

（1）对组织代谢有积极作用

研究证明，石蜡治疗时能使皮肤温度升高8℃～18℃，取下石蜡后仍可升高5℃～12℃，因而加强了组织的营养过程，刺激组织再生过程，并且能减轻疼痛。温热疗法能明显影响皮肤、体温及深部组织。人体对红外线的反射和吸收后产生的温、热效应，可以影响组织细胞内的代谢以及神经系统的功能。

（2）改善循环系统功能

持久的温热能引起末梢血管主动性充血，毛细血管扩张，毛细血管数增加，血流加快，并能改善淋巴循环，促进肢体的静脉和淋巴回流，促进局部血液循环而影响机体各种生理功能，因而有助于消散浸润，加强再生过程和具有止痛效果。

（3）改变兴奋性

电疗法能够兴奋神经肌肉组织。电刺激有可能引起神经肌肉的兴奋或可降低神经兴奋性，产生镇痛效果，临床上用来治疗神经炎、神经痛和用作针刺麻醉，解除横纹肌和平滑肌痉挛及促进神经功能恢复。

（4）提高免疫功能

红外线可增强细胞的吞噬功能和体液免疫力，改善血液循环，促进炎症消散，对慢性感染性炎症有很好的作用。而在温热疗法的影响下，可见周围血液中的白细胞总数增加和核左移，有时颇为显著，并能加强网状内皮系统细胞的吞噬机能，因而对化脓及炎症过程有良好的影响，并对血中酶的活性有使其正常化并调节内分泌功能的作用。

3. 物理疗法在机能恢复与康复中的作用

物理疗法在机能恢复与康复中的作用主要有两个方面：一个是预防作用；另一个则是治疗作用。

（1）预防疾病，提高免疫力的作用

照射紫外线可对空气消毒，具有防止感染的作用；日光浴能使人体增强抵抗力，具有预防佝偻病的作用；水疗法、温泉疗法具有防止心血管病发生的重要作用；经常性的空气浴、海水浴具有提高免疫力、增强体质的重要作用。

（2）治疗疾病，提高恢复效果的作用

治疗的疾病主要包括偏瘫、截瘫、截肢、颈椎病、腰腿痛、软组织损伤、关节病、神经炎等疾病所导致的感觉和运动功能障碍及其并发症，具体治疗作用主要有以下几个方面。

①抗感染的作用

物理疗法能够让深部组织充血，提高和改善血液循环，有利于炎性产物的吸收以改善症状。多种物理因素均有消炎作用，如对慢性非特异性炎症可采用温热疗法、磁场疗法；急性、亚急性的化脓性炎症可应用紫外线照射或抗生素离子导入治疗；对多发性或全身性炎症，可用热水浴、温泉、全身光疗法；皮肤受伤后伤口感染不定时地敷以冰袋，可以制造低温环境抑制细菌的生长和繁殖，减少局部血流，具有抗感染作用。

②缓解疼痛的作用

物理疗法的镇痛作用并不统一，它是通过各种不同疗法对应不同的疼痛实现的。比如，红外线、蜡疗可以使内脏痉挛性疼痛得到有效治疗；紫外线、超短波、微波、超声、激光疗法等对于关节、肌肉、神经疼痛也有很好的治疗效果；电疗对治疗急性扭挫伤可立刻止痛；磁疗法使用磁场作用于人体，对创伤性、神经性和炎症性疼痛均有一定的镇痛作用；冷疗可使神经末梢的敏感性降低而减轻疼痛，并且可使局部毛细血管收缩，减轻充血；应用超声波疗法能改善局部血液和淋巴循环，加强局部新陈代谢，使组织酸碱度发生变化，pH 值向碱性改变，使局部酸中毒减轻，缓解或消除疼痛。

③调节兴奋性的作用

神经麻痹和肌肉萎缩可应用电疗法并配合热疗法；局部感觉障碍运用感应电疗法、超刺激电流疗法等都有很好的效果。

④改善血液循环的作用

水疗、电疗等都可引起人体组织充血反应。训练或比赛后采用温水浴能够使新陈代谢速度加快，血液循环更加顺畅，乳酸堆积明显减少，运动性疲劳的症状也得到有效的缓解。

⑤松解粘连和软化瘢痕的作用

具有这一作用的物理疗法主要有两种，即红外线疗法、超声波疗法。

红外线疗法可以改善组织营养，防治废用性肌萎缩，促进肉芽和上皮生长，减少创面渗出，消除组织肿胀，减轻术后粘连，促进瘢痕软化，减轻瘢痕挛缩等。

超声波疗法中的超声波是一种机械振动波，对局部组织细胞有微细按摩作用、继发热作用及理化作用，能增强半透膜的弥散过程，加强渗透，改善血液循环和组织营养，使坚硬的结缔组织伸展、变长，软化瘢痕，松解粘连，缓解挛缩。

⑥缓解肌肉痉挛、降低纤维结缔组织张力的作用

尽管物理治疗方法都存在一定的区别，但是，它们都具有缓解肌肉痉挛、降低纤维结缔组织张力的作用。

蜡疗的温热作用与机械压迫作用相伴随，可以缓解肌肉痉挛。红外线疗法的热作用浅，主要在皮肤的浅层，但是通过神经反射和体液机制可使肌肉和皮下组织升温，因此具有明显的缓解痉挛和降低纤维结缔组织张力的作用。

水疗利用热水浴或旋涡浴的温热刺激或机械冲击作用，可以使肌肉张力得到有效降低，痉挛得到有效缓解。

⑦防止肌萎缩的作用

电流不仅具有防止神经失用时的肌萎缩、治疗制动术后的废用性肌萎缩的作用，而且还具有防止反射性抑制引起的肌萎缩的重要作用。

物理治疗与临床联系紧密，适应病种繁多，对机能的恢复和康复具有重要的作用。在疲劳、病伤残的早期及时应用，不仅可以对疼痛、功能障碍、瘫痪等有着很好的作用，而且对预防后遗症、促进功能恢复、降低致残率和提高生活质量均有显著效果。

（五）传统康复治疗

传统康复治疗技术主要包括针灸、拔罐、推拿按摩、中药薰蒸等非药物疗法，这种治疗方法主要是通过调整人体的阴阳平衡、调节脏腑功能、疏通经络、调和气血、升降气机，达到消除疲劳、祛除致病因素、修复损伤、增强抗病能力和强壮脏腑功能等目的。

传统康复治疗的措施运用最广泛的是气功。气功是一种自我调节、自我控制的锻炼形式。气功练习对于运动性疲劳恢复的作用主要表现在以下几个方面。

（1）气功练习能够使抵抗能力有所增强。

（2）气功练习能帮助"放松"，消除紧张状态，使交感神经系统的活动减弱，血管紧张素分泌系统发生变化，调节血压，使血运加快、皮温升高、红细胞和血红蛋白有所增加，白细胞吞噬能力提高，血皮质醇减少。

（3）通过脑电图检查证实，气功练习对大脑皮层起保护性抑制作用。

（4）气功可使骨骼肌放松，心跳减慢，耗氧量减少。

现代的康复往往采用多种形式的、积极的治疗和训练，因为严重的残障常以复合的形式表现，累及多种功能，所以必须进行全方位、多种类的康复治疗和训练。即使较单纯或程度不太重的损伤，如能积极采用多项治疗，其功能改善的效果也会更好。

（六）营养性疗法

恢复机体的能量储备是运动性疲劳恢复的关键，主要包括的内容有：肌肉及肝脏的糖原储备、微量元素平衡、关键酶的活性以及体液、细胞膜的完整性等。其中，补充营养是恢复的物质基础。

糖类在运动过程中起着非常重要的能量供应功能，只有糖类的储备充足，才能够使机体的机能逐渐恢复到正常水平。因此，补糖是营养补充的重点，人体感到疲劳或大运动量训练后补糖，可恢复血糖水平，增加肝糖原的储存，并且有加速消除血乳酸的作用。对耐力类项目而言，被耗尽的能量储备，特别是碳水化合物，必须系统地通过富含碳水化合物的营养物质重新予以弥补，在一般混合饮食情况下，约72小时后方能得以弥补，但是如果补充富含碳水化合物的食物，那么糖原储备在负荷结束后的24小时即能恢复原有水平。除此之外，要想更快、更好地恢复运动性疲劳，还少不了膳食中的优质蛋白质和适量的脂肪。

在补充运动中消耗的热量时，一般按照蛋白质、脂肪、糖3者的比例均衡进补。但是，不同类型的运动项目，营养成分的比例也是不相同的，需要根据运动项目的特点进行适当调整，这样才能够取得更好的恢复效果。比如，在很多项目的膳食中，3种能量的补充比例为1.2：0.8：4.5；耐力性运动项目要求膳食中糖的含量较高，故3种能量的搭配比例为1.2：1：7.5；而运动负荷量比较小的项目，则比普通人的能量补充稍高一些，3种能量的搭配比例为1：0.6：3.5。3大营养物质摄取总量应根据项目的特点，以能满足机体代谢需要为依据，既不能过多，也不能过少。否则都会影响人体的生理机能、运动水平，甚至影响身体健康。

除了糖、脂肪、蛋白质等能源物质的供应要保证充足外，维生素也要进行适量的补充。维生素的营养作用也非常重要，它不仅为人体正常代谢和生理机能所必需，而且还对人体运动能力有直接的影响。大负荷训练后，维生素 B 族和维生素 C、维生素 E 的需要量将提高一倍，尤其在碳水化合物消耗量增加之后，特别要增加维生素 B 的补充量。

综上所述，训练后合理、及时的营养补充对于运动性疲劳来说非常重要，对运动员的膳食的要求是，应富含营养、易于消化，并应尽量多吃些新鲜蔬菜、水果等碱性食物。

（七）睡眠

睡眠是最能够消除运动性疲劳、恢复机能的治疗方法。人在睡眠时感觉减退、意识逐渐消失，机体与环境的主动联系大大减弱，失去了对环境变化的精确适应能力，全身肌肉处于放松状态。通过睡眠使精神和体力得到恢复，通常情况下，成年人每天需要睡眠 7～9 小时，儿童少年大约需要 10 小时。对于运动性疲劳的运动员，可适当增加睡眠时间，但并不是越多越好，应根据他们的疲劳程度确定合适的睡眠时间。

（八）温水浴及冷热水交替浴

消除肌肉疲劳的一种最简单的方法，就是沐浴。通过沐浴，能够对血管扩张产生刺激，对血液循环和新陈代谢起到积极的促进作用，使代谢产物排出的速度加快，神经肌肉的营养得到进一步的改善。温水浴水温以 42℃ 左右为宜，时间为 10～15 分钟，每天 1～2 次。训练结束后 30 分钟可进行温水浴。但是，在应用温水浴时需要注意，为了保证理想的恢复疲劳的效果，不能入浴时间过长、次数过频，水的温度也不能过高，否则就会起到相反的作用，加重疲劳。

冷热水浴可交替性地刺激血管的收缩和舒张，更有效地促进血液循环。进行冷热水浴时，热水温度 40℃，冷水温度 15℃，冷水浴时间为 1 分钟，热水浴时间为 3 分钟，交替 3 次。

（九）心理放松疗法

应用心理学的理论、原则和技术，对康复对象的各种心理、精神、情绪和行为障碍或严重的情绪困扰进行矫治的特殊治疗手段，就是所谓的心理放松疗法。它主要包括两种疗法，首先是行为疗法，又称行为矫正疗法，是 20 世纪 50 年代迅速发展起来的一种重要的心理学理论和治疗技术。它是按照一定的程序，采取正负强化的奖惩方式，对个体进行反复训练，以消除或矫正适应不良行为的一种心理疗法。其次是合理情绪疗法，是以认知理论为基础，结合行为疗法的某些技术，以矫正人们认知系统中非理性的信念，促使心理障碍得以消除的心理疗法。这两种疗法各具特点，作用也有一定的区别。

在训练和比赛之后，采用心理调整放松，能够达到较好的消除疲劳的效果，具体表现为：降低神经紧张程度，缓解心理的压抑状态，使神经系统的恢复速度也加快，这样就能够更好地促进身体其他器官、系统机能的恢复。对身体起作用的心理放松手段很多，其中，暗示性睡眠休息、肌肉放松、心理调整训练、各种消遣和娱乐活动性活动等，是最主要的几种手段。

音乐疗法是心理放松疗法中应用较为广泛的方法之一。从生理角度看，音乐作为一种声音刺激，可通过机体的反射作用迅速产生一系列生理和心理反应。音乐的性质不同、表现形式不同，其对人体的作用也就有一定的差别，具体来说，主要表现在以下几个方面。节奏快而有力的音乐的主要作用是：增强心脏功能，改善血液循环；节奏鲜明的音乐的主要作用是：使人的精神振奋，心跳加快，心肌张力增加；节奏缓慢、单调重复的音乐的主要作用是：使人松弛，并有催眠镇静的作用；旋律优美的音乐的主要作用是：使人们的心情愉快、平静，有助于消除运动员的紧张及焦虑情绪。另外，音乐还能够改善注意力和记忆力，提高人们对环境的适应力。

第三节　足球运动伤病的预防与治疗

一、足球运动中常见运动损伤的预防与治疗

（一）运动损伤的预防

1.运动损伤的预防原则

（1）做好准备活动

在参加足球训练前，应做好充分的准备活动，以防运动损伤。准备活动的目的是提高中枢神经系统的兴奋性，特别是克服自主神经的惰性。通过全身各关节、肌肉的活动加速血液循环，使肌肉组织得到充分的血液供应，从而增强肌肉的力量和弹性，并恢复技术动作的条件反射联系，为正式活动做好充分的准备。

（2）加强思想教育

在平时的足球训练中，应加强运动者的思想教育，加强对运动者的组织性、纪律性教育，培养他们良好的体育道德风尚。

（3）运动负荷要合理

在按照训练计划进行足球训练时，训练负荷一定要结合自身的具体情况合理地安排，运动负荷安排不足，不能达到促进人体运动能力提高的目的。运动负荷安排过大，超出了人体所能承受的负荷，不仅使运动系统的局部负荷安排过重，还会导致中枢神经系统疲劳，致使全身机能下降，协调能力降低，注意力、警觉反应都减弱，从而容易发生损伤。运动系统的劳损，大多由于长期局部负荷过大所致。为了减少这些损伤，教练员应严格遵守运动训练的基本原则，区别对待每名运动者，合理安排运动负荷。

（4）自我监督

足球训练是一个长期的过程，在这一过程期间应定期进行体格检查。另外，在参加重大比赛前后，也应进行身体检查或复查，以便及时了解比赛前后的身体机能的变化状况。对体检不合格者，则不允许参加比赛，伤病初愈的人参加训练或比赛，应取得医生的同意，

并做好自我监督。自我监督主要包括以下内容。

①一般观察

每天记录晨脉、自我感觉，每周测一次体重。若晨脉逐日增加，自我感觉不良，运动成绩下降，机能试验时脉搏恢复时间延长，说明身体机能不良，应及时到医院查明原因。女学生、女运动员要根据月经期的体育卫生要求，做好监护工作。

②特殊观察

训练中的特殊观察要注意以下几点。

第一，要特别注意观察运动系统的局部反应，如局部有无肿胀、发热、肌肉有无酸痛、关节有无肿痛等。如有不良反应，应及时请医生诊治，此时不宜加大运动负荷，更不宜练习高难度动作。

第二，要经常认真地对运动场地、器械、设备以及个人运动服装、鞋、袜、防护用具等进行安全检查。

第三，做好保护与自我保护。在学习新技术动作时，教练员要教会运动者正确的保护与自我保护方法，避免发生运动损伤。

（5）加强一些易伤部位的练习

在运动训练的过程中，加强对易伤部位、相对薄弱部位的练习，提高其机能，是预防运动损伤的积极措施。例如，为了预防膝部损伤，就要加强股四头肌力量练习，以稳定膝关节。为了预防腰部损伤，除应加强腰部肌肉的练习外，同时，还应加强腹肌的练习，因为腰部肌肉受伤，从某种意义上讲与其拮抗的腹肌有关，腹肌力量不足，易使脊柱过度后伸而致腰部受伤。为了预防大腿后侧肌群拉伤，在发展其肌肉力量的同时，还应注意加强股后肌群的伸展性练习。

（6）训练和比赛的安排要合理

对于青少年运动员来说，要重视加强基本技术的训练，在训练中教练员要对新技术动作进行认真讲解、正确示范，便于运动者学习与掌握。

足球运动训练要遵循循序渐进和个别对待的原则。学习技术动作应从易到难、由简单到复杂、自分解动作到整体动作来进行。一次课中，难度高、费力大的动作教学应安排在课的前面或中间进行。在训练中，应结合运动者的年龄、性别、健康状况、训练水平等特点个别对待。

2. 运动损伤的预防措施

运动损伤不仅影响下一步的训练，打乱整个训练计划的完整性和顺畅性，更严重者甚至还会丧失运动能力，影响整个运动生涯。因此，在训练前一定要采取必要的运动损伤预防措施。

（1）全面发展身体素质

在进行身体素质训练时，要特别注意发展踝关节、膝关节及大腿、小腿肌群的力量和柔韧性。对易伤部位要进行专门训练，例如加强肱四头肌力量练习，对预防髌骨软骨病会起到重要作用，亦能增强膝关节的稳定性。同时注意自我保护动作的训练。加强技术练习，正确掌握各种技术并能熟练运用，另外还要合理安排运动负荷。

（2）加强训练保护

比赛及训练中严格执行保护运动员身体健康的有关规定，同时注意场地及器材要符合比赛和训练的要求。

（3）学习和掌握急救措施

在发生运动损伤后，不要惊慌，要保持良好的心态，将平时学习到的急救措施和方法充分运用起来，如果处理得当可以大大减少以后的并发症，加快损伤的好转和愈合，使运动员较快地恢复健康。若急救处理不当，轻者会加重伤情，发生感染，延长治愈时间；重者则可能造成残废。因此，在足球训练中，掌握急救措施是非常有必要的。

（二）运动损伤的治疗

1. 擦伤

（1）概念

擦伤就是皮肤受外力摩擦所致的皮肤出血或组织液渗出。按损伤面积的大小，擦伤可分为小面积擦伤和较大面积擦伤。

（2）处理方法

小面积擦伤处理方法：如果是表皮擦伤，可用碘酒或碘伏局部涂擦，不需包扎。如果是关节及其附近的擦伤，则在局部消毒后，再涂以消炎软膏，以免局部干裂而影响运动。另外，要注意运动卫生，以免感染。

较大面积擦伤处理方法：先应以生理盐水或 0.05% 的新洁尔灭溶液清洗创面，然后进行局部消毒。最后盖以消毒凡士林纱布和敷料，并包扎。如有需要，可加服抗生素预防感染。

2. 拉伤

（1）概念

拉伤是由于外力的作用，肌肉过度主动收缩或被动拉长致伤。拉伤的原因有很多种，如运动前的准备活动不充分，动作不协调，训练方法不得当等。发生拉伤后，伤处会出现肿胀、压痛、肌肉痉挛等症状，诊断时可摸到硬块，肌肉断裂是比较严重的拉伤，要给予及时的治疗和处理。

（2）处理方法

拉伤轻者可立即冷敷，局部加压包扎，抬高患肢。24 小时后可实施按摩或理疗。病情严重者，急救后应立即送医院治疗。

3. 挫伤

（1）概念

挫伤是指在钝器直接作用下，人体皮肤或皮肤下组织所受的伤，如运动时相互冲撞、踢打所致的伤。挫伤以四肢多见，可伴有功能障碍。发生挫伤后会出现局部青紫，皮下瘀血肿胀、疼痛的现象。严重者可发生肌肉断裂、骨折、失血、内脏损伤和脑震荡等。

（2）处理方法

单纯性挫伤在局部冷敷后外敷新伤药，加压包扎、抬高患肢。有肌肉、肌腱断裂者，应将肢体包扎固定后，送医院治疗。头部、躯干挫伤休克症状出现者应首先进行抗休克处理方法，保温、止痛、止血、矫正休克后，立即送医院治疗。

4. 皮肤撕裂伤

（1）概念

皮肤撕裂伤是指皮肤受外力严重摩擦或碰撞所致的皮肤撕裂、出血。

（2）处理方法

轻者，在进行消毒后，以胶布黏合或用创可贴覆盖即可；撕裂面积较大者，则需止血缝合和包扎。如有必要可酌用破伤风抗毒素肌内注射，以免引起破伤风。

5. 刺伤

（1）概念

刺伤的伤口较小但较深，如果不作处理可能伤及深部组织器官，或将异物带入伤口深处，容易引起感染。

（2）处理方法

轻者先用碘酒、酒精将伤口周围消毒，然后在伤口上撒上消炎粉，用消毒纱布覆盖，再加以包扎。被不洁物刺伤的，要注射破伤风抗毒素，预防破伤风。

6. 切伤

（1）概念

切伤伤口边缘整齐，出血较多，但周围组织创伤较轻。深的切伤可能切断大血管、神经、肌腱等组织。

（2）处理方法

轻者先用碘酒或酒精消毒，然后在伤口上撒上消炎粉，用消毒纱布覆盖。较重者，应彻底止血，缝合伤口。伤情和污染较重者应该注射抗菌药，预防感染。被不洁物切伤的，要注射破伤风抗毒素，预防破伤风。

7. 踝关节扭伤

（1）概念

踝关节扭伤属于关节韧带损伤，在运动训练中最为常见。造成踝关节上扭伤的原因是踝关节过度内翻或外翻而导致的踝关节内、外侧韧带受损。发生扭伤时，伤者伤处疼痛、肿胀，韧带损伤处有明显压痛，皮有下瘀血。

（2）处理方法

暂停运动，冷敷，加压包扎，抬高患肢。24 小时后可以进行热敷和按摩。严重的扭伤或怀疑有韧带撕裂时应及时就医。

8. 肘关节损伤

（1）概念

肘关节损伤是由于运动技术不合理、运动方法不得当而发生的损伤。

（2）处理方法

①急性肘关节损伤，要对伤肘进行特殊处理，要进行适当的制动休息，以促进恢复。

②损伤发生后，可以局部冷敷，加压包扎，外敷新伤药。24 小时之后，可进行理疗、按摩、外敷中药。

③可采取局部封闭注射肾上腺皮质激素类药物的方法，对慢性伤者，应以理疗、按摩、针灸治疗为主。

④对有肌肉韧带断裂或伴有撕脱骨折者，宜进行手术缝合术等。

⑤发生急性损伤后，在治疗期间要禁止参加大强度的运动训练，以免加重损伤或出现新的损伤。

⑥经过一定的处理后，如果伤者损伤部位没有疼痛，即可进行运动，但需要注意的是，要合理地安排运动的负荷量与强度，负荷量与强度要逐渐增加。

⑦伤者在练习与康复时，要佩戴必要的保护装置，如护肘、弹力绷带等，以免加重机体的负担，造成其他的运动损伤。

9. 肌肉拉伤

（1）概念

肌肉拉伤是指在外力直接或间接作用下，使肌肉过度主动收缩或被动拉长所致的肌肉纤维损伤或断裂。发生肌肉拉伤时，会出现疼痛、压痛、肿胀、肌肉紧张、发硬、痉挛等症状。其中，有些损伤还伴有闪痛、撕裂样感，肿胀明显及皮下瘀血严重，触摸局部有凹陷及一端异常隆起者，可能为肌肉断裂。

（2）处理方法

伤势轻者可停止训练，立即休息，抬高患肢，局部冷敷并加压包扎。疼痛严重者，可酌情给止痛药。24 小时后进行理疗和按摩，对于肌肉断裂患者，应加压包扎并立即送往医院处理。

10. 胫骨痛

（1）概念

胫骨痛在运动医学中又称为胫腓骨疲劳性骨膜炎。此病多发生在跑、跳等运动项目中。由于这类活动使大腿屈肌群不断收缩，而过度牵扯其胫腓骨的附着部分，致使骨膜松弛，骨膜下出血，产生肿胀、疼痛等炎症反应，导致出现此病。胫骨痛时骨膜松弛，骨膜下出血，并产生肿胀、疼痛等炎症反应。

（2）处理方法

发生胫骨痛后，要注意足尖跑、跳的运动量，不要加重下肢的负担，进行少量的运动以促进慢慢恢复。在进行运动前一定要做好准备活动，运动后做好整理活动，可进行局部按摩。伤势严重者，立即就医。

11. 肩袖损伤

（1）概念

肩袖损伤是指肩袖肌腱或合并肩峰下滑囊的损伤性炎症病变。发生肩袖损伤时，肩外展会感到疼痛，有时会向上臂、颈部放射。肩外展或伴内、外旋时，疼痛加重，压痛局限于肩峰与肱骨大结节之间。肩袖损伤可分为急性损伤和慢性损伤，急性损伤期间常伴有三角肌痉挛疼痛，慢性损伤期间继发三角肌萎缩乏力。

（2）处理方法

损伤发生后，可适当进行休息、调整，可采用物理治疗、针灸、按摩等方法治疗。除此之外，还可活动运拉肩关节和上肢，以促进恢复。如果发生肌腱断裂，则要立即就医。

12. 髌骨劳损

（1）概念

髌骨具有保护股骨关节面、维护关节外形和传递股四头肌力量的作用，是维护膝关节正常功能的主要结构。髌骨劳损一般是膝关节长期负担过重或反复损伤积累而成的。髌骨劳损是膝关节酸软疼痛，髌骨压迫痛，单足半蹲的时候有痛感。少数患者因长期膝关节疼痛不敢用力而肌肉萎缩或有少许关节积液。

（2）处理方法

采用按摩、中药外敷、针灸等方法；加强膝关节肌群力量练习，比如采用高位静力半蹲，每次保持 3～5 分钟即可，每日进行 1～2 次。

13. 腰部扭伤

（1）概念

腰部扭伤是腰部软组织的损伤，有明确的外伤史，伤后立即或1、2日后发生腰痛，为急性腰部扭伤，亦称"闪腰"。肌肉轻度扭伤伤后疼痛显著，脊柱不能伸直；因肌痉挛而引起脊柱生理曲线改变者为较重的扭伤。如是棘上韧带与棘间韧带扭伤，则受伤当时感到局部突然撕裂样疼痛，过度前弯腰时疼痛加重，腰伸展时疼痛较轻，棘突上或棘突之间有局限而表浅的明显压痛点。若是筋膜破裂，则多发生在骶棘肌鞘部和髂嵴上、下缘，伤处有明显的压痛点，弯腰和腰扭转时疼痛较重，腰伸展时疼痛较轻。如果是小关节交锁，受伤当时即有腰部剧烈疼痛；呈保护性强迫体位，不敢做任何活动，亦惧怕任何搬动，尤其不能做腰后伸活动，疼痛位置较深，不易触到压痛点，但叩击伤处可引起震动性剧烈疼痛。

（2）处理方法

①休息。可仰卧于垫子或木板床上休息，腰部垫一薄枕以便放松腰肌，活动时要避免受伤组织受到牵拉。轻度扭伤可休息 2～3 天，较重扭伤需休息一周左右。

②按摩。穴位按摩。取人中、扭伤、肾俞、大肠俞、委中等穴，手法强度应使病人有较强的酸麻胀感为宜。

③其他疗法。如外贴活络止痛膏，内服活络止痛药，火罐疗法、针灸疗法、局部注射强的松龙、理疗等。

14. 关节脱位

（1）概念

运动中，因受外力作用，使关节失去正常的连接关系叫关节脱位，又称脱臼。发生关节脱位时，伤者会感到剧烈疼痛，关节周围出现显著肿胀，关节功能丧失。有时还发生肌肉痉挛，严重时会出现休克。

（2）处理方法

发生关节脱位后，切不可随意做复位动作，以免加重伤情。用夹板或三角巾固定伤肢，并尽快送医院治疗。

15. 骨折

（1）概念

骨折是指在运动时，运动者身体某部位受到直接或间接的外界力量撞击而造成的损伤。常见的骨折有肱骨骨折、尺桡骨骨折、手指骨折、小腿骨折、肋骨骨折等。骨折发生时伤者可感到明显的疼痛，患处出现肿胀的现象，肢体失去正常功能。严重时还伴有出血和神经损伤，甚至发烧及突发休克等现象。

（2）处理方法

发生骨折后，切忌随意移动肢体，应用夹板或其他代用品固定伤肢；如出现休克，应对患者实施人工呼吸。对于有伤口出血的患者，要采取止血措施，并送往医院治疗。

二、足球运动中常见运动疾病的预防与治疗

（一）过度紧张

过度紧张是在训练或比赛时，运动负荷超出了机体所能承受的能力而引起的病理状态，多发生于运动比赛经验不足、身体素质较差、长期中断训练或有某种疾病的人。尤其是患有高血压、心脏病的人，如果勉强去完成剧烈的运动或比赛，都可能发生过度紧张。

1. 症状

（1）昏厥

在运动中或运动后，由于供血量的减少或脑血管的痉挛，引起脑部突然供血不足而发生的暂时性知觉丧失。昏倒前，常有全身软弱、头晕、耳鸣、眼前发黑、面色苍白等现象。昏倒后，意识丧失或模糊不清、面色苍白、手足发凉、出冷汗、脉率增快或正常、血压降低或正常、呼吸慢或增快。通常在昏倒片刻后，由于脑贫血消除，病人意识很快恢复。但也有经 3～4 小时才恢复的。清醒后，病人精神不佳，仍有头痛、头晕、全身无力现象，也可有恶心、呕吐现象，个别病人可出现逆行性健忘。

（2）脑血管痉挛

运动后突然发生一侧肢体麻木、动作不灵活或麻痹，同时伴有头痛、恶心及呕吐。

（3）急性心脏功能不全和心肌损伤

表现为运动后出现头晕、眼花、步态不稳、面色苍白，身体迅速衰弱，呼吸困难，并有恶心、呕吐、咳嗽、咯血沫、胸痛甚至意识丧失。检查时可见脉快而弱，或节律不齐、血压降低等。个别人在剧烈运动后出现心肌梗塞，多数为年龄较大者。

（4）急性胃肠功能紊乱及运动应激性溃疡

急性胃肠功能紊乱是过度紧张中最常见的一种，常在剧烈运动后即刻或短时间内发病，出现恶心、呕吐、头痛及头晕、面色苍白等现象，呈衰弱状态，呕吐物为食物、黏液及水。

有的人在运动后仅有恶心或不适感，仍可少量进食；有的人在运动后 8 ～ 10 小时发生呕吐。体检时，腹部有轻微压痛，脉搏稍快，血压多数正常。运动后发生呕吐的原因，可能不是因为胃酸过多，而是运动时发生的物理原因所引起。

2. 防治

（1）预防

身体素质较差者或伤病初愈者不可勉强参加紧张的训练或比赛，活动前要做好充分的准备活动，并注意加强身体的全面训练，运动量的增加要做到循序渐进。患病时应积极治疗，并注意休息，避免剧烈运动。伤病初愈者在重新参加训练时，要逐渐增加运动量，不要马上进行大强度训练或剧烈比赛。在参加体力负担较重的比赛前，应进行全面深入的体格检查，禁止高血压、心脏病患者和身体不合格者参加比赛。

（2）治疗

轻度的不用过度紧张，应将病人安静平卧，并注意保暖，可服用热糖水或镇静剂，一般经短时间休息即可恢复。对心功能不全的病人，应处半卧位，保持安静，并针刺或掐点内关、足三里等穴。如果有昏迷，可加用人中、百会、合谷、涌泉等穴，并请医生处理。

（二）运动性贫血

1. 症状

运动性贫血症状的轻重取决于贫血产生的速度、贫血的原因和血红蛋白浓度降低的程度。当运动员患有轻度贫血时，安静状态和中小训练量时不出现症状或症状不明显，仅在大运动量训练时才表现出某些症状。中度和重度贫血时，由于血红蛋白明显下降，影响运氧能力，因此可出现因缺氧而引起的一系列症状。主要表现如下。

（1）体征。轻度贫血体征不明显，中、重度贫血可出现皮肤和黏膜苍白、舌乳头萎缩、心率加快、心尖部出现收缩期吹风样杂音，较重者可出现肢体浮肿、心脏扩大等体征。

（2）神经系统。可出现头痛、头晕、失眠、反应能力降低等症状。

（3）内分泌系统。女运动员可出现月经紊乱或闭经。

（4）心肺系统。贫血造成运氧能力下降，则血氧减少，机体出现一系列代偿现象，如心悸、心慌，活动后更加明显，甚至出现呼吸急促。

（5）血液检查。男红细胞数低于 400 万 / 立方毫米，血红蛋白低于 120 克 / 升；女红细胞数低于 350 万 / 立方毫米，血红蛋白低于 105 克 / 升；14 岁以下儿童少年血红蛋白低于 120 克 / 升，就诊断为贫血。目前"运动性贫血"的称呼逐渐被"运动性低蛋白血症"取代。

2. 防治

（1）预防

运动性贫血的预防要遵循循序渐进和个别对待原则，合理调整膳食。如运动时经常有头晕现象时，应及时诊断医治，以利于正常参加运动训练。

（2）治疗

若在运动中（后）出现头晕、无力、恶心等现象时，应适当减小运动量，必要时暂停运动，

并补充富含蛋白质和铁的食物，口服硫酸亚铁，这对缺铁性贫血的治疗有良好的效果。

（三）运动中腹痛

1. 症状

运动员在训练和比赛中，因生理和病理原因而发生的腹部疼痛症状，称为运动中腹痛。运动中较常见的是肝脾瘀血、胃肠痉挛和膈肌痉挛导致的腹痛。

呼吸肌活动紊乱或痉挛疼痛部位以及肋部和下胸部多见，疼痛性质为锐痛，且与呼吸活动有关。肝脾瘀血腹痛的部位多数发生在左、右上腹，呈钝痛或胀痛。胃肠功能紊乱或痉挛疼痛部位在上腹部或肚脐周围。宿便刺激引发的肠痉挛，其疼痛部位多在左下腹。疼痛性质可以是钝痛、胀痛甚至绞痛。一般情况下，运动性腹痛不伴随其他特异症状。个别运动员有无力、胸闷、下肢发沉等症状。

2. 防治

（1）预防

①运动前不要吃得过饱或饮水过多，不吃不易消化或产气的食物；餐后 1.5 ～ 2 小时才可进行剧烈运动。不要在饥饿状态下参加训练和比赛。

②对于出现过腹痛现象的运动员，应积极到医院进行全面检查。如果确实患有腹内、外疾病，应进行彻底治疗。

③运动前要做好充分的准备活动，运动时应循序渐进地增加运动负荷。注意加强全面身体训练，提高心血管机能水平；在训练和比赛时要调整好运动与呼吸节奏，合理地分配运动速度。

（2）治疗

①若出现腹痛时应立即降低负荷强度，适当减慢速度，调整呼吸和动作节奏，再用手按压疼痛部位，如果无效或疼痛反而加重，应立即停止运动，请医生诊治。

②对运动时出现腹痛的运动员要慎重对待。首先要了解腹痛的性质、部位，根据腹痛的部位与运动负荷的关系，来判断是由疾病引起的还是与运动有关的生理原因引起的，做到有的放矢。

③对疾病引起的腹痛应根据原发疾病进行相应的治疗。

（四）运动性昏厥

1. 症状

发病前患者有全身乏力、面色发白、头昏、耳鸣、恶心、眼前发黑和出虚汗等症状。严重的会突然失去知觉昏倒。昏倒后，患者面色苍白，四肢发凉，脉搏慢而弱，呼吸缓慢，一般在昏倒片刻之后，由于脑缺血消除，知觉恢复而清醒，醒后精神不佳，仍有头昏和无力感觉。

2. 防治

（1）预防

平时要多参加运动训练以增强体质；久蹲后不要突然起立；不要带病参加剧烈运动；疾

跑后不要立即停下来；不要在饥饿的情况下参加剧烈运动。

（2）治疗

应迅速使患者平卧，足略高于头部，并进行由小腿向心脏方向推摩或拍击。同时用手指点压人中、合谷等穴位，必要时给氨水闻嗅。如有呕吐，应将患者头偏向一侧。如停止呼吸，应马上进行人工呼吸。轻度休克者，应由同伴搀扶慢慢走一段时间，帮助进行深呼吸。

（五）运动性中暑

1. 症状

运动性中暑多见于炎热天气下的训练和比赛。运动性中暑与一般中暑不同的是骤然发生居多，主要有高热、中枢神经系统功能障碍和皮肤发热、干燥呈粉红色。运动性中暑可分为热射病、日射症、热痉挛和循环衰竭4种类型。

（1）热射病

热射病是发生在高热环境中的一种急性病。运动时，体内产热较多，如果天气温度和湿度较高，且空气不流通，散热就会受到影响，热量在体内大量积累，会造成体温大大升高，水、盐代谢出现紊乱，严重影响体内的生理机能以及中枢神经系统的机能。

（2）日射症

由于阳光直接照射头部而引起的机体强烈反应。

（3）热痉挛

运动中机体大量排汗，失水失盐过多以致电解质平衡紊乱，发生肌肉疼痛和痉挛。

（4）循环衰竭

由于运动时机体失水过多，使血容量减少，如果心脏功能和血管舒张调节不能适应，可导致周围循环衰竭而发生中暑。

2. 防治

（1）预防

①夏天炎热，要安排好训练时间，避免在一天中最热的时间里进行训练。热天运动时，宜穿浅色衣服，戴遮阳帽。保证充足的睡眠，并加强常规医务监督。

②安排好炎热天气训练和比赛时的营养和饮水，注意补充食物中的蛋白质，额外增加维生素 B_1、维生素 B_2、维生素 C 供给量。组织合理的水盐供应，主要是强调运动员采取少量多次饮水的原则，训练或比赛后的氯化钠供给量宜从常温下的 10～15 克增加到 20～25 克，所需氯化钠可通过含盐饮料、菜汤和盐渍食品提供。

③对不耐热个体要加强预防措施。中暑存在明显的个体差异，一些人对炎热较敏感。不耐热个体是指某些人不能耐受炎热，其体温升高早于一般人，他们更易出现中暑。年轻人（运动员、士兵等）发生运动性中暑的危险性较大。对炎热的低耐受性的诱因有：脱水、肥胖、体能水平低、疾病、皮肤因素等，有诱因存在时应减少或避免炎热天气时的剧烈运动。对曾发生过中暑者应倍加重视。

（2）治疗

一旦出现中暑的现象，首先必须降温，迅速将患者移到凉爽、通风的地方，平卧休息，

头部稍垫高，松解衣服，全身扇风，头部冷敷，用温水或酒精擦身，饮用盐开水或清凉饮料，必要时服解热药物。肌肉痉挛者主要是牵引痉挛的肌肉，补充盐和水。头痛剧烈者，针刺或点太阳穴、风池、合谷、足三里等穴。如有昏迷，可刺激人中急救，对四肢进行重推摩和揉捏，必要时一边急救，一边迅速送医院治疗。

（六）肌肉痉挛

肌肉痉挛俗称抽筋，是指肌肉发生不自主的收缩反应。运动中小腿腓肠肌和大腿后群肌肉发生痉挛较为常见。痉挛的肌肉僵硬，剧烈疼痛、肿胀，肌肉的运动能力和柔韧性降低，肌肉痉挛所涉及的关节的功能也会发生一定的障碍。

1. 症状

运动中发生肌肉痉挛时，痉挛的肌肉僵硬，疼痛难忍；痉挛的肌肉所涉及的关节有一定的伸屈功能障碍。

2. 防治

（1）预防

①加强身体锻炼，提高机体的耐寒能力和耐久力。
②运动前做好准备活动，对容易发生抽筋的肌肉可事先进行适当的按摩。
③注意保暖，注意电解质的补充和维生素的摄取。
④采取科学的降体重和控制体重的方法。

（2）治疗

一般肌肉痉挛只要向相反的方向牵引痉挛的肌肉，即可缓解或消失。牵引时用力宜缓慢、均匀，切忌用暴力，以免拉伤肌肉。大腿后群肌肉、小腿腓肠肌痉挛，可尽力伸直膝关节，用力将踝关节充分背伸，尽可能拉长痉挛的肌肉。缓解后，配合局部按压、揉捏、点掐、针刺有关穴位等，效果会更好。

（七）低血糖症

运动时肌肉收缩要消耗能量，而能量主要来源于体内糖的氧化，因而消耗的是体内的糖。运动者在进行长时间的剧烈运动后，由于血内葡萄糖大量消耗因而产生了低血糖症。

正常人的血糖一般维持在一定的水平（0.8～1.2克／升），只有当血糖低于0.5～0.6克／升时，才会出现一系列症状。

1. 症状

当发生低血糖症时，患者感到非常饥饿，极度疲乏，并伴有头晕、心跳、面色苍白、出冷汗等症状。较重者可出现神志模糊、语言不清、四肢发抖、心脏跳动不安或神经错乱（如赛跑者返身向相反方向跑），甚至昏迷等症状。检查时，脉搏快而弱，血压或无明显变化，或昏倒前升高而昏倒后降低，呼吸短促，瞳孔扩大。若查血，则血糖明显降低（0.5克／升以下）。

2. 防治

（1）预防

平时没有锻炼基础，或患病未愈，或空腹饥饿的时候，不要参加长时间的足球训练和大强度的比赛。

（2）治疗

使患者平卧，保暖。神志清醒的可给其喝浓糖水或姜糖水，并吃少量食品，一般情况下，较短时间后便可恢复。若昏迷，可针刺或用指掐点人中、百会，涌泉、合谷等穴，并迅速请医生处理。这时若能静脉注射 50％葡萄糖溶液 50 ～ 100 毫升，提高血糖浓度，就会使病情迅速好转。

第十章　校园足球运动的开展

学海导航
XUEHAI DAOHANG

　　足球运动深受学生的欢迎，校园足球运动的良好开展不仅能提高学生的身心素质，促进其身心健康发展，同时对扩大我国足球运动的参与人群，培养和发现足球人才具有重要意义。本章主要就高校校园足球运动的开展作详细论述。

第一节　校园足球运动开展的准备

一、场地及器材准备

　　开展足球运动十分简单，只需要一片空地及一个标准的足球即可。在高校，大学生可以在专门的足球场上开展足球运动，也可以在田径场中开展足球运动。

二、服装准备

专业的校园足球比赛中，运动员的着装符合以下要求。

（1）运动衣或运动衫。运动衣或运动衫的要求包括以下几方面。

①上衣背后必须有 1～15 之间的号码。

②号码颜色须与上衣颜色有明显差异。

（2）短裤。如穿紧身内裤，须与短裤的主色同一颜色。国际比赛中，短裤的前面也应印上号码，字体可相对小点。

（3）护袜。

（4）护腿板。护腿板由适当的材料制成（橡胶、塑料或其他类似材料），必须由护袜全部包住，可以起到一定程度的保护作用。

（5）球鞋。只允许穿胶底或类似材料做成的帆布鞋、软皮面训练鞋或体操鞋。

非正式的校园足球比赛，运动员只需穿上宽松的服装即可，两队队员之间服装颜色应有明显的差异。

需要注意的是，无论是否是专业的足球比赛，运动员都不得使用或佩戴可能危及自己或其他队员的装备或任何物件，包括各种珠宝饰物。

三、活动准备

在运动之前要进行热身活动，充分的准备活动可以提高运动时人的身体机能，也可以让人的中枢神经系统达到最佳的状态，避免运动损伤的同时提高运动的质量。

参与和开展足球运动前，应做好两项基本的热身准备活动，具体如下。

（1）一般性热身活动。包括身体各个关节和肌肉的拉伸，首先活动开身体的关节，然后拉伸身体的韧带和肌肉，足球运动员要特别注意对下肢韧带和肌肉的拉伸。在比赛开始前，运动员可以通过一些慢跑和变速跑来提高自己的体温，使身体能够达到运动前的灵敏状态和身体热度。

（2）专项性准备活动。包括专项性的模仿练习以及符合项目特点的其他练习，足球运动员可根据自己在场上的位置进行有针对性的练习。

①前锋队员可进行一些常规的过人、加速冲刺和射门练习。

②中场的队员要和自己在场上经常配合的队友进行一些传球的技术练习。

③后卫队员可进行一些长传球、头球的练习。

④主力阵容可以跟替补的队员在小范围内进行 20 分钟左右的战术攻防练习，以保证机体神经系统协调，确保竞技练习的各种肌肉相互作用。

⑤守门员在进行了身体的基本练习后要结合自己的位置特点进行一些低扑球、高接球和二次起身的反应练习。

一般来说，足球运动前的准备活动，以让身体的体温达到可以马上进行比赛的程度为宜，身体不能太凉，也不能产生过度的疲劳感。此外，热身运动完成与比赛的时间不能间隔太久，一般以热身活动完成后 20 分钟参加比赛为宜。

四、心理准备

在开展足球运动前，作好心理准备是十分必要的。比赛前，运动员应作好以下心理准备。

（1）明确比赛任务，有良好的比赛动机，建立取胜的心理定向，形成达到目的的信心。

（2）掌握各种具体心理训练的方法，调节控制自己的心理状态，消除紧张情绪和心理障碍，形成最佳竞技状态。

（3）作好准备并能在千变万化的比赛情况下保持积极稳定的心理状态，尽量以正常心态参加比赛，确保技战术水平的充分发挥。

（4）队员之间相互信任和鼓励，为团结整体团队、提高团队作战士气创造良好的条件。

第二节　学校足球队与校园足球俱乐部

组建学生足球队是高校贯彻落实德、智、体全面发展的教育方针和实施素质教育、实现"健康第一"的学校体育工作目标的一项必要措施，它是学校体育工作的重要组成部分，同时能提高大学生参与足球运动的积极性和主动性。

一、学校足球队及其管理

（一）学校足球队的组建

1. 学校足球队的成员构成

学校足球队应由思想进步、学习努力、身体健康、热爱足球运动，并具有一定的足球基本技术技能，又能基本符合足球运动的科学选材条件的在校学生组成。

2. 学校足球队的组建过程

学校足球队的组成可根据学校体育工作的总体需要和广大学生对足球运动的热爱程度以及学生的要求，分别组建各专业班级、各年级、各院系和全校性级别的足球代表队。

具体来说，学校足球队的组建应包括以下几个步骤。

首先，新学期开始后，可采取自愿报名、班级推荐，教练员按照科学选材条件进行测试与考查，从中择优选拔。

其次，组织足球选拔比赛和专项技术技能以及身体素质测试。在测试中应着重从身体素质、技术基础、战术意识、意志作风进行综合考查，逐级筛选条件优秀的学生，从中择优进行预录取。

再次，对预录取的队员进行思想和学习情况的考查，组织进行试训，通过试训观察各方面的表现，进行全面综合评价，确定录取名单。

最后，经以上筛选确定的录取名单，报各级主管部门审查批准，张榜公布，宣告学校足球队正式成立。

（二）学校足球队的队员选拔

对于学校足球队来讲，选拔合格的球队队员，是球队建设的基本任务。科学的选材与训练，是提高球队竞技能力的基础。只有认真做好队员的选拔和科学的组织训练才能赢得球队的高竞技水平。

1. 学校足球队队员应具备的基本条件

要成为足球代表队的运动员，必须具备如下基本条件。

（1）思想品德好，有较好的团队作风和吃苦耐劳的精神。

（2）身体健康，热爱足球运动。

（3）掌握一定的足球基本技术技能，有较好的专项身体素质。

（4）认真刻苦，学习成绩较好。

2. 学校足球队队员的科学选拔

学校足球队对队员的选拔过程就是足球运动员的选材过程。"精心选拔优异人才将是训练成功一半"的观点，已普遍为教练员所接受。现代足球竞赛中的激烈竞争，使得挖掘有潜能的队员越来越成为竞争取胜的重要条件。在球队的组建当中，人们把选材工作置于相当高的战略地位。

普通高校各级足球代表队队员的选材对象为 18 岁至 20 岁左右的在校大学生，他们的年龄特点和训练竞赛的业余性特征，决定了高校大学生足球运动员的选材应遵循以下具体原则。

（1）确保球队的总体实力

普通高校在组建足球队选拔队员时，首先必须保证全队的总体实力、竞技水平。在选材中应充分考查队员的形态机能、身体素质、技术水平、战术意识、心理品质以及健康状况等方面情况，在此基础上进行综合评价。在选材时，还应根据组队的总体任务（远期任务）和近期任务综合考虑具体选拔方法。一般来说，足球队队员的选拔形式主要有以下两种。

①在全体选材范围内进行单个优秀运动员的选拔，组成代表队的最强阵容。这种选拔的队员总体实力较好，但要组合成一支具有配合默契和一定打法风格的队伍，需要一定的训练时间。一般适用于常年训练代表队组队和远期有比赛任务的组队。

②组织一次公开选拔赛以获得冠军队为主体，另外吸收其他队的少数优秀队员组成代表队。这种选拔主要阵容大多来自一个队，虽然配合较默契，但队员不一定全是最优的。这种选拔方法适用于近期有比赛任务的组队。

（2）保证球队的战术配备与位置结构

足球运动有着自身的特殊发展规律。比赛场上的 11 名队员按每位队员的技战术特点处在不同的位置上，负责着不同的职责。如：前锋、前卫、后卫、守门员均按一定的比例排列着，这就是足球比赛的阵型。尽管总体型全攻全守的打法已成为当今足球运动发展的主流，但位置的分配和职责的分工依然存在。因此，在学校足球队的选材中应充分遵循足球运动的发展规律，在队员人数的配备上应考虑前锋、前卫、后卫的不同位置。一般地，学校足球队的一支球队成员应按 18～22 人配备，各成员人数配备具体如下。

①前锋：为 6～7 名。前锋应具备较好的个人突破能力，掌握较好的射门技能以及具有较快的起动速度。

②前卫：为 4～5 名。前卫应掌握较全面的攻防技术，有较好的深度视觉、较强的奔跑能力和较好的战术思维。

③后卫：为 6～8 名。后卫应掌握较好的防守技术，并具备一定的转身起动速度以及一定的身材优势。

④守门员：为 2 名。守门员应主要熟练掌握守门员的专门技术并有一定的身高优势。

（3）注重队员足球竞技能力的全面发展

在队员的选拔中，教练员应力求选择那些技术、战术、身体条件、智力能力全面发展，具有能攻能守技能的全面型队员入队。只有具备这些条件的队员经过训练才能形成高水平的竞技能力，才能更好地适应激烈对抗的比赛，才能使球队的比赛阵型和战术变化更加灵活。

（4）注重发展足球队员的足球运动潜能

通常来讲，一名足球队员的技战术发展潜能，通过一场选拔赛是不能完全反映出来的。对一些基本条件很好又有培养前途的少数大学一年级的队员，应选拔入队训练进行培养。一支球队的兴衰不但表现在现阶段竞技水平，而且还要反映未来的发展。在大学的球队选拔组建中，一定要注意学生 4 年学制的流动性，要注重球队队员中的年级结构，合理搭配各年级的队员人数比例。

总之，既注重于现有实力又着眼于未来发展，才能使球队始终保持高水平的竞技状态。

（5）综合评价备选人才的素质和能力

在高校足球队的选材中，常采用的选评方法主要有如下几种。

①比赛观察法

通过比赛重点观察队员技术应用的合理性和实效性，了解队员的战术意识和战术思维能力、体能状况和意志品质。

②调查了解法

主要是通过任课教师和其他同学，了解该队员的思想品德、学业成绩、心理素质以及平时表现出来的足球技战术水平等内容。

③技术和身体素质测定法

通过设计出各种基本技术和身体素质的测试项目，对学生进行测试与评定，从而掌握学生足球基本技术和身体素质发展现状。足球基本技术测试的项目通常采用远距离传准、运球绕杆射门、运球下底传中、颠球等内容。足球运动员专项身体素质测试项目通常采用 30 米起动跑、5×25 米折返跑、12 分钟跑等内容。

此外，也可以通过上述观察、测试、调查结果的综合评价，来判断该学生是否具备从事足球竞技的能力。

（三）学校足球队的管理原则

从校园文化建设的角度来讲，足球队都是学校的精神文明窗口，必须重视和关心其建设。建立完善的管理制度和加强管理是组织球队的必要保证。

高校足球运动队的管理应遵循以下几项具体原则。

1. 协调同上级领导的关系

建立和完善各级代表队的隶属领导关系，切实加强代表队的领导与管理。学校代表队由学校体育部负责领导，委派体育教师担任教练员负责具体管理。各院系代表队应由学校各院系负责学生管理的部门，如学生会、团委负责领导，或聘请学校体育教师负责具体指导与管理。

2. 重视足球队的思想管理

加强全队的政治思想教育，明确训练与比赛的目的任务。树立强烈的集体荣誉感和为学校争光的责任感。

球队内部要建立奖惩制度，对思想好、学习好、训练认真刻苦、运动成绩优秀的队员应与评"三好学生"和奖学金挂钩，给予精神与物质上的奖励。

3. 制定和遵守球队各项制度

制定代表队严格管理、严格要求的日常训练管理制度。制订科学的足球队训练计划，处理好代表队训练与文化学习两者关系，合理安排训练与文化学习的时间。

4. 关心队员的学习、训练和生活

全面关心队员的学习、训练和生活，加强与任课教师的联系。球队内部要形成互相关心、

互相帮助、团结友爱、刻苦训练的队风。发扬足球训练的集体项目优势，培养队员的团队协作精神，把球队建设成为精神文明、团结互助的集体。

5. 正确处理球队人员的流动

球队的主力队员要相对稳定，同时又要结合学校特点，保持正常的流动，发现好的苗子要及时补充入队。科学、合理地安排好队员的衔接工作。

6. 提高教练员的业务素质

教练员要自觉地不断提高思想素质和业务水平，认真做好教书育人工作，做到言传身教、精益求精，不断总结与提高训练水平。

（四）学校足球队的训练管理

学校足球队的训练是一个复杂的系统，从结构上看，包括教练员、运动员、训练条件等要素；从内容上看，包括技术训练、战术训练、身体训练、心理训练等要素。结合足球运动队的训练要素，这里重点阐述学校足球队不同训练阶段计划的制订及其内容。

1. 多年训练计划

多年训练计划是对球队在多年训练的年限内全面训练工作所作的长期性的总体规划，是具有全局意义的战略性框架式最上位的计划。

对于普通高等院校的足球队而言，一般规划时间为 3 年至 4 年。具体内容应包括指导思想、总体目标、技术指标、球队的基本战术打法与风格的预想设计、队员的新老交替等。

2. 年度训练计划

依据多年训练计划的进度和年度重大比赛任务，以及上一年度训练、比赛情况，制订全年训练计划。

（1）年度训练的特点

年度训练计划是多年训练计划的细化，需要根据多年训练计划中规定的任务、内容和要求，以及上一年度训练结果的实际情况来制订。它也属于战略性框架式上位计划。

（2）年度训练计划的编制步骤及方法

①分析全队情况

总结全队初始状况或上一年度训练的进展情况以及存在的问题，分析目前球队在技战术、身体、思想作风等方面的实际状况。

②提出训练指导思想和年度奋斗目标

在贯彻我国足球训练方针基础上，科学合理地提出本队训练指导思想。奋斗目标可从当年力争达到的训练效果、能力水平和比赛成绩等方面拟定。

③明确年度训练的任务、内容和手段

训练任务主要包括身体素质发展、技战术能力以及作风培养等方面，要分别列出主要内容，反映本年度的训练特点。所要采用的训练手段应针对任务内容，具有较强的实效性。

④合理安排阶段训练任务和训练负荷

阶段划分是依据全年拟参加的 1～2 个主要比赛确定 1～2 个训练周期，每周期包括准备、竞赛和过渡 3 个阶段，应按实际需要确定各个阶段的时间。

在阶段划分之后，分别在各阶段中列出阶段所处月份、主要训练任务、训练时数和课数、各项训练内容百分比以及负荷量和强度水平指标等内容。

⑤制定训练效果检测与保证措施

采取考核、测评和统计等措施进行效果检测，在训练计划中应列出内容、项目和指标，保证措施可从有利于完成年度任务的角度多方面综合考虑进行制定。

3. 阶段计划

阶段计划是根据全年训练计划制订的，将足球训练的任务、内容、进度、负荷、要求等落实到各个训练阶段内的具体安排，如准备期、冬训、夏训、比赛期、重要赛事集训等阶段计划。

（1）阶段训练的特点

学校足球队的阶段训练计划是根据年度训练计划而制订的，是将年度的训练计划任务、内容、负荷与要求等具体落实到各个特定时间范围，如临时集训、短期集训、周期阶段等的具体安排，其时间跨度较小，一般可按训练周期或逐月制定。

（2）阶段训练的编制步骤及方法

①提出阶段训练目标与任务

按年度的训练任务与不同训练阶段的特点确定阶段训练目标和任务。其目标和任务富有针对性和可操作性。

②确定阶段训练时间与时数

训练时间及周数依周期特点（全年单周期、双周期或短期集训）与周期的阶段性质（准备、竞赛、过渡）而定。但一个阶段的时间最短不应低于两周。

一般来说，因较长时间的准备阶段训练对未来竞技状态的稳定水平有利，在准备阶段也可依据时间情况再划分若干小阶段。竞赛阶段的训练时间则依所参加比赛的赛程周数而定。过渡阶段训练周数一般常控制在 4 周左右。在周赛制情况下，年度间或一个年度内两个竞赛阶段之间的过渡准备期，通常在 3 周以上，其中小过渡期为 1 周以上。阶段训练总时数是每课训练时数的总和。

③分配训练内容与训练比重

各阶段的训练内容都会涉及身体素质、技战术和比赛这几方面，但不同阶段所选择各方面的具体内容与比重有较大差异和不同侧重，所分配的训练内容和采取的训练手段，应尽量与本阶段任务相吻合。

④安排好各阶段的训练负荷

各阶段训练负荷特点具有较大差异，需在安排时予以重视。通常，准备阶段中第 1 小段的负荷应趋向于量和强度都逐渐增大，以量的增长为主。要使一般训练的练习量和为专项打基础的练习量在此小段内达到全周期的最高值，负荷的平均强度应小于后续小段。而在第 2 小段则应减少负荷量，继续加大负荷强度。主要是减少一般训练的量，但在一定时间内继续增加或稳定绝大部分专项练习的量。负荷强度的增长则主要体现在专项训练上，一般训练的练习强度应保持稳定。

总之，竞赛阶段训练负荷的量和强度都应在本阶段内呈波浪形变动，尤其是在竞赛期间要持续一定时间的赛间训练，对负荷量和强度变化要作出计划安排。休整阶段也需保持必要的训练水平，但训练负荷的量和强度都应适当下降，绝不可以休假取代积极性休整。

⑤列出各阶段的检查措施

采取技术测验、身体测验、教学比赛或练习比赛中的技战术统计等措施检查训练情况，列出各训练阶段的具体项目以及应达到的指标。有条件的可运用生理、生化的指标对足球训练实施监控。

4.周训练计划

依据阶段计划的要求，对一周内训练工作的任务、要求、时间、次数、运动量以及恢复措施作出具体安排。

（1）周训练的特点

周训练计划是为进行一周的训练而制订的训练计划，它是按照阶段训练计划确定的该周训练任务、内容和负荷安排，使之在该周计划中得到细化，属于具体的实施性计划。

（2）周训练的编制步骤及方法

①确定周训练的训练任务

分属于准备、竞赛和过渡不同阶段的周训练，在训练任务上有所区别，即使在同阶段的周训练中，因训练存在延续性和递进性，其任务也不同，应在当周训练计划上提出具体的训练任务。

②确定周训练的次数与时间

每周训练次数视运动员的水平而定。周训练的时间要落实到每次课训练时数。

③确定周训练的训练内容

在周训练内容中应将技战术、身体、心智等训练内容结合安排，但在某具体周中可侧重突出某一方面的内容。

④确定周训练的运动负荷

周训练负荷安排应大、中、小结合，使负荷量与负荷强度呈波浪式变化。

⑤确定周训练的手段与方法

训练手段和方法根据所安排的训练内容及负荷要求进行合理选择，使训练的实施能保证任务落实。

5.课时训练计划

课时训练计划，是指依据周计划制订的每次训练课的具体安排。其主要内容是训练课的任务、结构、时间、负荷，以及训练方法、手段和组织、恢复措施、场地、器材、设备等。

（1）课时训练的特点

课时训练计划，是根据周训练计划对每次训练课作出的具体安排，是最具体、最详细、最下位的实施计划。

（2）课时训练的编制步骤及方法

①确定训练课的任务

训练课的任务包括技战术、比赛、身体素质、心理素质等诸方面，而一堂足球训练课的任务既可以是综合的，也可以是单一的或以某一方面为主的。通常可确定 1～2 个主要任务，对各项任务应有学习、掌握、巩固、改进、提高和发展等性质之分。

②安排训练内容与时间

训练课的结构分为 4 个部分，即开始、准备、基本和结束阶段，现大都将开始和准备两部分合并成一个准备部分，即 3 段式结构。

首先，准备部分在于为足球运动员进入基本部分的训练做好身体和心理上的准备，其内容包括例行课堂常规及一般性和专门性热身的准备活动。安排热身活动要节奏由慢到快，程度由易到难，可以单人、双人、集体或徒手、器械、行进的方式进行。整个准备部分用时夏季可稍短。

其次，基本部分是完成本课任务的主要环节，训练内容的安排应先技术，后战术，再身体。若是复习和运用技术，可将技术训练安排在后半课。进行身体训练应当先安排速度和灵敏练习，后进行力量和耐力练习。基本部分的训练内容应较集中，不宜过多。通常各项训练内容练习以 15～30 分钟为宜，该部分用时应占全课时间的 80%。

最后，结束部分在于通过合理有效的整理活动，积极消除基本部分积累的疲劳，使机体逐渐恢复到良好状态。其内容可选择深呼吸运动、放松慢跑、全身性伸展及专门性放松活动，如抖动肌肉、按摩等。此外，还要对上课情况进行评讲。结束部分的时间不宜太长，通常为 5 分钟左右。

③训练课的组织

对一堂训练课应根据本次训练课的任务和队员的技术能力、位置、实战需要等，组织队员进行个人、小组和全队的练习。其基本形式应能充分发挥教练员的指导才能与作用，能尽量利用场地器材和本次课的时间。教练员应细心考虑课的组织方式，准确选择或设计训练手段与方法。

④预计课的运动负荷

一般来说，训练课的运动负荷应在周训练负荷计划下视足球运动员体能恢复实际情况进行安排，必要时可作出适当调整。

在学校足球队课时训练实践中，课的运动负荷主要涉及全课的负荷量变化曲线、平均负荷、大负荷高峰出现的次数和时间及持续时间、课中的调整与恢复以及结束部分的放松和恢复。

以对抗为主的综合性大负荷的足球训练课为例，该训练课中应有与比赛单位时间接近或高于比赛的负荷。例如在一次 135 分钟的足球训练课中，其中某一段 90 分钟时间（30 分钟×3，间歇 4～6 分钟；或 45 分钟 ×2，间歇 6～10 分钟；或 90 分钟无间歇）的负荷量，应达到慢跑、快跑与冲刺总距离超过 9 000 米，其中距离达 3 500 米以上，快跑与冲刺不少于 150 次。

再如，在以技术为主的中、小运动量训练课中，传球（原地传球距离 30 米以上计 1 次，慢跑中传球距离 20 米以上计 1 次）、停球（非对抗停趟，摆脱原地计 1 次）、头顶球、抢截球、铲球、射门等主要技术应重复练习 400 次以上。以战术为主的中、小运动量训练课，主要技术动作重复 300 次以上。

⑤拟定检评方法

为了有效控制足球训练课，可在训练课中进行场地记录与统计，着重对训练课的时间、技术动作次数以及运动距离等进行定量检查，并对对抗活动的激烈程度与效果等进行定性评价。

二、校园足球俱乐部及其管理

（一）校园足球俱乐部的特点

在高校，俱乐部是一种新型的校园组织和活动形式，通常，高校大量的运动训练、比赛、娱乐等身体教育活动都是以俱乐部的形式来实施的。足球俱乐部是以足球运动专项作为一个俱乐部的组织。

校园业余足球运动俱乐部主要有以下几个特点。

1. 同一性

同一性具体是指校园足球俱乐部会员有共同运动爱好，即热爱足球运动。校园足球俱乐部的主要任务是组织在校会员开展各项足球运动，有直接参加的体育锻炼、运动训练、比赛等活动；有间接的观赏足球比赛，充当校队（院、系队）的拉拉队，为相应足球俱乐部的运动队摇旗呐喊、加油打气。有时，为了丰富足球比赛的内容、烘托气氛，增加吸引力和凝聚力，不少校园足球俱乐部还进行文娱、社交等活动。

2. 自愿性

校园足球俱乐部属于校园社团的性质，足球俱乐部的成员都是自愿加入俱乐部的。对于绝大多数没有参加固定运动队的会员来讲，完全凭自己的兴趣爱好自由地选择活动时间、频度以及运动的负荷。

3. 平等性

校园足球俱乐部的成员都是凭着对足球的钟爱而走在一起的，因此，各自之间都是平等的伙伴关系，而无任何从属关系，更无雇佣关系，这也是足球俱乐部的管理具有民主性特点的重要原因之一。

4. 业余性

校园足球俱乐部的会员，一般都是在校学生，学生以学习为主，只利用业余或课余时间参加各项足球活动。有的学校足球队水平很高，但就其性质而言，所参与的训练和比赛都是业余的。

5. 独立性

校园足球俱乐部在遵守学校规章制度的前提下自治组织。俱乐部主要借助于全体成员的奉献精神和自身财力而独立生存和发展，为便于开展各项工作，接受捐赠和各种赞助，但不能影响自身的独立性，否则就会失去办校园足球俱乐部的宗旨。

6. 无偿性

校园足球俱乐部是一个非营利性的公益组织，其日常运转主要靠会员利用课外时间无偿地为俱乐部做一些必要的工作，尽各项义务，并交会费和捐赠。

（二）校园足球俱乐部的作用

1. 是高校体育课程教学的延伸

根据《全国普通高校体育课程教学指导纲要》的要求，在课程结构上要求课堂教学与课外活动互补、学校与社会互补；在课程资源开发上要尽量延长体育场馆、设施的开放时间，提高对各项体育设施的利用率。足球项目又是学生们热衷的运动，练习的积极性和参与性高。因此，在高校建立校园足球俱乐部不但是体育教学指导纲要的要求，也是顺应时代发展的需要，更是高校体育教学改革的趋势。

2. 指导学生积极参与足球运动

成熟的校园足球俱乐部通常都会有足球专项指导老师，能指导学生进行足球活动。足球运动是一项集体运动，通过校园足球俱乐部的有效组织和比赛策划，可使校园足球文化有序、健康地发展。

3. 充分使用学校体育教学资源

足球运动项目是广大青少年热衷的体育项目，为了发挥学校专门足球运动场及设施最大的使用潜力，校园足球俱乐部的学生自治组织本着自力更生的方针，依靠成员的奉献，通过课外的自主经营、自负盈亏来自我发展，可以大大节省学校体育教育成本，同时又能充分利用校园足球运动资源，不至于导致学校教学资源的浪费。

4. 选拔优秀的足球运动人才

从长远观点看，高校足球俱乐部是整个学校体育发现足球运动后备力量的发动机，同时又是我国优秀足球运动员（包括职业足球运动员）的源泉。校园足球俱乐部形式，有利于学生足球运动知识和技能的教育与培养，使有足球运动天赋的人才从学校脱颖而出、走向成功。

5. 促进我国足球竞技运动的发展

通过校园足球俱乐部把竞技足球运动与教育结合在一起，是未来我国竞技运动发展的必由之路。通过足球俱乐部来开展足球运动、发现足球运动人才是校园培养足球竞技人才的一种有效途径，也是我国足球竞技运动发展的重要途径。

（三）校园足球俱乐部的赛事运作

1. 资金筹措

比赛经费的筹措是校园足球俱乐部赛事主要的社会化运作内容。足球运动的项目特点，使其在社会化运作方面与其他项目相比具有得天独厚的优势。

目前，我国高校足球俱乐部的比赛经费筹措渠道主要有以下 4 种。

（1）全国总赞助

全国总赞助的赞助总额较大，影响也广，加之组织严密，往往使这类赞助的比赛也迅速成为品牌赛事。目前，飞利浦中国大学生足球联赛（PCUFL）和李宁杯中国大学生 5 人制足球联赛属于此类赞助。

（2）区域性赞助

一些经济发达地区的"百事可乐""百威"足球赛，都是区域性的大学生足球联赛。这种联赛主要是靠区域性赞助的经费来运行，这些赞助商提供给赛事的经费较充裕，虽然赛事的组织和运动水平并不高，但赛事的气氛却异常活跃，大学生参与热情较高。

（3）专门性赞助

由专门的赛事策划公司组织赞助是校园足球俱乐部组织赛事的一种重要经费筹措途径，这种形式主要是通过广告、传媒等公司为中介进行比赛的赞助活动，这些公司在提供足球赛事必要的经费时，也获得收益。由专门的赛事策划公司组织赞助城市校际间开展足球比赛，这不失为一种较为保险的筹措途径。

（4）部分赞助

这类赞助形式最多，可以是行政拨款下再提供赞助，也可以几家赞助商一起赞助，同时可以通过实物的形式来赞助，比如提供足球比赛的器械、用球、饮料等。这些赞助的数量不大，但也是大学生足球赛事的重要经费来源之一。

2. 赛事推广

赞助商提供赛事经费，不仅使足球赛事能够顺利进行，还有自身企业形象宣传的目的，以飞利浦中国大学生足球联赛（PCUFL）赛事推广为例，该赛事的推广具体参考表 10-1。

表 10-1　足球赛事推广（PCUFL）

推广内容	推广措施及效果
推广目的	（1）促进中国大学生足球运动水平的提高，推动大学生体育运动的发展 （2）扩大 PCUFL 的影响，提升 PCUFL 的知名度，使更多人了解它，并参与进来 （3）规范联赛体制，使 PCUFL 成为最受年轻人欢迎的体育比赛 （4）提高学生观看比赛上座率 （5）保证赞助商的赞助权益得到有效实施
推广目标	（1）使本赛事覆盖 31 个省、自治区、直辖市，1 033 所高校 （2）400 所学校派队参加比赛 （3）14 ～ 18 个省市在校内推广 （4）使校内大学生对 PCUFL 认知度达到 50% （5）共 300 小时的地方和中央电视转播 （6）出 3 000 份大学生足球比赛的剪报 （7）300 万学生踊跃参与 PCUFL 比赛及推广 （8）有 240 万观众观看足球赛事

（四）校园足球俱乐部的训练管理

1. 招生与选材

校园足球俱乐部的招生与选材主要有以下两个途径。

首先，足球项目是广受青少年热爱的运动，因此，面向普通中学、试点中学挖掘足球后备人才是可靠的途径。

其次，我国众多的足球学校和职业足球俱乐部的青少年队是优秀足球运动人才的重要来源，但从高校足球运动队的培养目标看，足球运动的天赋固然重要，但文化学习基础还是最基本的条件。

2. 专业选择与学籍管理

当前，在我国市场经济的大环境下，各高等院校对入学学生有着较大的自由权，而且这种权力呈越来越大的趋势，学生毕业后找工作也日益成为其个人的行为。因此，各普通高校在足球特殊人才选择学习专业上，完全取决于他们能否完成学业，而非某个分数线来限制（对于特招运动员）。

随着我国高等学校弹性学制的全面试行，优秀运动员有更自由的时间来完成他们的学业。如果足球运动员相对集中于某个专业，可以单独编班，实行集中管理。

3. 运动队训练经费的筹措

可以通过争取行政拨款、社会集资和赞助、俱乐部的自身运营收入来改善训练条件，达到保证优秀足球人才培养的目的。

4. 运动员的评估与奖励

通常来讲，足球运动员的比赛成绩和学习成绩是最客观的，也是最有效的评价，可以在此基础上，结合运动员的训练过程的表现进行综合评价。过程的阶段评价也是全面提高训练质量与管理水平的重要措施与途径。

第三节　校园小型足球运动的开展与规则

一、小型足球的概念及分类

小型足球通常是指每个参赛队人数少于 11 人，场地规模小于标准比赛场，比赛时间相对短的足球竞赛活动。在基层，正式的 11 人制比赛受到各种条件的限制，难以普及和开展。小型足球受场地和器材限制较少，参赛人数可多可少，易于组织，是深受广大足球爱好者喜欢的一种比赛形式。在基层的企事业单位和学校乃至街头巷尾，足球爱好者自发组织的小型足球比赛，种类繁多，形式多样。小型足球竞赛活动，不但具有增进健康和愉悦生活的价值，而且还有着自身的特点和作用。所以，长期以来，在得到人们接受和认可的同时，也在不断地完善和形成体系。

目前，在国际上普及较广，有统一竞赛规则的小型足球比赛，包括 7 人制、室内 5 人制、4 人制和 3 人制等几种形式。具体如下。

（一）7人制足球

7人制足球比赛的基本阵型是3—3制，即3个后卫，3个前锋，另设一守门员。根据战术需要和对方队情况可变为3—1—2、3—2—1和2—1—3等阵型。

（二）5人制足球

5人制足球的发源地有两个，即巴西圣保罗和乌拉圭蒙特维多，5人制足球的历史可以追溯到1940年。5人制足球是与现代足球运动同步诞生的，它在世界各地广泛开展已有较长的历史，特别在欧洲和南美洲很多国家和地区早有开展。室内足球起源于北欧斯堪的纳维亚半岛，20世纪70年代初，职业足球在美国、加拿大兴起，并先开展了室内足球比赛。

5人制足球比赛的基本阵型是2—2制，另设一守门员。根据需要可变阵为3—1、1—2—1等阵型。

（三）4人制足球

4人制足球比赛的队员一般成1—2或2—1三角形站位，有位置分工，另设1名守门员。

（四）3人制足球

和其他小型足球不同的是，3人制足球没有守门员，比赛中，由3名比赛队员成1—2或2—1三角形站位，队员之间有明确的位置分工。

二、小型足球的特点和作用

（一）简便易行

场地器材简易，便于在基层普及和开展。小型足球的场地面积相对较小，器材也简易，符合一般的基层单位和中、小学的条件和状况，适合在更广的范围组织和开展足球活动。

（二）形式多样

小型足球除了7人制足球、5人制足球、4人制足球以及3人制足球几种比赛形式比较普及之外，很多国家和地区也组织9人制足球和6人制足球等比赛，甚至在基层小型比赛中还有男女混合组队、按实力划分的不等人数比赛等。这有助于活跃足球竞赛活动，促进全民健身。

（三）适用性强

小型足球既适合于在基层群众及青少年中开展，又可作为一种训练手段在高水平的职业队中运用，以提高运动员的实战能力。

（四）比赛中接触球机会多

小型足球场地小和人数少，使每名参赛者有更多的机会接触球。因此，参与小型足球对提高大学生在实战中运用和发挥技术的能力大有裨益，尤其对技术水平较低的基层业余队足球队，有更大的促进作用。

（五）比赛攻守转换节奏快

小型足球比赛中，双方队员及本队队员之间的相互距离较近，常处在短兵相接的拼抢状态。由守转攻和由攻转守的次数多、频率快，加之场地小和人数少，教练或场上核心队员容易对球队的整体进行控制，根据比赛需求，快速、灵活地调整战术。这种快节奏和多变化又对运动员的速度、耐力有较高要求。

（六）比赛中的射门机会多

小型足球具有场地小的特点，因此，和 11 人制足球比赛相比，小型足球比赛的有效射门区域相对较大，进攻方在中线附近只要摆脱对方的封堵就可以射门，所以射门得分的机会较多，每场比赛的进球数一般比 11 人制足球比赛高一倍以上。因此，小型足球既有利于培养运动员的射门能力，又有良好的观赏性。

三、小型足球的发展简况

（一）国际小型足球的发展

小型足球是和现代足球运动同步诞生的，11 人制比赛需要标准的足球场地和较多的人员参加，作为足球运动爱好者，不是每时每处都可以具备这些条件，而在人数较少和场地不够标准的情况下，人们自然会想到把规模缩小，小型足球由此诞生。

诞生初期，小型足球是自发组织和开展的，没有严格统一的规则限制，从很多资料考证，小型足球在世界各地广泛开展已有悠久的历史，特别在欧洲和南美洲的很多国家和地区，是一种喜闻乐见的体育游戏活动，一直盛行于民间。小型足球比赛不同形式的发展具体如下。

（1）7 人制足球比赛在欧洲和南美的很多国家早有开展，基本套用 11 人制的规则，但一直没有举办过较大规模的国际比赛。

（2）5 人制足球比赛作为一种街头足球的活动形式，在世界各地流行最广，北美职业足球联盟在 1975 年 1 月组织起首届全国室内足球联赛，1978 年美国室内足球协会成立。1988 年成立国际足联 5 人制足球组织，制定了正式的《室内 5 人制竞赛规则》，1989 年在荷兰举办了第 1 届世界室内 5 人制足球比赛，并规定每 4 年举办一届。比赛名额分配是亚洲3 个、非洲 1 个、中北美洲及加勒比海地区 2 个、南美洲 2 个、大洋洲 1 个、欧洲 6 个。

（3）4 人制足球比赛近年最先产生于德国，并很快在世界范围普及，1995 年，德国柏林举办了第 1 届国际彪马街头（即 4 人制）足球赛，目前 4 人制比赛的规则并不统一，不同的国家和地区有不同的规则规定。

（4）3 人制足球比赛流行于世界各地。作为一种普及和推广足球运动的手段，3 人制足球比赛在群众和学校中开展，并无正式的比赛，规则一般是按照《室内 5 人制竞赛规则》自行修订。

足 球

（二）中国小型足球的发展

我国小型足球运动的开展是随着现代足球运动传入而发展起来的，在南方的很多地区有着良好的小型足球活动的传统，其中广东、广西、港澳和上海的小型足球赛开展较多。

7人制足球在我国有较长的发展历史，也有深厚的群众基础，早在现代足球传入我国的初期，在香港就有7人制足球活动，随后在广东、澳门、上海和湖北等地展开。香港每年举办的"会长杯"7人制比赛至今已有近60年的历史，广东每年都举办7人制的青少年比赛，我国还曾制定统一的《7人制竞赛规则》。

和7人制足球不同，我国5人制、4人制和3人制比赛的开展基本是受国际大环境的影响。1984年在广州首次举办5人制全国性邀请赛，1989年，中国足协组团赴荷兰观摩首届世界室内5人制比赛，随后发出"通知"，号召在我国开展5人制足球活动，并将大连、上海、广州等城市列为重点开展地区。1995年中国足协举办恒源祥杯首届室内5人制锦标赛，暨世界杯预选赛，上海队获冠军，并代表中国在1996年参加第3届世界室内5人制足球锦标赛。4人制比赛，1995年首次在北京举行全国少年选拔赛，以参加在柏林举办的第1届国际大赛。3人制比赛在基层开展较早，深得群众欢迎。

四、小型足球竞赛的基本规则

和11人制足球比赛相比，小型足球比赛在规则和裁判法上均有许多不同之处，这里重点介绍不同种类的小型足球竞赛的基本规则。

（一）7人制足球竞赛规则

1. 比赛场地及用球

（1）比赛场地：7人制足球比赛的场地长度为50～80米，宽度为35～50米。场地必须是长方形。正式比赛场地的长度为64～75米，宽度为50～55米，球门的高度为2米，宽度为5.5米，其他各线的长度如图10-1所示，各线宽度和球门柱及球门横梁的宽度或厚度不得超过10厘米。

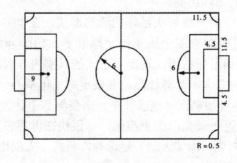

图 10-1

（2）比赛用球：国际标准4号足球。

2. 比赛通则

（1）队员人数：每队上场队员不得多于7名，其中必须有一名是守门员。任何一队少于 5 名队员，则该场比赛无效。

（2）比赛时间：上、下半时各 30 分钟，中场休息 10 分钟。

（3）点球决胜办法：每队派 3 名队员依次轮换踢球，若决出胜负则比赛结束。如果前 3 名队员踢成平局，则各队继续派第 4 名队员追加踢球，依次 1 对 1，直到分出胜负为止。

（二）5 人制足球竞赛规则

1. 比赛场地及用球

（1）比赛场地：场地必须为长方形，长度为 25 ～ 42 米，宽度为 15 ～ 25 米。建议正式赛事场地长度为 38 ～ 42 米，宽度为 18 ～ 22 米。球门高度为 2 米，宽度为 3 米，其他各线区长宽度如图 10-2 所示，各线宽和球门柱及球门横梁的宽度或厚度不得超过 8 厘米。第二罚球点是离球门线中点 10 米并与球门线垂直的标记点。罚球区是由两门柱为圆心，以 6 米为半径画弧与球门线相接成直角，此弧线上部分应为一长 3 米的直线与两球门柱之间的球门线平行，此弧线内的地区为罚球区。两球门线中点向球场内量 6 米处设一点，此点为罚球点。角球区是球门线与边线交接点为圆心，以 25 厘米为半径画弧构成的区域。

在国际比赛中，比赛场地的长度最短为 38 米，最长为 42 米；宽度最短为 18 米，最长为 22 米。

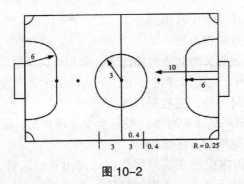

图 10-2

（2）比赛用球：国际标准 4 号球。

2. 比赛通则

（1）队员人数：每队上场队员不得超过 5 名，其中一名必须为守门员。某队场上队员少于 2 名时，则比赛无效。列入替补名单的替补队员不得超过 7 名，比赛中可随时替换场上队员，被换下场的队员可再次作为替补队员参加同场比赛，换人时队员必须在换人区进出场地。替换守门员必须在成死球时进行。

（2）比赛时间：比赛分两个半场，每半场为 20 分钟。球队可在每个半场要求一次 1 分钟的暂停，暂停须在成死球时进行，队员此间不得离场。上半场后休息时间不得超过 10 分钟。

（3）直接任意球：裁判员如果认为，队员草率地、鲁莽地或使用过分的力量出现下列 6 种犯规中的任何一种，将判给对方踢直接任意球。

①推对方队员。

②跳向对方队员。

③踢或企图踢对方队员。

④冲撞对方队员，即使用肩部也不允许。

⑤绊摔或企图绊摔对方队员。

⑥打或企图打对方队员。

队员如果出现下列任何犯规，也判给对方踢直接任意球。

①向对方队员吐唾沫。

②故意手球（守门员在本方罚球区内除外）。

③拉扯对方队员。

④当对方队员踢球或正欲踢球时，对其进行铲球（铲球拦截）。守门员在本方罚球区除外，但不允许草率地、鲁莽地使用过分的力量。

（4）间接任意球：守门员如果出现了如下犯规，判由对方踢间接任意球。

①以手触及或控制同队队员故意踢给他的球。

②用手触及或控制同队队员直接踢给他的界外球。

③将球发出后，球未越过中线或未经对方队员踢或触及再接受同队队员的回传。

④在场内的任何区域（对方半场除外），以手或脚去触及或控制球超过4秒。

如裁判员认为队员出现了如下犯规，则也判由对方在犯规地点踢间接任意球。

①动作具有危险性。

②阻止对方守门员将球从手中发出。

③队员不去踢球而故意阻挡对方。

④出现了其他犯规，裁判员因此需暂停比赛，对犯规队员进行警告或罚令出场。

（5）罚球点球：室内5人制比赛进行中，无论球在什么位置，如果队员在本方罚球区内出现了上述犯规中的任何一种，应被判罚球点球。

（6）踢界外球和角球：踢球前对方队员应至少离球5米。踢球时应将球放稳，并在此后4秒钟内将球踢出，否则判对方踢球。

（7）掷球门球：须由守门员在罚球区内将球掷出罚球区外，但不能直接在空中越过中线，否则将由对方在中线上任意一点踢间接任意球。

（8）犯规和不正当行为：

①判罚直接任意球的犯规，除11人制竞赛规则规定的之外，还包括铲球和合理冲撞。

②判罚间接任意球的犯规，守门员违例。

A. 守门员抛球后，未经任何队员触及而越过中线，直接落在对方半场，则由对方在中线上任何一点罚间接任意球。

B. 守门员用手接控同队队员回传球，包括踢界外球和用脚以外的回传，则由对方在离犯规点最近的6米线上罚间接任意球。

C. 在任何场地区域，用手或脚控制球超过4秒钟。

D. 在抛或传出球后，球未过中线或未经对方队员触及，而接受同队队员的传球。

C、D两项在犯规地点罚间接任意球，如犯规地点在罚球区内，则在就近的6米线上罚间接任意球。

（9）累计犯规：当某队在半场时间内累计犯规5次之后，再次犯规时，不管是何种犯规，对方罚此任意球均可直接射门得分，且防守时不得采用"人墙"。踢此任意球前，除守门员和主罚队员外，其他队员必须站在球与球门线平行和罚球区外的无形线之外，且至少离球 5 米。守门员必须站在己方罚球区内并至少离球 5 米处。主罚队员必须直接射门，球被踢出后，任何队员不得触球，直至球被守门员触及或由球门柱和横梁弹回或球被踢出比赛场地。当一个可获间接任意球的犯规发生在罚球区内时，此任意球须在靠近犯规地点的 6 米线上执行。当队员在对方半场或在本方半场与球门线平行距离 10 米的第二罚球点的无形线之外犯规，则任意球必须在第二罚球点上执行。当犯规在本方半场且在无形线之内，则任意球由主罚队任意选择在犯规地点或第二罚球点上执行。如进行加时赛，下半场的累计犯规需在加时比赛中继续累加。

（10）计时员职责：①确保比赛赛足规定的时间，即在比赛进行当中须开表计时，在比赛成死球时须停表。②当有队员被罚出场时，执行计时两分钟的罚则。③当全场或半场及加时比赛结束时，应以哨声示意结束比赛。④记录各队暂停次数，当教练员请求暂停时，应向裁判员示意。⑤记录各队每半场的前 5 次犯规。

（11）主裁判员和副裁判员：由主副两名裁判员执法，主裁判员和副裁判员以对角斜线为界，各自主要负责自己半边场上的判罚。主裁判员在远离记录台一侧，副裁判员在靠近记录台一侧，两者拥有同样的职权，但当两人判罚不一致时，须以主裁判员的判罚为准。副裁判员除拥有和主裁判员相同的职责之外，还应该在运动员被罚出场时，执行两分钟的停赛计时，负责执行 1 分钟暂停的计时，保证替换队员是按规则要求出、入场。

（三）4 人制足球竞赛规则

1. 比赛场地及用球

（1）比赛场地：场地长度为 25～30 米，宽度为 15～20 米，球门高度为 1.3 米，宽度为 4 米，其他各场区大小如图 10-3 所示（有的比赛场地是用高度为 1 米的围板将场地围绕，球触及围板不算出界）。

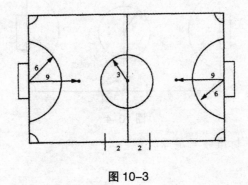

图 10-3

（2）比赛用球：国际标准 4 号足球。

2. 比赛通则

（1）队员人数：每队场上队员至多 4 名，其中 1 名必须为守门员，比赛中一队少于 2

名队员则比赛无效，替换队员的要求与 5 人制规则相同。

（2）比赛时间：上下半场各 15 分钟，全场 30 分钟，中场休息 3 分钟。

（3）任意球、角球和踢界外球：队员踢以上定位球时，对方队员必须至少离球 3 米。踢球队员须将球放稳，此后在 4 秒钟内将球踢出，否则判对方踢球。其他规则要求与 5 人制相同，但无累计犯规的限定。

（4）罚球：

①6 米罚球。在 6 米罚球点执行，罚球时只有主罚队员和守门员可进入球门区，罚球踢出后，主罚队员必须立即离开球门区，方能继续参与比赛。主罚队员踢球前支撑脚不能移动（即不能助跑），也不可做任何假动作。

②9 米罚球。在 9 米罚球点执行，罚球点和守门员之间不可有其他防守队员，主罚队员踢球前可移动一步，但不可做假动作（对守门员的要求与 11 人制规则相同）。

（5）区域限制：比赛中，场上队员不许进入球门区，只有守门员可在球门区内活动，且不得离开此区。守门员进入己方球门区，应判由攻方队员罚 9 米罚球。攻方队员进入守方球门区，应判守方队员在球门区 3 米外最近犯规地点踢直接任意球。如守门员离开己方球门区，则判对方罚 6 米罚球。守门员离开球门区阻球时，裁判员可根据有利条款不判罚，但事后应警告该队员。如果攻方队员射门后冲入对方球门区，射中则判有效，未射中则判越区犯规。

（四）3 人制足球竞赛规则

1. 比赛场地及用球

（1）比赛场地：场地长度为 24～28 米，宽度为 14～16 米，球门高度为 0.8 米，宽度为 1.2 米，其他场区情况具体如图 10-4 所示。

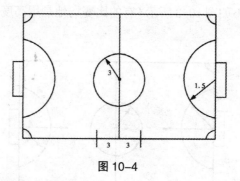

图 10-4

（2）比赛用球：国际标准 4 号足球。

2. 比赛通则

（1）队员人数：比赛开始时每队场上队员至多 3 名，不设守门员，比赛中一方场上队员不足 2 名时则比赛无效，算对方获胜。替换队员与 5 人制规则相同。

（2）任意球、角球和踢界外球与 4 人制规则相同。

（3）罚球点球：守方队员在球门区内被判直接任意球犯规时，一律判罚球点球（包括队员在本方球门区内触球），罚球点为球场的中点。罚球点球时，除主罚队员之外，双方其他队员必须站在中线的另侧，并至少距离球 3 米。

（4）射门得分有效：在球越过中线进入对方半场后的射门得分才有效。

其他规则要求与 5 人制相同，但无累计犯规的限定。

第十一章　足球运动的竞赛组织与欣赏

　　足球运动赛事众多，学生要看懂足球比赛，需要掌握一定的竞赛规则，并掌握相关的组织与欣赏知识。本章对足球运动的竞赛与欣赏进行介绍，包括足球运动的基本规则、组织编排以及欣赏等内容。通过本章的学习，学生要了解足球运动的基本规则及编排方法，能够看懂足球比赛，掌握足球运动欣赏礼仪，提高欣赏足球比赛的能力。

第一节　足球运动的基本规则

一、足球比赛场地、器材

（一）球场

1. 场地表面

　　根据竞赛规程规定，足球比赛可以在天然或人造场地上进行。人造场地的颜色必须为绿色。另外，在国际足联所属会员协会代表队之间或国际俱乐部之间比赛中使用的人造草坪，球场表面必须符合《国际足联足球场地质量概念》或《国际人造草坪标准》的要求。经国际足联特许批准使用的人造草坪除外。

　　球场地面必须平坦，硬度合适，以不伤害运动员和不影响球的正常运行为原则。

2. 场地大小

　　球场边线的长度必须长于球门线的长度，其长度范围为 90 ～ 120 米，宽度（球门线）为 45 ～ 90 米。国际足球运动竞赛场地长度范围为 100 ～ 110 米，宽度为 64 ～ 75 米。国际足联规定世界杯决赛场地为长 105 米、宽 68 米。

（二）界线

　　（1）球场各线须与地面齐平，不得做成 V 形凹槽或高出地面的凸线，线的颜色须清晰，亦可用熟石灰粉画线。

　　（2）正式比赛时，场地各线宽度不超过 12 厘米，边线与球门线的宽度应包括在场地面

积之内，其他各线亦包括在该区面积之内。球门区和罚球区的丈量都应从球门柱内沿和球门线外沿量起。球门线的宽度必须与球门柱的宽度相等。

（三）中线

（1）中线把全场划分两个相等的半场，中线的宽度属于双方本半场面积的组成部分。

（2）开球时队员必须站在本方半场内，在裁判员鸣哨后，当球被踢并向前移动时，比赛即为开始，队员方可进入对方半场。

（3）队员在本方半场无越位犯规。

（四）边线与球门线

（1）边线与球门线构成了足球场的面积，比赛开始后，未经裁判员允许，队员不得擅自出场或进场。

（2）当球的整体从地面或空中越过边线或球门线时即为球出界，成死球，分别通过掷界外球、踢球门球或踢角球恢复比赛。

（五）门柱之间的球门线

（1）它是判断球是否进门的标志线，只有当球的整体从球门内的地面或空中越过球门线时方可算球进门。

（2）罚球点球时，球被踢出前，守门员必须留在球门线上。

（3）踢间接任意球时，球离对方球门线不足9.15米，允许守方队员站在球门线上。

（六）球门区

在足球比赛场地的两端距球门柱内侧5.5米处的球门线上，向场内各画一条长5.5米与球门线垂直的线，一端与球门线相接，另一端画一条连接线与球门线平行，这3条线与球门线范围内的区域称为球门区。

（1）踢球门球或在本方球门区内获得罚任意球时，球可放在球门区内任何地点。

（2）当球在球门区内裁判员令比赛停止需要以坠球恢复比赛时，应在停止比赛时球所在地点最近的与球门线平行的球门区线上坠球。

（3）凡获得在对方球门区内踢间接任意球时，应在离犯规地点最近的与球门线平行的球门区线上执行。

（七）角球弧

角球弧是指以边线和球门线外沿交点为圆心，1米为半径，向场内各画一段1/4的圆弧。而这个弧内的区域，称为角球区。

（1）当队员将球踢（触）出本方球门线时，由对方在离球出球门线处较近的角球弧踢角球。

（2）踢角球时，球的整体必须放在角球区内。

（八）罚球区

在足球比赛场地两端距球门柱内侧 16.5 米处的球门线上，向场内各画一条长 16.5 米与球门线垂直的线，一端与球门线相接，另一端画一条连接线与球门线平行，这 3 条线与球门线范围内的区域，称为罚球区。

（1）在本方罚球区内守门员可以用手触球。

（2）队员在本方罚球区内犯规，出现规则中应判罚直接任意球的 10 项犯规之一者，都判"罚球点球"，如踢或企图踢对方队员；绊摔或企图绊摔对方队员；跳向对方队员；冲撞对方队员；打或企图打对方队员；推对方队员；抢截对方队员；拉扯对方队员；向对方队员吐唾沫；除守门员外，故意手球。

（3）踢球门球或在本方罚球区内踢任意球，应注意以下几点。

①对方应退出罚球区（裁判员在执行此项规定时可根据有利条款处理）。

②踢任意球时对方须至少距球 9.15 米。

③必须把球直接踢出罚球区外的场内，比赛方为恢复。

（4）罚球点球时，除主罚队员与守门员外，其他队员均应在该罚球区外的比赛场内，并至少距罚球点 9.15 米以及罚球点的后面。

（5）守门员在本方罚球区内以手控制球进入比赛状态后，须经其他队员触及后，方可再次用手触球。

（九）罚球点

罚球点是指在两球门线中点垂直向场内量 11 米处，而做的一个清晰的标记。

踢罚球点球时，球必须放定在罚球点上。当罚球点模糊不清时，由裁判员确定罚球点的位置。

（十）罚球弧

罚球弧是指以罚球点为圆心，在罚球区外所画的一段半径为 9.15 米的弧线。

罚球点球时，除主罚队员与守门员外，其他队员均须站在罚球区及罚球弧外，球被踢动向前比赛恢复时方可进入。

（十一）开球点

开球点是指球场中线的中点。开球时，球必须放定在开球点上。

（十二）中圈

中圈是指以足球场中线的中点为圆心，所画的半径为 9.15 米的圆圈。

开球时，守方队员须站在本方半场的中圈外，这同罚任意球时，守方队员须站在 9.15 米以外的意义相同。

（十三）角旗

（1）角旗杆的高度不得低于 1.50 米，杆的顶端应圆平。角旗颜色应与助理裁判员用旗的颜色有明显区别。角旗可用 30 厘米 ×40 厘米的布或绸料制成。

（2）角旗垂直竖于边线与端线外沿的交点处，是判断球出边线与球门线的标志。

（十四）中线旗

在中线两端边线外至少 1 米处，可各竖立一面与角旗相同但颜色不同的中线旗，作为中线的标志。它对判断越位有益。

（十五）球门

球门应设在球门线的中央，由两根内沿相距 7.32 米与两边角旗点相等距离的直立门柱，以及一根下沿离地面 2.44 米的水平横木连接组成。无论是固定球门或可移动球门都必须稳定地固定在场地上。门柱及横木的宽度、厚度与球门线的宽度，均应对称相等，不得超过12 厘米。球门应为白色。不准运动员在横木上做悬垂动作，违者应予以警告。

（十六）球门网

球门网的作用是供裁判员判断球是否进入球门，因此球门网只能挂在球门后面的横木、立柱上并紧紧贴牢，下端钉在地上，不得使球穿过。

球门网应适当撑起，使守门员有充分的活动空间，使球进入网后不致弹出。

（十七）场地四周

（1）离边线 6 米处，不得有观众和任何障碍物。

（2）在比赛场地外，距角球弧 9.15 米且垂直于球门线处画一标记，示意罚角球时防守队员须站在此标记之后。

（3）在替补席两侧向外 1 米，距边线至少 1 米之内的区域称为技术区域。只允许 1 人在技术区域内进行战术指挥，指挥后立即返回替补席，不得干扰裁判员工作。

（十八）场地检查

场地的检查是由裁判员来负责的，在足球比赛开始前和中场休息时，对于模糊不清的界限要令有关部门补画清晰。

二、球

（1）足球比赛中所使用的球用皮革或其他适当的材料制成。在比赛中所使用球的颜色应与场地颜色有区别，夜间灯光场地比赛需用黑白色球。裁判员在比赛前应对比赛用球进行严格检查。

（2）在比赛开始时，球的圆周应在 68 ～ 70 厘米范围内，球的重量应为 410 ～ 450 克。

（3）在海平面上球的压力等于 0.6 ～ 1.1 个大气压力。应考虑到场地的性质、硬度及地理位置等因素而适当掌握。

在比赛中，球的更换应遵循以下几点要求。

（1）若在比赛过程中，球出现破裂或损坏。

①停止比赛。

②用更换的球在原球损坏时所在地点坠球重新开始比赛。除非裁判员在球门区内停止比赛，在此情况下，裁判员用更换的球在比赛停止时距原球所在地点最近的、与球门线平行的球门区线上坠球重新开始比赛。

（2）当罚点球或以踢点球决胜期间，如果球向前移动后未触及任何队员、横梁或球门柱，球发生破裂或损坏，应重罚点球。

（3）若在开球、球门球、角球、任意球、罚球点或掷界外球等比赛停止时，球出现破裂或损坏，应按照相应的规定重新开始比赛。

另外，在比赛中未经裁判员许可不得更换球。

三、队员人数与装备

（一）队员人数

一场足球比赛由两队参加，每对上场队员不得多于 11 名，其中，必须有 1 名为守门员。如果任何一队少于 7 人则不能开始比赛。

1. 替补队员人数

（1）正式比赛

在由国际足联、洲际联合会或会员协会主办的正式比赛中，每场比赛最多可以使用 3 名替补队员。竞赛规程应说明可以有几名替补队员被提名，从 3 名到最多不超过 7 名。

（2）其他比赛

在国家队比赛中，最多可使用 6 名替补队员。

其他所有比赛，只要符合下列条件即可增加替补队员数量。

①双方关于替补人数达成一致意见。

②比赛前通知裁判员。

如果赛前没有通知裁判员，或双方未达成一致意见，替补队员不能超过 6 名。

2. 替补程序

所有比赛，开始前必须将替补队员名单提交裁判员。任何未在赛前提交姓名的替补队员不得参加比赛。

替换队员时必须遵守以下规定。

（1）替换前必须通知裁判员。

（2）替补队员在被替换队员离场并得到裁判员信号后方可进入比赛场地。

（3）替补队员只能在比赛停止时从中线处进场。

（4）当替补队员进入比赛场地，即完成了替换程序。

（5）从那时起，替补队员成为场上队员，而被替换队员终止为场上队员。

（6）被替换下场的队员不得再次参加该场比赛。

（7）所有替补队员无论上场与否，裁判员均有权对其行使职权。

3. 更换守门员

任何场上队员都可与守门员互换位置，竞赛规则规定：互换位置前通知裁判员；在比赛停止时互换位置。

4. 违规与判罚

对于队员违规与判罚，主要有以下几种情况。

（1）若一名替补队员或被替换下场的队员未经裁判员许可进入比赛场地，判罚如下。

①裁判员停止比赛（如果该替补队员或被替换下场的队员没有干扰比赛，不必立即停止比赛）。

②裁判员以非体育行为警告该队员并令其离开比赛场地。

③如果裁判员暂停比赛，应在比赛停止时球所在地点由对方踢间接任意球重新开始比赛（参见任意球的位置）。

（2）若一名队员与守门员互换位置前未得到裁判员许可，判罚如下。

①裁判员允许比赛继续。

②当比赛停止时，裁判员警告有关违例队员。

（3）对比赛中违规的判罚。

①警告相关队员。

②在比赛停止时球所在地点由对方队员踢间接任意球重新开始比赛。

5. 队员和替补队员被罚令出场

队员在开球前被罚令出场，只可从被提名的替补队员中选一人替换。凡被提名的替补队员被罚令出场，无论是在开球前或在比赛开始后，均不得替换。

（二）队员装备

在足球比赛中，出于对运动员安全的考虑，运动员不得使用或佩戴可能危及自己及其他队员的装备或任何物件（包括各种珠宝饰物）。

足球运动员的装备要求如下。

1. 队员必需的基本装备

（1）有袖子的运动上衣，若穿内衣，其袖子的颜色必须与运动上衣袖子的主色相同。

（2）短裤，若穿着紧身短裤或紧身长裤，其必须与短裤的主色相同。

（3）护袜、球鞋。

（4）护腿板，必须有护袜全部包住，它是由橡胶、塑料或其他类似材料制成，能够提供适当程度的保护。

2.*颜色*

（1）参赛双方队员的着装颜色必须相互区别，同时也应不同于裁判员和助理裁判员的着装颜色。

（2）每名守门员的服装颜色必须有别于其他队员、裁判员和助理裁判员。

四、比赛时间

正式比赛分为两个时间相等的半场，每半场为 45 分钟，即整场比赛时间为 90 分钟。特殊情况经裁判员和双方同意另定除外。任何改变比赛时间的协议必须在比赛开始之前制定，并符合竞赛规程。

（一）中场休息

（1）队员有中场休息的权利。

（2）中场休息不得超过 15 分钟。

（3）竞赛规程必须注明中场休息的时间。

（4）只有经裁判员同意方可改变中场休息时间。

（二）允许补充的时间

在足球比赛中，补充消耗时间的多少由裁判员酌情决定。在每半场比赛中，以下损失的所有时间应予补足。

（1）替换队员。

（2）对队员伤势的估计。

（3）将受伤队员移出比赛场地进行治疗。

（4）浪费的时间。

（5）任何其他原因。

（三）罚球点球

如果执行罚球点球或重新执行罚球点球，每半场结束时间可延长至罚球点球结束。

（四）中止的比赛

除竞赛规程另有规定外，中止的比赛应重新进行。

五、比赛开始和重新开始

（一）开球

1.*开球的定义*

开球是比赛开始和重新比赛的一种方式。在足球比赛中，适用开球的情况主要有：在比赛开始时；在进球得分后；在下半场比赛开始时；在加时赛两个半场开始时；开球可以直接

射门得分。

2. 程序

（1）在比赛或加时赛开始开球之前

①掷硬币，猜中一方选择上半场进攻方向。

②另一队开球。

③猜中一方在下半场开球。

④下半场两队交换比赛场地并且向对方球门进攻。

（2）开球

①一个队进球之后，由另外一个队开球。

②所有队员必须在本方本场之内。

③防守队员距球至少 9.15 米直到比赛开始。

④球必须放定在球场中点上。

⑤裁判员给出信号。

⑥当球被踢并向前移动，比赛即为开始。

⑦踢球队员在其他队员未触及球之前不得再次触球。

3. 违规与判罚

如果开球队员在其他队员触球前再次触球：由对方队在违例发生地点踢间接任意球。

在开球程序上的其他违例：重新开球。

（二）坠球

1. 坠球的定义

坠球是重新开始比赛的一种方式。在比赛进行中，裁判员因竞赛规则未提及的原因而需要暂停比赛，之后应以坠球重新开始比赛。

2. 程序

裁判员在比赛停止时球所在地点坠球。除非比赛在球门区内被暂停，在此情况下，应在与球门线平行的球门区线上、在比赛停止时距球最近的位置坠球重新开始比赛。

当球触地比赛即为重新开始。

3. 违规与判罚

当出现下列两种情况时，应重新坠球。

（1）如果球在接触地面前被队员触及。

（2）如果球在接触地面后未经队员触及而离开比赛场地。

六、比赛停止及进行

（一）比赛停止

在足球比赛中，出现下列情况时，比赛停止。

（1）当球无论从地面或空中全部越过球门线或边线时。

（2）当比赛已被裁判员停止时。

（二）比赛进行

除比赛成死球以外的其他所有时间均为比赛进行中，如下。

（1）球从球门柱、横梁或角旗杆弹回场内。

（2）球从比赛场地上的裁判员或助理裁判员身上弹回场内。

七、计胜方法

（一）进球得分

当球的整体从球门柱间及横梁下越过球门线，而此前攻进球的队未违反竞赛规则，即为进球得分。

（二）获胜的队

在比赛中进球数较多的队为胜者。如两队进球数相等或均未进球，则比赛为平局。

（三）竞赛规程

当竞赛规程要求一场比赛或主客场两回合比赛成平局后需要决出胜者时，只能遵循下列经国际足球理事会批准的程序决胜：客场进球规则、加时赛、踢球点球。

八、裁判员的权限与职责

每一场足球比赛都由一名裁判员控制，他具有全部权利去执行与比赛有关的竞赛规则。其权限与职责如下。

（1）执行竞赛规则。正确地执行竞赛规则，对故意犯规者给予判罚是裁判员的主要职责之一。凡判罚犯规后，不必解释判决的理由。队员犯规，如果裁判员根据"有利条款"而不判罚，使比赛继续进行，而预期的"有利"没有在那一刻产生，裁判员应对最初的犯规进行判罚。

（2）与助理裁判员及当有第四官员时，和他们一起控制比赛。裁判员与助理裁判员应该相互信任与支持。在裁判员位置好、看得准的情况下，应该独立地作出判决。对于裁判员未能发现的情况，应依照助理裁判员提供的信号或征求助理裁判员意见作出处理。

（3）确保任何比赛用球符合竞赛规则要求。审定比赛用球是裁判员的职责之一。在比赛中，如果某队提出球不合规格时，裁判员应当考虑，至于是否调换，由裁判员决定。

（4）确保队员装备符合竞赛规则要求。

（5）记录比赛时间和比赛成绩。比赛时间的记录应由裁判员完成，不得交给助理裁判员或第四官员执行。助理裁判员的计时只是起协助作用。为更充分地利用比赛所规定的时间，应做到：比赛期间减少不必要的停顿；尽量缩短比赛暂停时间，如受伤、换人、掷界外球、

罚任意球等，尽快恢复比赛；补足因故损失的时间。比赛成绩的记录：当队员进球时，裁判员应记录进球的时间、队员号码和被警告与罚出场的队员号码、时间、原因，便于赛后向主办机构作出书面报告。

（6）因违反规则停止、推迟或中止比赛。

（7）因外界干扰停止、推迟或中止比赛。

（8）如果裁判员认为队员受伤严重，则停止比赛，并确保将其移出比赛场地。受伤的队员只有在比赛重新开始后才能重返比赛场地。

（9）如果裁判员认为队员只受轻伤，则允许比赛继续进行直到比赛停止。

（10）确保队员因受伤流血时离开比赛场地。该队员经护理后流血停止。在得到裁判员信号后方可重回场地。

（11）当一个队被犯规而根据"有利"条款能获利时，则允许比赛继续进行。如果预期的"有利"在那一时刻没有接着发生，则判罚最初的犯规。

（12）当一名队员同时犯有一种以上的犯规时，则对较严重的犯规进行判罚。

（13）裁判员不必立即向应被警告和罚令出场的队员进行处罚，但当接下来比赛停止时必须那样做。

（14）向对自己行为不负责任的球队官员进行处罚，并可酌情将其驱逐出比赛场地及周围地区。

（15）对于自己未看到的情况，可根据助理裁判员的意见进行判罚。

（16）确保未经批准的人员不得进入比赛场地。

（17）比赛停止后示意重新开始比赛。

（18）将在赛前、赛中或赛后向队员和球队官员进行的纪律处罚以及其他事件的情况用比赛报告提交有关部门。

九、助理裁判的职责

每场比赛应委派两名助理裁判员，他们的职责由裁判员决定，主要有以下几个方面。

（1）当球的整体离开比赛场地时，助理裁判员用旗子示意球出界，应由某队掷界外球、踢角球或球门球。

（2）当队员所处位置可以被判罚越位时，助理裁判员示意越位及裁判员未看到的犯规和不正当行为。

（3）协助裁判员记录比赛时间、进球队员号码及被警告或罚出场队员的号码和犯规情况，用旗子向裁判员提示替补队员。

（4）协助裁判员按照比赛规则控制比赛时，助理裁判员可提供意见，但最终由裁判员决定。

（5）助理裁判员要及时跑到适当的位置，看清楚球的整体是否越过球门线。但当裁判员示意进球有效时，助理裁判员不得有任何表示并跑向中线。

（6）助理裁判员所用旗子的颜色应鲜明易见，要与看台背景和队员上衣的颜色有明显区别。小旗的面积宜为 30 厘米 ×40 厘米，旗杆长 45 厘米，旗的用料不宜太软或太薄。

十、犯规与不正当行为

足球运动是一项竞争激烈的体育项目，比赛中队员之间经常发生身体接触与碰撞。裁判员要根据规则精神识别和区分合理动作与故意动作、勇猛顽强与粗野动作、良好风格与不正当行为。裁判员必须依据竞赛规则的有关条款对场上出现的严重犯规和暴力行为进行严厉的处罚。严重犯规是指队员在抢球过程中对对方队员施加故意的暴力性犯规行为。暴力行为是指比赛进行中或比赛成死球时队员目的不在球，而向对方队员施加的暴力性犯规行为。在足球比赛中，当出现以下行为时，将被判罚犯规或不正当行为。

（一）判罚直接任意球

在足球比赛中，如果队员草率地、鲁莽地或使用过分的力量，出现下列 10 种犯规中的任意一种，将判给对方直接任意球。

（1）踢或企图踢对方队员：踢球是比赛中重复最多的动作，在激烈对抗的情况下，会发生踢人的现象，因此，裁判员必须分清"有意"还是"无意"。"企图踢"是指已做出踢人动作，只是由于没有踢准或被踢者躲闪等原因而未触及人，对此仍应判罚直接任意球。

（2）绊摔或企图绊摔对方队员：指队员故意用脚或腿勾绊对方下肢，或用身体的蹲伏动作绊摔对方从而使对方失去平衡的犯规。

（3）跳向对方队员：指队员跳起的目的不在球，而向对方进行冲撞或蹬踏的犯规。

（4）冲撞对方队员：足球比赛快速、激烈，队员间避免不了身体接触，规则允许作合理冲撞。所谓合理冲撞必须符合：冲撞的目的在于球；冲撞时球必须在双方控制范围内（一般指在 2 米范围内）；必须用肩至肘关节部位冲撞对方相应部位，并且上臂不得扩张；力量应适当，不得猛烈或带有危险性。

（5）打或企图打对方队员：打人是严重的犯规行为，应严厉处罚，罚令出场。至于比赛中队员的手臂无意地碰触他人的动作，则不应判罚。

（6）推对方队员：指队员故意用手或臂推对方队员的犯规。

（7）抢截对方队员：为了得到球的控制权而抢截对方队员时，与触球前触及对方队员。

（8）拉扯对方队员：指队员用手或臂故意拉扯对方队员，以达到阻碍对方队员自由行动的犯规。

（9）向对方队员吐唾沫：这是一种恶劣行为，应将该犯规队员罚令出场并由对方在犯规地点踢直接任意球。

（10）故意手球：指除本方守门员在罚球区内外，其他队员故意用手或臂部携带、击或推球，或者队员蓄意用手或臂部扩大防守面积，以谋取利益，均属犯规。球无意触手则不判罚。

（二）判罚间接任意球

在足球比赛中，当队员违反以下几种情况时，应判罚间接任意球。

（1）如果守门员在本方罚球区内出现下列 4 种犯规中的任意一种，将判给对方踢间接任意球。

①用手控制球后在发出球之前持球超过 6 秒。

②在发出球之后未经其他队员触及，再次用手触球。

③用手触及同队队员故意踢给他的球。

④用手触及同队队员直接掷入的界外球。

（2）裁判员认为，队员在出现下列情况时，也将判给对方踢间接任意球。

①以危险方式比赛。

②阻碍对方队员行进。

③阻挡对方守门员从其手中发球。

④因规则本款之前未提及的任何其他犯规而停止比赛，对队员进行警告或罚令出场。

（三）纪律处罚

在足球运动中，黄牌表示警告场上队员、替补队员或被替换下场的队员。红牌表示将场上队员、替补队员或被替换下场的队员罚出场。只允许对场上队员、替补队员或替换下场的队员出示红牌或黄牌。裁判员从进入比赛场地开始直到比赛结束后离开场地前，均有权进行纪律处罚。队员无论是在比赛场内或场外，无论是直接对对方队员、同队队员、裁判员、助理裁判员或其他人犯有应被警告或罚令出场的行为，都将根据犯规性质进行处罚。

（四）可警告的犯规

如果队员出现下列 7 种犯规中的任意一种，将被警告并被出示黄牌。

（1）犯有非体育行为。

①跳起用手拉球门横木。

②向观众做鬼脸、打手势等。

③胜一球后脱掉上衣。

④场上抽烟。

（2）以语言或行动表示不满。如判罚犯规后，队员鼓倒掌、提抗议及故意将球踢向远处等。

（3）持续违反规则。

（4）延误比赛重新开始。如踢球门球、角球、掷界外球时故意延误时间。

（5）当以角球、任意球或掷界外球重新开始比赛时，不退出规定的距离。

（6）未得到裁判员许可进入或重新进入比赛场地。

（7）未得到裁判员许可故意离开比赛场地。但在下列情况下，不应判为擅自立场。

①队员由于奔跑冲力过大跑出场外。

②队员在边线或球门线附近运球，从界外绕过对方后回到场内。

③球在场内边线或球门线附近，队员从线外助跑踢球。

④处在越位位置的队员，为了表明自己不参与比赛而临时跑出场外。

（五）罚令出场的犯规

如果队员、替补队员或被替换下场的队员出现下列 7 种犯规中的任意一种，将被出示红牌罚令出场。

（1）严重犯规。

（2）暴力行为。

（3）向对方或其他任何人吐唾沫。

（4）用故意手球破坏对方的进球或明显的进球得分机会（不包括守门员在本方罚球区内）。

（5）用可能被判为任意球或球点球的犯规，破坏对方向本方球门移动着的明显的进球得分机会。

（6）使用无礼、侮辱性或辱骂性的语言。

（7）在同一场比赛中得到第2次警告。

被罚令出场的队员、替补队员或替换下场的队员必须立即离开比赛场地附近及技术区域。

十一、任意球

在足球比赛中，任意球分为两种，即直接任意球和间接任意球。

（1）判罚直接任意球或间接任意球的条件，必须具备以下4条。

①犯规队员为场上队员。

②队员违反规则的有关规定。

③犯规地点是在比赛场地内（掷界外球除外）。

④犯规时间是在比赛进行中（执行罚点球及掷界外球除外）。

（2）直接任意球可以直接踢入对方球门得分。如果直接踢入本方球门，将由对方踢角球。

（3）间接任意球直接踢入对方球门，由对方踢球门球。如果直接踢入本方球门，将由对方踢角球。

（4）在本方罚球区内踢直接或间接任意球。

①对方队员距球至少9.15米。

②对方队员应站在罚球区外直到比赛恢复。

③当球直接踢出罚球区时比赛即为恢复，球未被直接踢出罚球区应重踢。

④可以在球门区内任何地点踢任意球。

（5）在对方罚球区内踢间接任意球。

①所有对方队员距球至少9.15米直到比赛恢复，如果球距球门线不足9.15米时，允许对方队员站在球门线上。

②当球被踢并移动时比赛即为恢复。

③在对方球门区内踢间接任意球时，应在距犯规地点最近的与球门线平行的球门区线上执行。

（6）在罚球区外踢任意球。

①对方队员距球至少9.15米，直到比赛恢复。

②当球被踢并移动时，比赛即为恢复。

③在犯规发生地踢任意球。

足 球

（7）踢任意球时，在裁判员发出信号后比赛恢复前，守方队员非法侵入规定范围阻挡对方踢球，裁判员可按"有利条款"精神掌握，必要时可重踢任意球，并警告非法侵入者。如果主罚队员没有要求对方离开 9.15 米时，裁判员就不必非等到对方退出规定距离后才发出踢球信号。

十二、罚点球

在比赛进行中，若队员在本方罚球区内犯有可判为直接任意球的 10 种犯规中的任意一种，应判罚点球。

（1）对于在罚球区附近发生的犯规，应看犯规动作的接触点，如人在罚球区内而犯规接触点在罚球区外，则应判罚直接任意球。

（2）罚点球可以直接进球得分。

（3）罚点球时球和队员的位置。

①球必须放定在罚球点上。

②明确主罚队员。

③防守方守门员，在球被踢出之前，必须停留在本方球门柱间的球门线上，面对主罚队员（可以左右沿线移动）。

除了主罚队员外的其他队员必须处于罚球区外的比赛场地内，并至少距发球点 9.15 米以及罚球点的后面。

（4）主罚队员必须将球向前踢，若主罚队员作横、回传，均属比赛尚未恢复，应重踢。当球被踢向前移动时比赛即为开始。主罚队员在球踢出后未经其他队员触球前不得再次触球，否则为"连踢犯规"，由守方在犯规地点踢间接任意球。

（5）当上半场或全场比赛终了而延长时间执行或重罚点球时，出现下列情况应结束比赛。

①球直接进门或出界。

②球触门柱或横木进入球门。

③球触守门员后进入球门。

④球连续触及门柱、横木和守门员后进入球门。

⑤球被守门员接住。

⑥球触守门员、门柱或横木后，又被守门员截住。

⑦球触门柱或横木弹回场内而未进球。

（6）执行罚点球时，在裁判员鸣哨后，比赛恢复前，主罚队员违反比赛规则或攻方其他队员过早侵入罚球区或罚球弧、罚球点前时，罚球应继续进行，罚中无效，应重罚。如果球未罚中：球直接出界，由对方踢球门球；球触及守门员、横木、门柱弹回场内而未进球时，若属主罚队员犯规，应立即停止比赛，并在犯规地点由对方踢间接任意球，若属攻方其他队员犯规，如果该队员触及了弹回场内的球，裁判员应停止比赛，由对方踢间接任意球。如果这种情况出现在延长时间执行罚点球时，则比赛应立即结束。

（7）执行罚点球时，在裁判员鸣哨后，比赛恢复前，守方守门员违反比赛规则或守方其他队员过早侵入罚球区或罚球弧、罚球点前时，罚球应继续进行，罚中有效，球未进应重罚。

（8）执行罚点球时，在裁判员鸣哨后，比赛恢复前，攻守双方队员违反比赛规则，无论球是否罚中，均应重罚。

（9）在比赛中或延长时间执行罚点球时，球被踢出后在运行中被外来因素阻止时，应重罚点球。在比赛中点球踢出后，球从守门员、球门横梁或球门柱弹回场内而被外来因素阻止时，裁判员暂停比赛，在球与外来因素接触的地点坠球恢复比赛。

（10）执行罚点球时，如果守门员拒绝守门，裁判员认为守门员是由于对判罚不满而拒绝守门，则应警告，经警告后仍拒绝守门，可罚令出场。

（11）如果比赛双方踢成平局，需要以互踢点球决定胜负时，有队员离开比赛场地，拒绝参加踢点球，裁判员应终止比赛，随后向主办机构提交书面报告。

十三、球门球

（1）球由地面或空中踢或触出对方球门线时，由对方在球门区内任何地点踢球门球恢复比赛，踢球门球可以直接得分。

（2）踢球门球时，对方队员在球被踢出罚球区前应站在罚球区外。当球直接踢出罚球区进入场内时，比赛方为恢复。

（3）踢球门球后，如球未被直接踢出罚球区或任何队员在罚球区内触及球，即未进入比赛，应令重踢。当队员将球踢出罚球区，比赛恢复后，未经场上其他队员触及，该队员再次触球，即为连踢犯规。

（4）踢球门球时，队员不得故意延误比赛时间，否则应给予警告。

十四、角球

（1）当队员踢或触球的整体在空中或地面从球门外越出本方球门线时，由对方队员将球的整体放定在离球出界处较近的角球弧内踢角球。

（2）角球可以直接胜一球。

（3）踢角球时，不得移动角旗杆，裁判员和助理裁判员发现队员移动角旗杆时应予制止。根据情节亦可予以警告。

十五、越位

越位是指队员较球和最后第 2 名对方队员更接近对方球门线。队员处于越位位置本身并不是犯规。

（1）构成越位的条件如下。

①该队员在对方半场。

②该队员较球更接近对方球门线。

③在该队员与对方球门线之间，对方队员不足两人。

只有同时满足上述 3 个条件，队员才能构成越位。

（2）队员处于越位犯规的情况如下。

处于越位位置的队员，在同队队员踢或触及球的一瞬间，裁判员认为其就下列情况而言"卷入"了现实比赛中时才被判为越位犯规。

①干扰比赛。

②干扰对方队员。

③利用越位位置获得利益。

（3）队员处于越位不犯规的情况如下。

队员直接从下列情况下接到球，则没有越位犯规。

①球门球。

②掷界外球。

③角球。

（4）违规与判罚：对于任何越位犯规，裁判员应判给对方在犯规发生地点踢间接任意球。

十六、掷界外球

（1）比赛中，当球的整体在地面或空中越过边线时即为球出界。应由出界前最后触球的对方队员在离球出界处的边线外一米范围内，将球掷入场内。防守队员不允许在掷球队员身前进行干扰。

（2）掷球时，两脚可以平行站立或前后站立，脚可以踏在边线上或边线外。不允许队员跪在地上掷界外球。

（3）掷球时，允许脚在地上滑动，但任何一脚不得全部离地。

（4）掷界外球的方法应是：双手持球置于头的后方，面向场内，两手平均用力，从头后经头顶用一个完整的连贯动作将球掷入场内。

（5）掷界外球时，以合法的动作故意掷击对方队员是犯规行为，应由对方在犯规接触点罚直接任意球。

（6）掷界外球不能直接胜一球。如果直接掷入对方球门，由对方踢球门球。如果直接掷入本方球门，由对方踢角球。球掷出并经其他队员触及而进入球门，应判胜一球。

（7）如队员不在球出界处掷界外球，裁判员应判由对方在原球出界处掷界外球。

第二节　足球运动竞赛的组织编排

足球运动竞赛的主办单位应根据竞赛工作计划安排有秩序地进行工作。组织竞赛是一项比较复杂而细致的工作，设计面广，它是决定竞赛能否顺利进行的关键，直接影响到竞赛任务的完成。根据竞赛规则来对比赛进行合理编排，才能确保比赛顺利有序进行。

一、足球运动竞赛的组织

足球运动竞赛的组织工作可分为竞赛前的组织工作、竞赛期间的组织工作和竞赛结束后的组织工作。

（一）竞赛前的组织工作

根据竞赛的性质、规模，足球比赛主办单位召集各有关部门成立比赛的领导机构——组织委员会，将比赛的组织方案、竞赛章程、工作计划、组织机构等重要问题提交领导机构审定。

1. 讨论和确定组织方案

竞赛组织方案应根据上级单位的竞赛工作计划和竞赛性质来确定，通常包括以下几方面内容。

（1）竞赛的名称、目的和任务。

（2）竞赛的规模。根据竞赛的目的来决定，主要内容应包括主办单位、承办单位，参加单位和运动员人数、竞赛地址和日期等。

（3）竞赛的组织机构。根据实际需要建立，内容包括竞赛的组织形式，工作人员的名额，组织委员会下设的主要工作部门及负责人名单等。

（4）竞赛的经费预算。应本着勤俭节约的原则，从实际需要来制定。其内容包括比赛场地的修建（租借）、器材设备、奖品、交通、食宿、接待、医药、奖金、工作人员补贴金等项目的经费预算。

2. 成立组织机构

根据工作需要来组建组织机构，并使组织机构的形式与规模与竞赛规模相适应。全国性或地区性的竞赛，一般是由中国足协或省、市足协主办。基层单位的竞赛应在有关系统和单位党政组织的领导下，由有关部门负责人组成领导机构，机构的设置应本着精干的精神。

根据竞赛规模的大小，可以分为以下两种组织形式。

（1）竞赛规模大的组织形式（图 11-1）

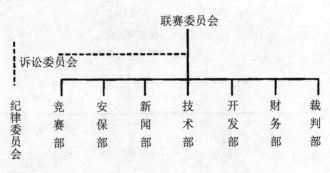

图 11-1

①联赛委员会。

A. 执行竞赛规程的各项规定。

B. 编排联赛日程。

C. 执行规定的罚款，收取报名费。

D. 处理异议（诸如运动员参赛资格等）。

E. 处理抗议（诸如场地、接待等）。

F. 兴奋剂检查。

G. 替换退出比赛队。

H. 监督检查商务合同和商务行为。

I. 更改比赛日期、地点、场地和开球时间。

J. 审核比赛用球、场地和设施标准。

K. 宣布最佳赛区、公平竞争优胜队、最佳运动员和最佳射手。

②诉讼委员会：主要负责受理按规定对纪律委员会决定的书面上诉。

③纪律委员会：负责处理比赛过程中的任何违纪事件。

④竞赛部：负责报名、审查资格、颁发比赛许可证、印制秩序册、检查比赛场地、收报异议或抗议等文函，发送联赛委员会及各部门的决定及通知，组织赛区评选，下发停赛通知以及其他比赛日常事务。

⑤安保部：负责报批委员会的统一工作证件，指导协调各赛区保卫工作。

⑥新闻部：负责管理联赛期间的各类新闻事宜。

⑦技术部：负责规划联赛期间的调研工作，提名各赛区调研人员报常委会批准，编写印发比赛资料，撰写联赛技术报告，组织联赛公平竞争球队、最佳运动员、最佳射手和南北明星队的评选。

⑧开发部：负责开发联赛的商务项目，落实中国足球协会与各赛区签署的有关协议，指导各赛区经营开发工作。

⑨财务部：全面管理联赛财务工作，收取联赛中的各项罚款，汇总并检查赛区和俱乐部的各项财务报表。

⑩裁判部：负责联赛裁判员和裁判监督的提名，负责裁判报表和红、黄牌的审核登记，对裁判员违纪事件上报处理意见。

（2）竞赛规模小的组织形式（图11-2）

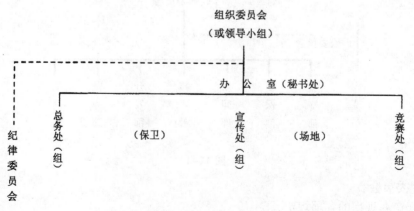

图11-2

①组织委员会（或领导小组）：领导大会的筹备、进行和总结工作。运动会联系面比较广，所以组织委员会成员应包括各有关方面的领导，以便解决大会各方面的工作问题。

A. 掌握竞赛的方针。

B. 研究和批准竞赛的工作计划。

C. 研究和批准竞赛规程。

D. 赛前听取筹备工作汇报，研究解决有关问题。

E. 赛后批准大会总结或处理有关的问题。

②办公室（或秘书处）。

A. 根据组委会（或领导小组）的决议，组织配备各部门的工作人员。

B. 制定各种规章制度与须知（如作息时间、会议制度和大会须知等）。

C. 拟定工作日程计划。主要内容有：组织委员会会议，裁判员报到日期，场地器材的准备，动员工作，开幕式和闭幕式，各代表队领队会议，组织学习报告或经验交流，大会总结等项工作。

D. 召开有关会议，统一解决各（处）组之间的问题。

E. 编造预算等事宜。

F. 负责对外联系。

③总务处（组）。

A. 编造大会期间的经费预算。

B. 做好大会的物质准备。如交通、食宿、医药、文具及其他用品等。

C. 大会的生活管理工作。及时召开各单位管理人员的会议，解决大会中有关生活方面的问题。

④宣传处（组）。

A. 组织大会党团活动。

B. 组织好大会的宣传报道工作。

C. 组织通讯报道与编辑会刊。

D. 准备学习材料，组织学习和讨论。

E. 组织有关参观等活动。

F. 研究制定先进队和先进个人的评选条件和细则。

⑤竞赛处（组）。

A. 组织报名，编印秩序册。

B. 筹备裁判工作。制订裁判员计划，包括人数、来源等。当裁判组到位后，在裁判长自导下开展裁判工作。

C. 召开有关会议，解决有关比赛的各种问题。赛前要召开裁判长、教练员联席会议。比赛期间必要时召开有关会议，解决比赛中出现的问题。

D. 准备场地和各种器材（包括场地设备、器材和裁判用具等）。

E. 安排各队练习，组织经验交流、座谈等。

F. 最后排列出各队名次。

3. 制定竞赛规程

竞赛规程的制定主要包括竞赛的名称；竞赛的目的任务；主办单位；比赛日期和地点；参加单位和各单位人数及资格等；报名和报到日期；竞赛办法；裁判员；采用的规则和用球；

录取名次和奖励办法以及其他事宜。

4. 制订工作计划

竞赛组织机构中的各部门应根据自己的职责范围，依据竞赛方案、竞赛规程规定的竞赛日期拟定出具体工作日期计划，有计划地做好赛前各项准备工作。另外，办公室或秘书处应定期检查准备工作的落实情况。

5. 纪律委员会的工作

纪律委员会的工作主要是研究和处理整个竞赛过程中所发生的违反竞赛规程和竞赛规则的代表队及个别运动员、裁判员、领队、教练员和随队其他工作人员，对其采取警告、暂停或取消比赛资格或工作资格等纪律措施。

（二）竞赛期间的组织工作

竞赛期间的组织工作主要有以下几个方面。

（1）在竞赛期间，应不断进行思想教育，端正比赛态度，正确对待胜负，正确对待裁判员，正确对待观众，对先进队和运动员进行表扬。

（2）竞赛组织工作中的有关成员应经常到球队中了解情况，征求意见及时改进工作。竞赛组每天及时公布成绩。

（3）大会各部门应经常与各队取得联系，听取意见改进工作。必要时召开领队、教练员、裁判长联席会议，及时处理和解决比赛中所发生的问题。

（4）场地组应经常对比赛场地、器材和设备进行检查和管理，保证竞赛顺利进行。

（5）治安保卫组要注意住宿和比赛场地的安全和秩序。

（6）当在竞赛期间遇到特殊情况需要对比赛日期、时间和场地进行调整时，竞赛组应及时通知有关部门和参赛各队。

（三）竞赛结束后的组织工作

竞赛结束后的组织工作如下。

（1）竞赛组织机构中的各部门对竞赛期间的工作进行总结。

（2）举行闭幕式，作总结报告和颁发奖品。

（3）安排和办理各队离会的有关事宜。

（4）组织委员会向上级汇报工作情况。

二、足球运动竞赛的编排

在足球运动竞赛中，常用的竞赛编排制度有淘汰制、循环制和混合制，具体内容如下。

（一）淘汰制

淘汰制又可分为单淘汰、双淘汰和主客场制淘汰 3 种方法。单淘汰是指在比赛中失败一次即失去比赛资格的方法；双淘汰是指在比赛中失败两次即失去比赛资格的方法；主客场制淘汰赛是指在比赛中按主客场两次比赛成绩之和而失败的队即失去比赛资格的方法。

单淘汰可在参赛队数多、场地少、时间短的情况下采用，但它的缺点是有些队参赛场次少，实践锻炼机会少，不利于互相学习，同时单淘汰的偶然性较大，名次评定难以完全公平合理。与单淘汰不同的是，双淘汰给初次失败的球队增加了一次机会，这样产生的名次较单淘汰相对合理一些。

淘汰制的编排方法如下。

1. 单淘汰的编排方法

（1）总场数和轮数的计算

单淘汰比赛总场数＝参赛队－1。

比赛轮数：若参加比赛队数等于2的乘方数，则比赛轮数等于2的指数，若参加比赛队数不是2的乘方数，则比赛轮数为略大于参赛队数的2的指数。例如8个队参加比赛，总场数为8－1＝7，轮数则因8是2的3次乘方，即比赛为3轮。又如有5个队参加比赛，总场数为5－1＝4，轮数是略大于5的2的乘方数，8是略大于5的2的3次乘方，所以比赛为3轮。

（2）轮空队的编排

如果参赛队伍数是2的乘方数，如4、8、16、32等，则第1轮比赛没有轮空，所有队都参加比赛。如果参赛队伍数不是2的乘方数时，则必须在第1轮的比赛中有一部分队轮空，使第2轮的比赛队数成为2的乘方数。这就需要先计算第1轮的轮空队数，公式如下。

轮空队数＝略大于参赛队数的2的乘方数－参赛队数。

根据淘汰制的特点，为了能较准确地反映出比赛的实际水平，实力较强的队较晚或最后相遇，使末轮比赛更加精彩，要把轮空位置安排在种子队的旁边。为了编排方便，可采用查表的方法编排，其方法为用略大于参赛队数的2的乘方数作为最大位置号数，再根据轮空队数，在轮空位置表上由左向右依次找出小于最大位置号数，就是轮空位置。与轮空位置相遇的队就是第一轮的轮空队。

（3）种子队的编排和比赛表的分区

为了避免实力较强的队在第一轮相遇而过早被淘汰，可采用设置种子队的方法编排比赛秩序。把实力较强、技术较好的队定为"种子"，并把种子队合理地分别排入各个不同的区内，使它们最后相遇，这样在比赛中产生的名次较为合理。

确定种子队时，主要依据它的技术水平或最近参加的主要比赛所取得的成绩。一般情况下应根据参赛队数的多少来确定种子队数目。为了使种子队的位置安排得方便、合理，可用查表方法确定种子队位置。其具体方法是按比赛所设种子队数，在种子队位置表上由左向右依次找出小于或等于比赛号码位置数的号码即为种子队位置号码。种子队的队数和位置确定之后，再让非种子队抽签，根据抽签号码确定其比赛秩序。

例如，以13个参赛队伍设4个种子队参加单淘汰比赛为例，确定其比赛的总场数、轮数、轮空队数、种子队位置和轮空位置并画出比赛轮次图（图11-3）。

比赛总场数＝13－1＝12　场

比赛轮数因略大于13的2的乘方数是16，16是2的4次乘方，所以比赛轮数为4轮。

根据计算公式，轮空队数＝16－13＝3。由此可知，轮空位置数为3个队轮空，然后

通过查轮空位置表（表11-1），从左向右依次摘取小于16的号码数，分别为2、15、10号位置应是轮空位置。

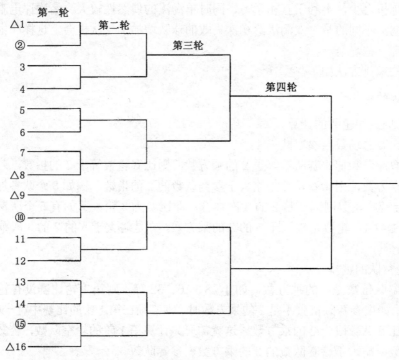

注："△"为种子队，"○"为轮空位置

图11-3

表11-1 轮空位置表

2	31	18	15	10	23	26	7
6	27	22	11	14	19	20	3

（4）附加赛

在比赛中运动附加赛决定名次的办法应在竞赛规程中规定。例如，8个参赛队进行比赛，附加赛的办法是复赛中失败的两个队比赛一场，胜者为第3名，负者为第4名。在预赛中失败的4个队进行附加赛，决出5～8名（图11-4）。

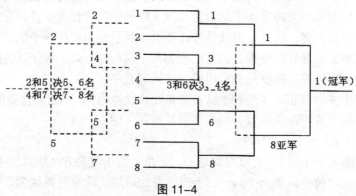

图11-4

2. 双淘汰的编排方法

（1）双淘汰赛总场数的计算

总场数＝2×（参加比赛队数－1）。如9个队伍参加比赛，总场数＝2×（9－1）＝16。

（2）双淘汰赛的编排

与单淘汰赛的编排基本相同，只是进入第2轮后，要把失败队放在左半区（横向编排）或下半区（纵向编排）编排起来再进行比赛，胜者继续参赛，败者则被淘汰。若最后决赛的两个队都是各败一场，需再比赛一场决定冠军。

3. 主客场制淘汰赛的编排方法

（1）主客场制淘汰赛总场数的计算

总场数计算方法和双淘汰赛相同。竞赛规程另有规定除外。如我国足协杯赛在最后决赛时只进行一场比赛（比赛场地由主办单位选定或以抽签方法决定）。例如，有24个球队参加中国足协杯赛，其总场数＝2×（24－1）－1＝45场。

（2）主客场制淘汰赛的编排

比赛编排的原则是按照上一年度各队名次蛇形排列分为上下两个半区，进行主客场制淘汰赛。

（二）循环制

循环制可分为单循环、双循环和分组循环3种。单循环是指所有参加比赛队，在比赛中都要相遇一次，最后按各队在单循环赛中的全部成绩排定名次。双循环是指所有参加的队在比赛中都要相遇两次，即进行两次单循环，最后按各队在双循环赛中全部成绩排定名次。分组循环是将参加的队分成若干小组，各组先进行单循环，排出小组名次后，再按竞赛规程规定的方法进行第2阶段的比赛，最后排定名次。

在比赛中采用循环制，可以使所有的参赛队伍相遇的机会增多，有利于各队之间的相互学习，共同提高技术水平。同时，由于各队比赛总场数相对较多，因此，名次的排定较客观，较能反映各队真实的技战术水平。当参赛的队伍较多而又受时间限制时，采用分组循环的方式进行比赛；参赛队数不多而时间又允许时则可采用双循环或单循环的方法进行比赛。

1. 单循环的编排方法

（1）单循环比赛总场数和轮数的计算

单循环比赛总场数＝参加比赛队数×（参加比赛队数－1）/2

单循环比赛轮数：若参赛队的队数是单数，则比赛轮数等于参赛队数。若参赛队数是双数，则比赛轮数＝参赛队数－1。

例如，有5个队参加比赛，比赛总场数＝5×（5－1）/2＝10场；比赛轮数＝参赛队数＝5。又如，有8个队参加比赛，比赛总场数＝8×（8－1）/2＝28场；比赛轮数＝参赛队数－1＝8－1＝7。

（2）比赛轮次表的排列

单循环赛比赛轮次表的排列通常采用轮转法。其编排方法：不论参赛队是单或双数，一律按双数编排，若参赛队为单数时用一个"0"号代表一个队，使之成为双数，各队碰到"0"

号队即为轮空。

编排时先以号数代表队数,将其平均分为两半,前一半号数由1号起自上而下写在左边,后一半号数自下而上写在右边,然后再把相对的号数用横线接连起来,这就是第一轮的比赛。轮转的方法一般有逆时针轮转法和顺时针轮转法两种(表11-2、表11-3)。

表11-2 顺时针轮转法

第1轮	第2轮	第3轮	第4轮	第5轮
1—0	2—0	3—0	4—0	5—0
2—5	3—1	4—2	5—3	1—4
3—4	4—5	5—1	1—2	2—3

当参赛对数为单数时,可用"0"代表轮空,补成双数。但"0"号位置固定不变,其他位置每轮按顺时针方向轮转一个位置。

表11-3 逆时针轮转法

第1轮	第2轮	第3轮	第4轮	第5轮
1—6	1—5	1—4	1—3	1—2
2—5	6—4	5—3	4—2	3—6
3—4	2—3	6—2	5—6	4—5

当参赛队数为双数时,轮转方法是1号位置固定不动,其他位置每轮按逆时针方向轮转一个位置,这样可排出各轮比赛顺序。

(3)确定各队赛序,编写比赛日程表

在比赛轮次排除之后,还应明确各参赛队的代表号码数,将各队队名按其代表号码数填到轮次表中,然后编写比赛日程表。

决定参赛代表号码数的方法有以下两种。

①抽签法:赛前召集各队代表一起抽签,以明确各个号码分别代表何队。

②直排法:根据上届比赛名次,直接将队名填于相应号码处,若上届排名中有不参加本届比赛者,须将其后名次队依次升填到缺队号码处,若本届比赛有若干新增加队,则须将新队按报名先后或其他竞赛名次的高低依次排在上届最后一名之后。如有同一地区或单位有两队以上参加比赛应安排第一轮先打。

2. 双循环的编排方法

双循环可分为集中赛会制和主客场制两种形式。

(1)集中赛会双循环

集中赛会双循环是指各参赛队集中到某一赛区,在一定时间内进行循环比赛,它适合于参赛队数较少且时间和经费又允许的情况下使用。

(2)主客场制双循环

主客场制双循环是指各参赛队在进行双循环比赛时,需分别与所有对手在本队所选场地(主场)和对手所选场地(客场)各赛一场,最后以各队全部比赛成绩排定名次。其特点:

比赛中间歇时间及整个赛期持续时间长，便于练、赛结合，提高水平，增加参赛队获取地利与人和之优势，满足当地球迷观看主队比赛的需要，推动足球市场开发，适合于职业化或半职业化球队间的竞赛。

集中赛会制和主客场制这两种双循环在编排上没有区别，均以单循环方法为基础。两次循环的赛序可以相同也可以根据需要而改变第2循环的赛序，实践中以两次循环的赛序相同最为常见。

例如，5个队伍参加的不同赛序的双循环，第1轮循环以左上角"0"号定位逆时针轮转，第2轮循环以右上角"0"号定位顺时针轮转（表11-4）。

表11-4　主客场制双循环轮转法

赛序	第1轮	第2轮	第3轮	第4轮	第5轮
第1循环	0—5	0—4	0—3	0—2	0—1
	1—4	5—3	4—2	3—1	2—5
	2—3	1—2	5—1	4—5	3—4
第2循环	1—0	2—0	3—0		5—0
	2—5	3—1	4—2	5—3	1—4
	3—4	4—5	5—1	1—2	2—3

3. 分组循环

分组循环既具有循环制中各队相遇机会较多的优点，又可缩短比赛时间。但因其只能确定出各队分组赛中的名次，所以一般在非单一循环复合赛及混合制复合赛中采用。

在比赛时，为了使分组更加合理，更能反映比赛的实际水平，一般采用种子队或蛇行排列分组办法。如果同一地区或同一单位有两队以上参加，应分别排进各组。

（1）种子队编排法

首先应确定种子队。种子队的确定应在领队会议上，根据参赛队的水平或上届比赛的名次协商解决。第一步种子队先抽，先把种子队经抽签分到各组中去，然后再用抽签的方法确定其他各队在各组的位置。种子队的数目应该与分组数相当，或者是分组的倍数，8个队分两组可设两名种子队。如果每组有两名种子队时，应把第1名种子队与最后1名种子队编在一个组内。第2名种子队与倒数第2名种子队编在一个组内，依次类推。例如分4个组设8名种子队时，种子队的编排如表11-5所示。

表11-5　种子队编排法

第1组	第2组	第3组	第4组
1	2	3	4
——	——	——	——
8	7	6	5

（2）蛇行编排方法

蛇行编排是按上届的名次进行分组，如 16 个队分成 4 组时，排列的方法如表 11-6 所示。

表 11-6　蛇行编排法

1	8	9	16
2	7	10	15
3	6	11	14
4	5	12	13

根据蛇行编排的结果，4 个组的队如表 11-7 所示。

表 11-7　蛇行编排后的分组表

第 1 组	第 2 组	第 3 组	第 4 组
1	2	3	4
8	7	6	5
9	10	11	12
16	15	14	13

分组循环的比赛总场数等于每组的比赛场数之和。

（三）混合制

混合制是在一次竞赛中分为两个阶段进行，前一阶段采用循环制，后一阶段采用淘汰制。或先采用淘汰制，后采用循环制。在足球比赛中，经常采用的是先循环后淘汰的混合制。

混合制是对淘汰制和循环制优点的综合，弥补了两者的不足，能够更为全面地兼顾竞赛各方面的要求。这种竞赛制度也有利于参赛队之间的相互交流和学习，激励运动员的参赛热情，能够将比赛胜负的偶尔性最大限度地降低，所以它可以使比赛名次的产生更为合理、客观。同时，随着比赛进程的推进，比赛逐渐进入高潮，精彩激烈。

混合制中进行淘汰赛的方法如下。

1. 交叉赛

例如在比赛第 1 阶段分 A、B 两组进行单循环赛，决出各组名次。第 2 阶段淘汰时，可将两组的第 1、2 名进行交叉赛。即 A 组第 1 名对 B 组第 2 名，A 组第 2 名对 B 组第 1 名进行比赛，然后两组的胜者进行决赛，胜者为冠军，负者为亚军。若要排出第 3、4 名时，两组的负者进行附加赛，胜者为第 3 名，负者为第 4 名。各组的第 3、4 名同样采用此方法，决出第 5 至第 8 名，依次类推（图 11-5）。如果有 4 个或更多组的第 1 名或第 2 名参加第 2 阶段的淘汰赛，可以相邻组进行交叉赛，即 A、B 两组的前两名、C、D 两组的前两名进行交叉赛，也可隔组交叉，即 A、C 两组的第 1、2 名，B、D 两组的第 1、2 名进行交叉赛。

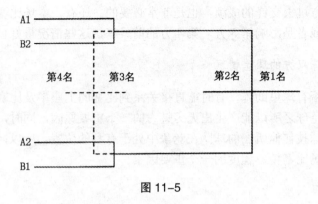

图 11-5

2. 同名次赛

第 1 阶段分成 A、B 两组进行单循环赛，排出各组名次，第 2 阶段淘汰赛时，两组的第 1 名比赛决出第 1、2 名，两组的第 2 名比赛决出第 3、4 名，依次类推。当第 1 阶段是分成 4 个组循环赛时，先由 4 个组的第 1 名进行半决赛，然后胜队与胜队进行决赛，负队与负队进行附加赛，决出第 1 至第 4 名。

第三节　足球运动竞赛的欣赏

人们观看足球竞赛除了能够得到美的享受，提高欣赏水平外，对场上运动员也会产生积极的影响。因此，本节就如何更好地欣赏足球运动竞赛进行研究。

一、做好观赛准备

（一）熟悉比赛规则

在观看足球比赛时，如果不了解比赛的基本规则，便会感到一片茫然。国内外的比赛规则的执行大体分为两类：一类是由国际足联统一组织的比赛，如世界杯、亚洲杯等，比赛规则是严格按照国际足球联合会所制定的内容去执行，国际足联届时会派监督员到场，以保证规则的实施；另一类是属于双边友好往来所进行的比赛，这类比赛在每方上场的替补队员人数、比赛时间、最后决胜的方式上，可经双方协商，自定一些相对来讲有所变通的规则，以期达到增进感情、切磋球技的目的。

对于第 1 类规则，球迷朋友可以通过有关专业书籍去获得，对第 2 类规则需要适时地通过各种媒介去掌握。无论是哪一类，总的内容是统一的，变化也只是个别环节上的，球迷朋友对此分类头脑中有个概念即可。

（二）了解比赛双方的技战术风格

通常情况下，两支不同风格的球队交锋，比同属一种风格两支球队的对垒要精彩得多。

此外，摸清参赛双方过去交锋的成绩，也是非常必要的。还有，本场比赛是否重要，是否关系到某一对垒双方或者是影响第 3 方、第 4 方的前景等，这些情况最好也能掌握。

（三）了解对阵双方的球星情况

对于球队中是否有球星助阵，有时能直接关系到比赛的上座率及比赛的精彩程度。足球明星的出现，也是足球之所以能产生出无穷魅力的一个重要原因。同时，真正的世界级球星也会以自己出众的球技使他所在的球队在竞争中处于有利的位置。所以，看一个球队中有无球星，将是衡量一场比赛精彩程度的一个重要因素。

（四）赛前提早入座

在观看比赛时，应提前进入球场，先感觉一下那种场面、气氛，那是一种绝妙的享受。另外，现代足球节奏加快，经常出现开场仅几十秒便攻陷城池的镜头。卡着钟点进场，有可能会错过精彩的场面。此外，正点或晚点进场，球赛已经开始，势必影响他人观赛，造成不愉快。

二、从不同的角度欣赏比赛

（一）看教练员的布阵

看双方摆出的阵型，这对了解双方攻防意图、整队的实力及战术风格大有好处。阵型是根据球队的实际情况决定的。一般情况下，防守强于进攻的队善打"四四二"阵型，中场实力强劲的球队多惯用"三五二"阵型，3 条线实力分布均匀的球队则垂青于"一三三三"阵型。在实战中，阵型的运用并不是一成不变的，尽管阵型是根据自身技战术之长确立的，但也要灵活地运用，根据不同的形势和不同的对手，及时进行调整，否则便会产生苦果。因此，阵型的运用要根据本队的实际情况决定，更要根据比赛的形式、对手的实力去灵活地掌握。

（二）看球星表演的艺术性

在足球比赛中，球星是球队中最为耀眼的，他们高超的技术、充沛的体能、富有创造力的思维、极具想象力的发挥完成了一个又一个伟大的作品。其技术最高境界常被比喻为艺术的表现。球星们炉火纯青的技艺来自于他们"台下十年功"的艰辛。仔细欣赏球星们的表演，你会发现他们的每一脚传球、每一个控球动作会给人们美感，他们的每一次处理球、跑位、接应、穿插总会走在所有球迷观众想象之前。球星在队中是少数，但关键时刻他们都能稳定军心，力挽狂澜，起到反败为胜、起死回生的作用。

防守一方最重要的任务是要冻结或切断"星际"之间的联系，而球星们也正是在这种困境中能超水平发挥，表现出超凡的魅力。这也是比赛中的一大看点。影响比赛胜负的因素很多，而球星作用不容置疑是主要因素之一。今天的足球是整体足球，不是个人表演，但在当前比赛中，激烈程度越高，球星的作用越明显，这种将个人作用建立在整体水平之上并融于集体之中的特点是很突出的，越是强队，比赛越激烈，越能看到球星表现与全队胜负关系的相关性。

（三）看教练员的临场指挥水平

善于指挥的教练，能造成有利的态势以取胜，对队员不求全责备，能选到合适的人员，利用有利态势。足球比赛千变万化、出人意料，因此，教练员的临场指挥对比赛的胜负起着十分重要的作用。教练员临场指挥是要根据赛场上双方攻守情况及时修正预定方案，机智果断地采取相应对策以扭转乾坤。在比赛中，换人是教练员常用的指挥方法之一。在比赛中的换人时机有：①体力下降时，通过换人保证原有的攻守能力；②比赛双方处于胶着状态；利用换人调整打法，以图打破平衡；③比分突变，实施换人孤注一掷或力求保持比分；④一方换人后，另一方采取相应对策的换人。

另外，还有伤员的突然出现，以及红、黄牌的"不期而遇"等，领先方在比赛最后阶段的换人以拖延比赛时间更是司空见惯的事情。从目前换人常涉及的位置看，以中场球员为最多，换中场球员可以一箭双雕，从攻守两方面进行调整。看教练员临场指挥水平发挥得是否出色，也同样会给观众带来艺术的享受。

（四）看裁判员是否公正合理

裁判员水平的高低和执法是否合理，关系到一场比赛能否顺利进行，双方的技术和战术水平能否得到最大限度的发挥。一名高水平、执法公正的裁判员，应是一名善于处理赛场复杂情况的能手，他能控制双方的过激情绪，及时惩罚那些严重违章的队员，而不管他们的名气有多大。在对关键球，特别是有争议的球的处理上，裁判员要果断、准确、手势清晰、语言简洁、让人心服口服，经得起推敲。可以说，有一名好的裁判，比赛就成功了一半。另外，他还应该是一名心理学家，能及时洞察犯规队员是有意还是无意，在处罚的同时，会使用自己的魅力去征服球员，收到红、黄牌所达不到的判罚效果。在掌握有利无利的原则上，能把握场上的形势，及时作出自己的判断，从而使比赛的节奏顺畅，使队员的水平得到充分的发挥。

裁判员准确果断的判罚、笑容可掬的解释、友爱真诚的劝解，既能牢牢地掌握场上的局势，又能得到参赛双方的理解和尊重。他们执裁的场次，出示红、黄牌最少，比赛进行得最顺利，运动员水平发挥得也最高。

三、作出评价，提高观赛水平

除了观看和欣赏足球比赛外，在赛后以自己的观点去品味、评论这场球赛，也同样能使自己陶醉其中不能自拔。有人曾说：真正的球迷，足球给他带来的乐趣，1/3 在赛前，1/3 在赛中，还有 1/3 是在赛后。在比赛结束后，以自己的判断，对比赛双方得失的因果关系、对双方技战术特点来谈谈自己的看法，也会提高自己的观赛档次。赛前，展望双方的获胜前景；赛中，细心观察双方的水平发挥；赛后，大胆预测双方下一轮的比赛情况。如能这样，你就不再是一个简单的观众。或许，你还会成为一名足球的评论家，谈吐中会让人感到你虽不是专业、权威人士，却也颇为在行，而且观点独特。这样，你的周围就会有一群兴趣相投的朋友，以你为中心，共同品味足球比赛带来的欢乐。

四、做文明观众

在观看足球比赛时，遵守球场的纪律，自觉维护球场秩序和卫生，共同创造一种和谐、健康、文明的气氛，对自己和他人都是有益的。足球运动的内涵早已超越体育的范畴，从某种意义上来讲，它是一个树立国家形象，反映国家人口素质及文明程度的窗口。我们都要自觉维护它。热情而有礼貌是作为一名社会主义国家文明观众最起码的准则。比赛中有节制地为主队助威，做到热而不狂，直接反映出一个人的道德修养，广大球迷朋友都应自觉地珍惜自己的形象。此外，由于足球比赛场面大，观众人数多，突发事件和不安全因素多，因此观众一定要听从球场工作人员的指挥和安排。

参考文献

[1] 张瑞林．足球运动 [M]．北京：高等教育出版社，2005．

[2] 陈亚中．足球 [M]．南京：江苏科学技术出版社，2012．

[3] 曲晓光．现代足球训练理念诠释与应用 [M]．广州：华南理工大学出版社，2009．

[4] 秋鸣，赵人英．足球 ABC 青少年足球基础训练 [M]．北京：北京体育大学出版社，2009．

[5] 张岳，李新荣，娄春风．初高级足球重点技战术解析 [M]．北京：中国商务出版社，2008．

[6] 刘丹，赵刚．青少年足球训练纲要与教法指导 [M]．北京：人民体育出版社，2011．

[7] 汤信明．足球运动教学与训练 [M]．武汉：华中科技大学出版社，2012．

[8] 赵文娟，向政，李国立．大球运动技战术分析与训练方法 [M]．北京：中国商务出版社，2009．

[9] 孟东明，莫祥德．高校足球教学实践与理论指导 [M]．北京：中国书籍出版社，2014．

[10] 朱宏庆．足球技战术分级教学研究 [M]．济南：山东大学出版社，2010．

[11] 美国国家足球教练员协会．经典足球指导教材 [M]．李春满，等译．北京：北京体育大学出版社，2009．

[12] 孙文新，侯会生．现代女子足球科学化训练理论与实践 [M]．北京：北京体育大学出版社，2009．

[13] 周雷．足球 [M]．北京：高等教育出版社，2004．

[14] 黄竹杭，王方．足球训练设计 [M]．北京：高等教育出版社，2010．

[15] 郭晓伟．现代足球训练理念与实践 [M]．北京：中国书籍出版社，2014．

[16] 何志林．足球教学训练工作指南 [M]．北京：人民体育出版社，2010．

[17] 王崇喜．球类运动 —— 足球 [M]．北京：高等教育出版社，2005．

[18] 李亮．高校足球实用技战术教学与训练研究 [M]．北京：中国书籍出版社，2014．

[19] 刘丹．足球体能训练 [M]．北京：北京体育大学出版社，2006．

[20] 何志林．足球 [M]．北京：人民体育出版社，2004．

[21] 王崇喜．足球教学设计 [M]．北京：高等教育出版社，2009．

[22] 张庆春．青少年足球训练理念与实践 [M]．北京：北京体育大学出版社，2005．

[23] 于振峰，赵宗跃，孟刚．体育游戏 [M]．第 2 版．北京：高等教育出版社，2007．

[24] 张英波．现代体能训练方法 [M]．北京：北京体育大学出版社，2006．

[25] 谷明昌．现代足球理念 [M]．北京：北京体育大学出版社，2005．

[26] 张孝平．青少年学足球 [M]．广州：广东科技出版社，2012．

[27] 中国足球协会．足球竞赛规则·2013/2014[M]．北京：人民体育出版社，2014．